走出技术分析的

陷阱

孙大莹◎著

北方联合出版传媒（集团）股份有限公司

万卷出版公司
VOLUMES PUBLISHING COMPANY

© 孙大莹 2011

图书在版编目（CIP）数据

走出技术分析的陷阱／孙大莹著．—沈阳：万卷
出版公司，2011.3
（引领时代）
ISBN 978-7-5470-1310-6

Ⅰ．①走… Ⅱ．①孙… Ⅲ．①股票—证券交易—基本
知识 Ⅳ．① F830.91

中国版本图书馆 CIP 数据核字（2010）第 225611 号

出 版 者	北方联合出版传媒（集团）股份有限公司	
	万卷出版公司	
地　　址	沈阳市和平区十一纬路 29 号　　邮政编码　110003	
联系电话	024-23284090　　邮购电话　024-23284627 23284050	
电子信箱	vpc_tougao@163.com	
印　　刷	北京市通州富达印刷厂	
经　　销	各地新华书店发行	
成书尺寸	165mm × 245mm　　印张　27	
版　　次	2011 年 3 月第 1 版　2011 年 3 月第 1 次印刷	
责任编辑	李春杰　　　　字数　370 千字	
书　　号	ISBN 978-7-5470-1310-6	
定　　价	58.00 元	

　　传说在股票交易和期货交易中，存在着这样一些高手，他们选股精准，每击必中，极少亏损，也极少把到手的利润回吐回去。经过几年甚至几个月的积累，账户中的资金会上百倍地增长。

　　我不得不说，中国的文化有一部分并没有立足于现实生活。从古至今，在很多领域，我们都在仰望着这种带有传奇色彩的人物。很多英雄是我们小时候的偶像，即便长大之后，我们对他们的印象也挥之难去。而现实中，当某些东西在我们身边无法实现的时候，我们宁愿相信它们存在于遥远的地方。

　　可是我们的股票账户不在那么远的地方，你甚至做梦的时候也能看到。我们的思想可以生活在别处，但资金账户却只能存在于现实中。

　　我们是与概率生活在一起的，只是你是否对它认真罢了。所以，我不相信存在着那么神奇的高手，至少在股票交易和期货交易这一领域。我不相信谁比谁判断大势更准确，谁比谁更会选股。大家其实都一样，都有选对的股票和选错的股票。而且长期看来，比例相差也不会太大。你如果有时间，把某些人推荐的股票整理一下，看看他两三年的绩效如何，一定会非常吃惊的。不过糟糕的是，很多人只管推荐大家买入，不管卖出，好像大家的钱无限多一样。所以，你真想统计还不容易。

　　在股票交易中，能在长期中战胜指数就已经非常不错了。网上总是在宣扬这个人赚了多少，那个基金盈利多少。在任何一个时刻，股市里总是有人赚钱的，而且还可能赚很多钱。千万不要受到这些言论的蛊惑。每天都会有人戴上这种花环，但是这些花环不是戴在同一个人身上的。所以，千万不要觉得自己在这种事情面前很渺小。要时刻记得，不管基金怎么牛，他们也无法在长期中战胜大盘。你也不要羡慕私募基金或者什么庄家。要相信一点，当你亏损得茶饭不思的时候，他们的郁闷不比你少多少。

但是股票交易与期货交易中，确实存在着持续赢利与持续亏损的人。他们的区别不在于什么时候买入，也不在于买入什么股票，而在于如何处理手中的股票。简单地说，如果买入的股票很好，不断获利，有亏损倾向的人会卖掉它，而有获利倾向的人则会一直留住不动。当股票不好时，有亏损倾向的人会试图留住股票不卖，而有获利倾向的人则会立即止损。经过一段时间折腾，如果你能看到两者账户的话，会发现前者手里都是糟糕的股票，而后者手里都是好股票。

这事说起来容易，做起来难。怎么判断手中的股票是好是坏呢？这需要一个准则，其实就是交易系统。每个人都有自己的交易系统，不过多数是主观型的交易系统，今天觉得好就买，明天觉得不好就卖。这种操作方式非常不稳定。而我们需要的是一种客观的交易方法，这就是机械交易系统。用于实战的机械交易系统必须是具备统计优势的。也就是说，按照某种方法买卖，短期不一定获利，长期则一定获利。比如掷骰子，如果赌注一样的话，我说出现1、2、3、4点算我赢，出现5、6点算你赢，你会跟我玩吗？当然不会，因为统计优势在我这里。

除了书本之外，你在网上也会找到很多交易方法，也许还会有人给你打电话，寻求合作。问题是，这些方法可信吗？根据我的经验，说得越神奇的交易方法，越不可信。就是给你遇到真正具有统计优势的交易方法，你能分辨出来吗？现在我就可以告诉你，两条移动平均线就可以赚钱，你会相信吗？肯定不会。如果你没看完本书的话，即便你相信，也无法长期按照它来操作。因为你不知道使用这个交易策略，你可以期待什么，你必须承受什么？

打探消息对散户来说，是最不靠谱的交易方法。机构很愿意你这么做，因为这等于你把自己卖了，还帮人家数钱一样。但是踏踏实实地做技术分析可以赢利吗？答案是可以。但是不是通常的做法。通常我们会根据某种指标的信号买入，然后指标就不管我们了。我们必须决定自己在什么位置出场。这等于飞机答应把你送到撒哈拉沙漠的中间，却不保证把你接回来一样。所以，只能提供买入信号的技术分析方法都是没有用处的，因为决定你交易成败的不是买入，而是卖出。另外一些比如RSI、KD线、MACD之类的指标的确提供配套的卖出信号，但是实际的交易绩效怎样，你看过本书就知道了。所以，我认为这些都是传统技术分析方法的陷阱。能走出这个陷阱的方法，在于找到一个客观的、具有统计优势的交易策略。这就是机械交易系统。

非常成功的交易系统通常是不公开的。你见过哪个对冲基金公开过自己的交易系统吗？1985年，摩根斯坦利研制出的统计套利模型，时隔30多年，至今我们也不知道其具体的方法。主要是系统公开之后，绩效在某种程度上一定会受到影响。所以不得不承认，尽管水平有限，我也不能因为一本书而出卖自己最好的交易系统。不过我会另外提供给你一套完整的机械交易系统，这个系统应该可以战胜指数，不要忘记，指数是基金的终极目标，你如果能战胜指数，其实就已经战胜了几乎所有的基金。

孙大莹

2010年4月21日于杭州

目　录
CONTENTS

走出技术分析的陷阱

第一编

Part 1

技术分析的陷阱

第一章

Chapter 1

导　言

极少听说哪个股民朋友只使用基本分析。大多数人都是把技术分析与基本分析结合在一起使用。可能偏重技术分析的人更多——技术面好的股票，即使基本面一般，也敢买入；技术面不好的股票，即使基本面不错，也不敢贸然进场。

我是1994年接触股票的，当时还在读大学。那时对于基本分析和技术分析，我几乎是毫不犹豫地选择了后者。理由有两个，第一，进行基本分析所需的资料我们无法及时获得，即使得到了，也未必是真实的，更有些信息甚至可能永远无法获得。第二，基本分析具有很强的主观性，面对同样的资料，两个人得到的结论可能是完全相反的。更别说获取、阅读、分析这些资料的工作量几乎是无穷大的。我天性比较懒散，不喜欢这样。而技术分析则不同，开盘价、最高价、最低价、收盘价，大家几乎可以同时获得，最重要的是，其分析方法可以做到非常客观（这是我当时的想法，现在我知道，很多技术分析——比如K线，其实仍然是主观的分析方法，这个我们后面再谈）。我当时的想法就是能不能找到固定的形态组合，以后只要一见到这样的组合就买入，一见到那样的组合就卖出。如果真能这样的话，那就太省事了。

1995年毕业之后，我有幸为某个单位操盘期货，资金量还比较大。当时主要转战红小豆和夹板。不说公司整体的交易状况如何，我这里下的单基本上都是赢利的，都是赚大钱，亏小钱。尤其是当时的缪经理比较随和，这一段经历至今仍然是我美好的回忆。

那时我的主要操作方法就是K线。而我最信奉的一本书是香港许析光的著作。书中介绍了各种K线组合，记得第一个是早晨之星，后面还有黄昏之星、三只乌鸦，等等。现在，熟悉这些K线组合的人太多了。但是在那个时候，不是谁都能搞到这么一本书看的。

现在想想自己挺傻的，因为我一直以为这些K线组合是他发明的。

我虔诚地信仰了这些组合很多年。不是我不熟悉指标，而是当时的软件没这么发达（以我现在的标准看，目前的软件需要改进的地方太多了），不是你想看什么指标都能看得到的。而我们选的经纪公司又不太好，所以即使坐在大户室里，也只能傻傻地看着路透社的报价，上面只有K线，没有指标。我也挺知足，有K线看就不错了。外面的散户还只能看报价呢。我就想，你们只看报价，也想赚钱？其实当时要是有个人能告诉我，你只看K线，也想赚钱？那就太好了。不过也难说，谁知道呢，做这一行的人都觉得自己了不起。

人最可怕的是无知而不自知。

那时我自己也做股票，被套，但不服气，真的就跟赌场的赌徒一样，没有理由服输。1997年，我还为某份报纸（现早已停刊）写股评，推荐股票。该报纸每个星期都会排名一次。最邪门的是，我第一次就排第一，第二次还是排第一，第三次排第三。第四次我忘记了，反正每次都能上榜。后来该报一个星期，两个星期，一个月各排名一次。我当时写得不多，但是不管它怎么排，都有我上榜。

尽管现在我可以很容易地解释股评家为什么大多都是输钱的，但是当时总觉得自己有些管用的特殊技术，所以对未来充满信心，因为我有理由。

现在回头想想，当时所使用的技术根本不堪一击、不值一提。之所以次次能排名在前，纯粹是由于运气——连续十几次的运气。一个人的运气会好成这样吗？我的答案是可以。

图1-1是大盘截止到2010年2月25日的走势。图中镶嵌了一个交易系统，系统所用的指标显示在K线图的下方。我胡乱起了个名字，称为圣杯RSI。规则很简单，指标线向下穿过25，表示超卖，我们买入；向上穿过75，表示超买，我们卖出。

有几点需要说明：

1.K线图上是交易系统指示。向上的箭头表示买入信号，向下的箭头表示卖出信号。其实一个买入信号之后，在未卖出之前，是不应该再有买入信号的（加仓除外）。同样一个卖出信号之后，买入信号出现之前，是不该再有卖出信号的（分次卖出除外）。但是我们常用的软件只能如图般地显示，大家看的时候，请

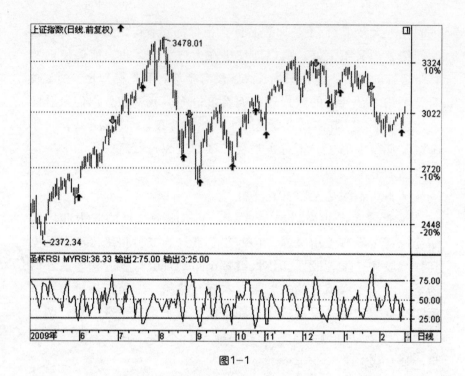

图1-1

自己把买入信号和卖出信号之间的买入信号略去。同理，也把卖出信号与买入信号之间的卖出信号略去。

2.发出信号之后，我们按照第二天的开盘价进场。图中的买入信号标在了最低价的下方，卖出信号标在了最高价的上方。这很容易给人错觉，让人觉得是在买入箭头指示的位置进场，在卖出箭头指示的位置出场。实际上，成交价格远没这么好。因为箭头都是参考当天的收盘价计算出来的，即使盘中出现了信号，但是收盘价的急剧变化完全有可能会让已经出现的箭头消失。所以不到收盘时，我们是无法确切知道当天的K线是否会发出信号。换句话说，等我们看到信号时，已经收盘了，如果我们要买卖的话，最快也要第二天开盘的时候才可以。

现在的问题是，你觉得图中的指标好不好？

第二章

随机的力量

我们再看一下上一章中的指标在个股上的表现。

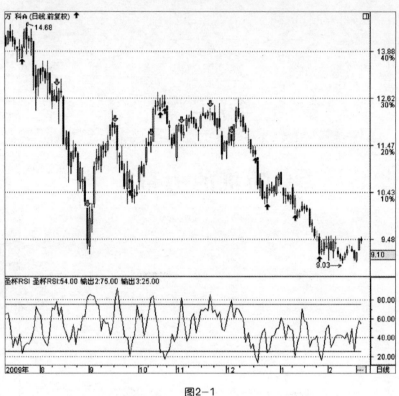

图2-1

不管你喜欢不喜欢这个指标，不可否认，一眼看上去，很多买点都在低位，很多卖点都在高位。

想按照这个指标操作吗？

还是别。

我可以告诉你，这些信号都是随机发出的。下面那个称为圣杯RSI的线，根本与RSI没有关系，只是看起来像而已，当然我们也可以起个更好听的名字。

我在这里不是跟你开玩笑，是希望你能明白一点，随机的力量有多强大。

每个人都应该在自己的电脑上测试一下这个指标，如果认真观察和思考过这些信号，那你就会懂得很多很多。

我们以通达信软件为例，尽量详细地解释。无论你是否懂得公式的编写，只要照着下面一步一步做下去，就可以顺利地完成该指标的构建。

先打开通达信软件，如图2-2，点击"功能——→专家系统——→公式管理器"

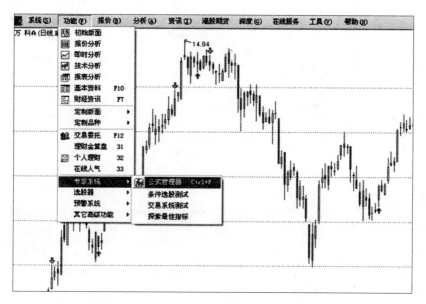

图2-2

出现图2-3

图2-3

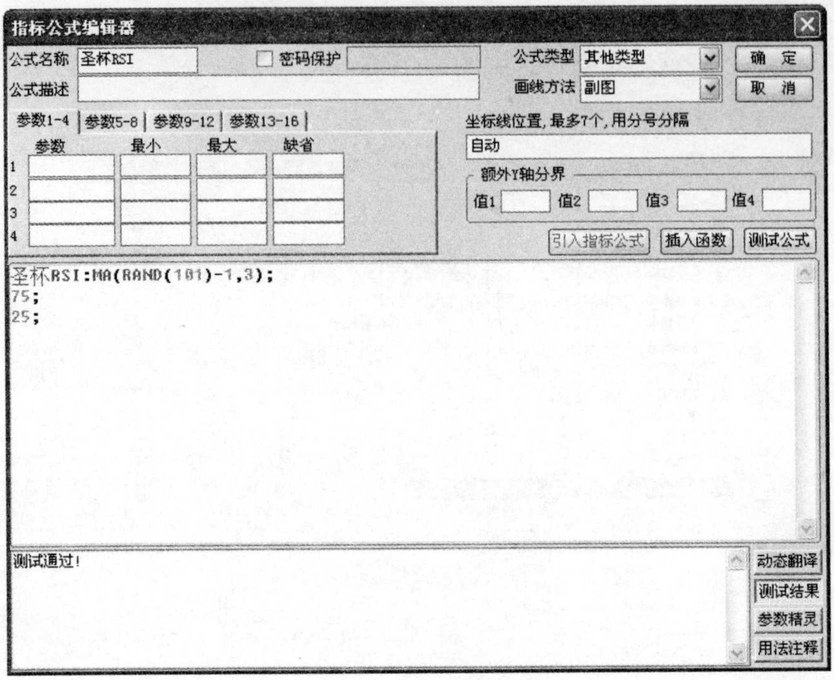

图2-4

选择右侧上面的"新建",我们先来新建一个指标。然后如图2-4输入内容。

公式名称就是公式名称,可以随便起个名字,还是叫圣杯RSI好了。

其他选项都不用动,直接在下面大的空白区域输入公式:

圣杯RSI:MA(RAND(101)-1,3);

75;

25;

然后点击"测试公式"。如果上面的公式没有输入错误的话,下面就会显示出"测试通过"。如图2-4所示。

指标的意思我稍微解释一下,如果你看不太懂的话,完全可以跳过去。

第一行的代码的意思是,圣杯RSI这个指标是这么算的:随机生成0~100之间的数,然后计算这个数的3天移动平均线。

为什么要3天移动平均呢，主要是想平滑一下，否则指标震荡得太快了。其实几天平均都无所谓。你可以把3改成任意一个正整数，不过数值如果太大的话，信号的数量会少。反正第一行代码让我们生成了一条波动不太剧烈的、数值在0～99之间波动的一条线。

第二行的"75"是画出超买线，位置是75。

同样第三行的意思是画出超卖线，25。

最后点击右上方的"确定"，公式就建好了。然后在K线图中，敲入"SBRSI"，键盘精灵中就会显示出圣杯RSI这一指标，再回车，该指标就显示在K线图的下方了，如图2-5：

图2-5

不过你会发现K线图上并没有箭头，所以我们还要再做点工作。

还是在通达信的软件中，点击"功能 → 专家系统 → 公式管理器"，但这次我们要建立交易系统，所以双击"交易系统公式"，它会展开如图2-6。

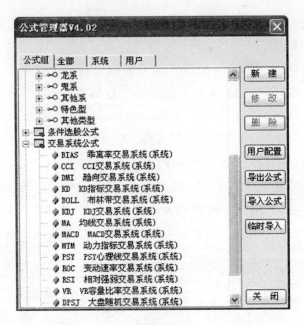

图2-6

再点击"新建"，出现图2-7：

图2-7

然后，交易系统的名称，我们填入"随机系统"，再把以下这两行字删掉。

{空头买入} ENTERSHORT：；

{空头卖出} EXITSHORT：

然后输入：

AA:="圣杯RSI.圣杯RSI"；

{多头买入} ENTERLONG:CROSS(25,AA) ；

{多头卖出} EXITLONG：CROSS(AA,75);

最后如图2-8：

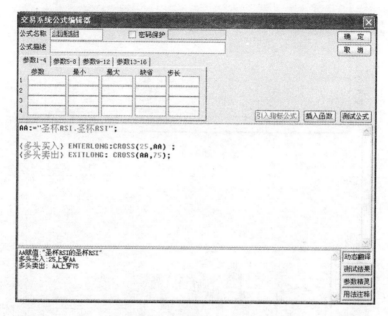

图2-8

再点击"测试公式"，下面会出现"测试通过"的字样。

最后再点击右上方的"确定"。

退出"公式管理器"以后，我们可以任意选一只股票，显示K线图，再按"Ctrl+E"键，呼叫出交易系统菜单，如图2-9：

再双击最后一个我们刚刚建立的"随机系统"。

如图2-10，信号就出来了，当圣杯RSI指标低于25的当天，K线图的下方会出现一个向上的箭头，表示买入；当圣杯RSI指标高于25的当天，K线图的上方会出现一个向下的箭头，表示卖出。因为这张图是我在盘中截的，所以，最后一根K线还没走完。

图2-9

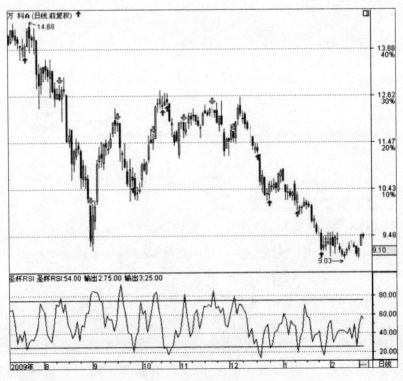

图2-10

　　如果你在盘中调入这个指标和系统，就会发现，行情每刷新一次，指标线和信号都会改变，这是因为行情刷新之后，这些数值都要重新计算过。又因为数据是随机生成的，所以，每次生成的当然都不一样。如果你是在盘后调入该系统和指标，则会发现，每次调入这只股票时，信号都会发生改变，其原因是一样的，软件重新计算过数据了。

　　现在请多看几只股票，虽然这些信号每次都不一样，但你还是会发现，它们在某些时候表现得并不差。如果你想截出几个图，说明该指标是如何的有效，那简直太容易了。

　　这里我想具体统计一下，这个指标的绩效到底如何。

　　以下是对深万科（000002）从1995年1月1日到2009年12月31日，共15年交易绩效的统计。我们假设期初资金是10万元。每次使用98%的资金进行交易，不考虑滑价和手续费（以后我们不会这样假设）。

表2-1

编号	股票名称	期初资金	期末资金	净利润	收益率(%)	交易次数
1	深万科	100000	720811.98	620811.98	620.81	82
2	深万科	100000	508489.02	408489.02	408.49	79
3	深万科	100000	1538138.95	1438138.95	1438.14	95
4	深万科	100000	3493566.82	3393566.82	3393.57	83
5	深万科	100000	124415.87	24415.87	24.42	80
6	深万科	100000	571841.14	471841.14	471.84	88
7	深万科	100000	180337.03	80337.03	80.34	73
8	深万科	100000	3154080.67	3054080.67	3054.08	88
9	深万科	100000	387414.96	287414.96	287.41	73
10	深万科	100000	8931210	8831210	883.21	84

　　以上只是做了10次模拟。虽然从统计学的意义上讲还远不够，但是足可以说明一些问题了。首先，这15年来，如果满仓操作000002，能完全随机的话，大约平均交易80多次，最终都是赢利的，最少赢利24.42%，最多赢利近34倍。平均一下，在10倍左

右。试问我们有多少人能取得这个成绩呢？

为什么随机会获利？其实不是随机导致的获利，而是我们的模拟数据——000002在这么多年中，总体是上升的。

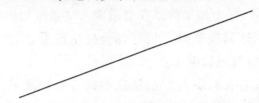

请注意这样一条线段，如果你随机买卖的话，总是买在低点，卖在高点，所以基于这样的数据，即便随机操作，也会获利。相反，对于下降的行情而言，随机的模拟总是会亏损的。

所以我们可以得出第一个结论，只要行情是上升的（当然事后才知道），只要是顺势交易，只要发生买入行为，怎么操作都是能赢利的。所以你应该能明白，上述的模拟数据不是我精心挑选的，而是就应该这样。

第二个结论是，对于给定的任意一个指标，无论是否存在关系，我们总有意无意地试图建立K线图和指标的联系，在潜意识里说服自己该指标是准确的。如果你真的做了以上的练习，把该指标引入到交易软件中，并观察它所发出的信号，那你就会深刻地体会到这一点。不要忘记，它只是个随机生成的指标，和K线图的数据真的一点点关系都没有。指标一定会在某些时候表现得很好，但其实这只是随机现象、偶然现象而已。

很多软件都声称自己的指标有多好多好，多准多灵，并列出很多图形支持自己的观点。在相信它之前，最好能统计一下这些信号的获利能力，最后你会发现，太多的指标和分析方法还不如我们随机生成的信号。

以下的几章可能会伤到某些朋友的感情，你会发现信奉了多年的东西，最好也只等于随机而已，甚至还不如随机。不过我还是应该把我的观点讲出来，由你自己来判断。我以下测试的对象都是很多人常用的方法，属于技术分析中的主流。大家有没有想过，如果这些方法真的长期有效的话，那么很多人的成绩单不应该是目前这样的。

我们首先拿K线开刀。

第三章
Chapter 3

K线的价值

K线技术源于日本。美国人Steve Nison在日本遍访名师，非常努力地学会了K线技术。1991年（请注意，这个年代离现在连20年都不到），他在美国出版了《日本蜡烛图技术》一书，非常系统地介绍了K线的分析方法，由于这本书英文版的封面上写着四个大大的汉字"阴线阳线"，所以台湾就把此书翻译为《阴线阳线》。这本书的出版正式把K线技术介绍到美国和欧洲。之后，Steve Nison于1994年又写了一本书《股票K线战法》，这本书台湾和大陆的译本都使用了这个名字，其实英文书名的准确译法应该是《超越蜡烛图》。2006年，他做了些更新，《日本蜡烛图技术》出版了第二版（据我所知，这一版没有中译本）。此外，Nison至今仍然活跃在宣扬K线的前沿，出版了众多的K线DVD教程，由于语言的问题，这些教程在我国流传不广。我是看过很多，个人觉得与他的书基本上相同。总之，由于Steve Nison的宣传，在西方，他被称为K线之父，其实奠定这一基础的，主要还是《日本蜡烛图技术》一书。

然而，此书的影响虽然很大，但是远远没有大到颠覆西方人原有分析方法的地步，这一点我们要认识到。K线组合虽然有着各种好听的名字，但测试发现，它们并没有Steve Nison所宣扬的那么神奇。Steve Nison在讲授K线的过程中，除了介绍基本形态之外，始终把趋势线、移动平均线、震荡指标结合在其中。其实我觉得，在很多时候，如果满足了这类条件，那么条形图的很多方法绝对不会输给K线。

我们一直都喜欢，或者更准确地说，是习惯用K线。但是，不能说K线优于其他分析方法。我觉得，无论是Steve Nison本人，还是国内的K线专著，都有可能夸大K线的实际功效。为了证明这一点，我将做一些客观的测试。

在测试之前，有几点需要强调。

1. 严格来说，K线并不是客观的分析工具，因为K线组合很难完全地客观定义。比如早晨之星，如图3-1。左边是一根长阴线，我们在视觉上很容易判断，但在测试中很难，因为到底跌多少算长阴线呢？我们假设至少跌3%，但是，如果跌了2.99%呢？在视觉上，我们不太会区分出来刚好跌3%和刚好跌2.99%的区别，但是，在测试中，跌2.99%就会被排除了。

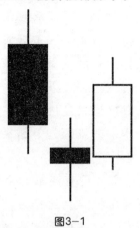

图3-1

2.另外有些变形，比如图3-2，你说算不算早晨之星呢？对这类图形的判断可能会因人而异。但是测试时，我们必须做出取舍。

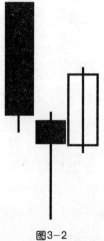

图3-2

3.我们的进场规则是，如果出现该形态，第二天则按照开盘价进场。而出场规则是，持仓5天或者10天之后卖出。这个卖出方式你可能会觉得不满意，但是你如果愿意相信我的话，我可以告诉你，凭我这么多年的测试经验，很少有哪个退出方法会比这个更好。

4.这里我们仍然不考虑手续费、佣金和滑价。其实我很容易把这些放入测试中，但是，即便不放入，K线的测试结果也够让你失望的了，我不想太伤大家的感情。

5.既然是测试，那么采用的当然是客观的方法，其间不含任何主观判断。你可能会觉得，如果加入主观判断，效果会更好。其实结果恰好相反，可能你会一两次做得比测试方法好，但是长期来讲，95%以上的人都不会做得比这更好。

6.K线的组合很多，我这里只是挑几个主要的测试一下。如果全部都测试，估计要一本书的篇幅，但结果我可以告诉你，没测试的组合和测试的组合差不了多少。

第3、4、5点就这么定了，没有商量的余地。对于第1和第2点，我所设定的条件会尽量宽松点。这样设定不一定符合所有人的胃口，但我个人的观点是，这些形态差不多像就可以了，条件要求得太严格，该K线组合出现的频率就少了；而太少的话，又会使得测试结果没有统计意义。后面，我把出现的日期列出来，你可以对照自己的软件区观察，如果你觉得哪个形态不满意，可以自己把那笔交易删掉，把测试结果再统计一下，也比较方便。而如果反过来，条件设得太严格，那你会觉得我是不是漏掉了哪个。而你自己要补回来，恐怕会更吃力。

1.早晨之星

我们是这样设定的：

（1）第一根线（大阴线）至少下跌3%。

（2）第二根线（十字星）要低开，上影线至少是实体的1倍，下影线也至少是实体的1倍。实体既可以是阴线，也可以是阳线，如果是阳线的话，则开盘价与收盘价最大涨幅为1%；如果是阴线的话，则实体的最大跌幅为-1%。

（3）第三根线（大阳线）至少上涨3%，而且要高开。

（4）信号发出后，按照第二天开盘价进场，持仓时间为5天，第六天开盘时卖出。

（5）测试的样本数据从融资融券的90只股票中选取。

（6）测试时间从1996年1月1日到2009年12月31日为止，共15年的数据。

（7）卖出之前再出现的买入信号忽略不计。

期间共发生80笔交易。

表3-1　5天交易记录

股票代码	买入日期	进场价格	卖出日期	卖出价格	利润百分率(%)
000001	1996-9-23	4.61	1996-10-3	5.2	12.8
000001	1997-8-26	10.76	1997-9-2	10.5	-2.42
000001	2007-9-14	28.3	2007-9-21	27.59	-2.51
000024	2000-4-7	5.26	2000-4-14	5.14	-2.28
000024	2001-8-2	6.3	2001-8-9	6.4	1.59
000024	2008-5-5	24.19	2008-5-12	20.51	-15.21
000027	1997-7-31	4.65	1997-8-7	4.42	-4.95
000039	2007-5-9	23.95	2007-5-16	22.11	-7.68
000039	2008-8-21	8.86	2008-8-28	8.25	-6.88
000039	2009-7-21	11.47	2009-7-28	11.7	2.01
000060	1999-8-3	2.51	1999-8-10	2.64	5.18
000060	2009-6-25	20.72	2009-7-2	21.72	4.83
000060	2009-9-4	22.17	2009-9-11	25.4	14.57
000063	1998-4-28	5.78	1998-5-6	6.25	8.13
000063	1999-7-8	10.85	1999-7-15	9.22	-15.02
000063	2006-11-15	19.59	2006-11-22	20.21	3.16
000063	2008-6-19	32.02	2008-6-26	35.71	11.52
000063	2008-8-21	26.55	2008-8-28	23.88	-10.06
000063	2009-8-20	32.6	2009-8-27	36.74	12.7
000063	2009-12-1	39.14	2009-12-8	39.77	1.61
000338	2009-10-9	51	2009-10-16	52.13	2.22
000488	2007-10-16	14.31	2007-10-23	13.18	-7.9
000527	1999-7-5	2.24	1999-7-12	2.37	5.8
000562	2009-12-1	23.4	2009-12-8	24.68	5.47
000568	2006-5-25	5.87	2006-6-6	7.34	25.04
000568	2006-10-19	9.49	2006-10-26	10.41	9.69
000568	2008-1-24	40.08	2008-1-31	38.98	-2.74

股票代码	买入日期	进场价格	卖出日期	卖出价格	利润百分率(%)
000568	2009-12-1	39.2	2009-12-8	38	-3.06
000623	2006-12-15	12.52	2006-12-22	13.35	6.63
000623	2007-8-15	66.54	2007-8-22	75.59	13.6
000623	2008-3-27	37.79	2008-4-3	30.63	-18.95
000623	2008-11-6	15.32	2008-11-13	16.51	7.77
000629	2000-2-18	1.45	2000-2-25	1.47	1.38
000629	2008-5-20	11.33	2008-5-27	10.31	-9
000630	1997-9-25	3.26	1997-10-7	3.32	1.84
000630	2002-1-24	2.82	2002-1-31	2.85	1.06
000651	1999-6-15	2.98	1999-6-22	3.16	6.04
000651	2009-4-13	18.88	2009-4-20	18.81	-0.37
000651	2009-12-1	27.36	2009-12-8	27.07	-1.06
000652	2009-4-29	7.53	2009-5-7	7.81	3.72
000729	2007-2-7	11.3	2007-2-14	11.84	4.78
000729	2009-12-1	17.58	2009-12-8	17.53	-0.28
000768	1998-8-20	3.3	1998-8-27	3.38	2.42
000783	2004-5-19	4.63	2004-5-26	4.39	-5.18
000783	2005-9-30	1.97	2005-10-14	1.98	0.51
000792	2007-7-19	36.5	2007-7-26	38.67	5.95
000800	1997-7-24	4.95	1997-7-31	4.82	-2.63
000800	2007-10-8	21.12	2007-10-15	20.39	-3.46
000825	2007-7-13	12.94	2007-7-20	11.56	-10.66
000839	2001-8-2	7.44	2001-8-9	7.15	-3.9
000858	2006-5-30	9.7	2006-6-6	9.16	-5.57
000858	2009-12-1	28.56	2009-12-8	29.7	3.99
000858	2009-12-22	29.32	2009-12-29	32.19	9.79
000878	2007-5-29	26.12	2007-6-5	26.86	2.83
000898	2000-9-28	1.57	2000-10-12	1.56	-0.64
000960	2004-11-4	4.55	2004-11-11	4.5	-1.1
000960	2008-1-7	57.22	2008-1-14	60.79	6.24

000960	2009-4-13	19.81	2009-4-20	21.84	10.25
000983	2006-8-9	3.31	2006-8-16	3.33	0.6
002024	2009-4-30	14.65	2009-5-8	14.8	1.02
600005	2007-8-21	14.67	2007-8-28	15.51	5.73
600016	2004-6-16	1.41	2004-6-23	1.37	-2.84
600019	2006-12-26	7.12	2007-1-5	8.38	17.7
600019	2007-1-23	8.51	2007-1-30	9.6	12.81
600104	2009-12-1	25.48	2009-12-10	26.25	3.02
600177	2007-1-16	8.51	2007-1-23	9.26	8.81
600177	2009-4-30	11	2009-5-8	11.71	6.45
600320	2007-1-30	10.83	2007-2-6	9.96	-8.03
600362	2006-2-7	5.96	2006-2-14	5.12	-14.09
600362	2007-5-29	25.78	2007-6-5	21.99	-14.7
600497	2009-12-25	26.49	2009-12-31	26.45	-0.15
600642	2009-4-13	7.95	2009-4-20	8.82	10.94
600739	2008-3-27	32.57	2008-4-7	27.47	-15.66
600837	2007-2-8	9	2007-2-15	12.32	36.89
601006	2007-7-19	13.57	2007-7-26	15.11	11.35
601328	2008-10-14	5.42	2008-10-21	5.18	-4.43
601588	2006-12-19	7.11	2006-12-26	6.81	-4.22
601588	2007-1-22	7.35	2007-1-29	7.57	2.99
601588	2008-3-7	13.27	2008-3-14	11.53	-13.11
601628	2008-3-7	37.38	2008-3-14	33.07	-11.53

表3-1中有个问题，其期间的间隔都不是五天，那是因为你想第六天卖出时，势必要经过一个周末。

如果持仓10天，那么卖出日期要向后延长。我们还要考虑15天之后卖出和20天之后卖出。所以为了节省篇幅，就不罗列这些表格了。

尽管我们的条件比较宽松，却发现早晨之星出现的频率并不高。

表3-2

持仓时间	交易笔数	赢利交易	亏损交易	胜率(%)	平均赢利率(%)
5天	80	45	35	56.25	1.26
10天	80	47	33	58.75	2.67
15天	80	50	30	62.50	3.14
20天	80	53	27	66.25	5.54

表3-2中的胜率不是我们最主要考察的对象，请注意表格的最后一列。这个号称是反转形态的K线组合，赢利也不过如此。80笔交易的平均赢利持仓5天只有1.26%，还没算上手续费、滑价。尽管随着持仓时间延长，平均赢利和胜率都在增加，但是，我们前面讲过，我国股市整体是上升的，所以即便是随机买入，持仓时间越长，赢利就会越高。而在一个整体下降趋势中，则刚好相反。

2.黄昏之星

我们是这样设定的：

(1) 第一根线（大阳线）至少上涨3%。

(2) 第二根线（十字星）要高开，上影线至少是实体的1倍，下影线也至少是实体的1倍。实体既可以是阴线也可以是阳线，如果是阳线的话，则开盘价与收盘价最大涨幅为1%；如果是阴线的话，则实体的最大跌幅为-1%。

(3) 第三根线（大阴线）至少上涨3%，而且要低开。

(4) 信号发出后，按照第二天开盘价进场做空，持仓时间为5天，第六天开盘时买入平仓。

(5) 测试的样本数据从融资融券的90只股票中选取。

(6) 测试时间从1996年1月1日到2009年12月31日为止，共15年的数据。

(7) 平仓之前再出现的卖出信号忽略不计。

期间共发生128笔交易。

表3-3 5天交易记录（注意如果是10天的，卖出日期要向后延长）

股票代码	买入日期	进场价格	卖出日期	卖出价格	利润百分率(%)
000001	2008-1-22	28.22	2008-1-29	27.46	-2.69
000002	2006-7-20	2.4	2006-7-27	2.41	0.42
000002	2008-4-15	13.82	2008-4-22	11.62	-15.92
000002	2008-6-30	8.89	2008-7-7	8.64	-2.81
000024	1997-6-11	4.95	1997-6-18	5.05	2.02
000024	1999-7-23	4.73	1999-7-30	5.06	6.98
000027	1999-7-23	3.29	1999-7-30	3.33	1.22
000027	2008-4-15	12.4	2008-4-22	9.35	-24.6
000027	2008-6-30	8	2008-7-7	8.39	4.88
000027	2008-11-19	8.22	2008-11-26	9.13	11.07
000039	2006-5-31	9.91	2006-6-7	9.53	-3.83
000039	2007-2-28	18.04	2007-3-7	19.46	7.87
000039	2009-8-26	10.4	2009-9-2	9.9	-4.81
000060	2004-2-12	2.66	2004-2-19	2.78	4.51
000060	2007-4-20	19.64	2007-4-27	19.75	0.56
000063	1999-7-23	9.52	1999-7-30	10.04	5.46
000069	2006-10-25	7.3	2006-11-1	7.91	8.36
000157	2007-11-28	21.67	2007-12-5	21.68	0.05
000338	2009-2-18	26.37	2009-2-27	25.16	-4.59
000402	2006-7-20	4.64	2006-7-27	4.72	1.72
000402	2008-6-30	7.54	2008-7-7	7.69	1.99
000527	1997-8-13	1.23	1997-8-20	1.38	12.2
000527	2007-2-28	6.76	2007-3-7	8.12	20.12
000562	2002-1-29	5.1	2002-2-5	6.31	23.73
000568	2008-3-28	38.16	2008-4-7	34.13	-10.56
000568	2008-4-10	35.7	2008-4-17	35.09	-1.71
000568	2008-4-28	35.16	2008-5-7	37.09	5.49
000623	2007-8-13	58.68	2007-8-20	70.02	19.33
000623	2007-11-2	85.53	2007-11-9	69.62	-18.6

股票代码	买入日期	进场价格	卖出日期	卖出价格	利润百分率(%)
000623	2008-8-27	21.95	2008-9-3	23.07	5.1
000629	2008-4-15	10.51	2008-4-22	8.6	-18.17
000630	2007-6-5	15.03	2007-6-12	20.58	36.93
000630	2008-4-11	16.36	2008-4-18	14.09	-13.88
000630	2009-8-26	17.5	2009-9-2	15.13	-13.54
000630	2009-10-28	18.6	2009-11-4	18.94	1.83
000651	1997-1-15	2.51	1997-1-22	2.57	2.39
000651	2007-10-16	19.44	2007-10-23	18.81	-3.24
000652	2000-2-23	2.23	2000-3-1	2.32	4.04
000652	2000-4-18	2.94	2000-4-25	2.84	-3.4
000652	2008-6-30	6.09	2008-7-7	6.8	11.66
000709	2007-1-26	4.23	2007-2-2	4.08	-3.55
000709	2009-8-6	10.42	2009-8-13	9.11	-12.57
000709	2009-8-26	7.57	2009-9-2	6.35	-16.12
000729	1999-7-1	7.26	1999-7-8	7.34	1.1
000768	1998-7-15	3.82	1998-7-22	3.88	1.57
000768	2006-7-14	4.36	2006-7-21	4.39	0.69
000768	2007-1-24	7.88	2007-1-31	7.87	-0.13
000768	2008-4-10	9.1	2008-4-17	9.05	-0.55
000768	2009-4-9	10.92	2009-4-16	11.67	6.87
000783	2006-11-28	6.39	2006-12-5	6.75	5.63
000783	2008-6-11	21.18	2008-6-18	15.72	-25.78
000792	2007-12-19	67.07	2007-12-26	70.23	4.71
000800	2000-1-12	3.23	2000-1-19	3.02	-6.5
000800	2004-9-23	4.02	2004-9-30	4.11	2.24
000839	2008-1-14	19.51	2008-1-21	19.42	-0.46
000839	2008-7-11	13.66	2008-7-18	15.52	13.62
000858	2007-8-13	32.42	2007-8-20	32.11	-0.96
000878	2002-12-3	3.18	2002-12-10	3.16	-0.63
000878	2008-4-10	30.9	2008-4-17	26.55	-14.08

000878	2008-4-15	29.94	2008-4-22	21.15	-29.36
000898	2006-5-24	4.2	2006-5-31	4.29	2.14
000932	2007-6-29	8.27	2007-7-6	7.86	-4.96
000932	2009-8-6	9.6	2009-8-13	8.2	-14.58
000937	2007-9-26	28.81	2007-10-10	29.8	3.44
000937	2009-2-25	21.88	2009-3-4	17.88	-18.28
002024	2006-5-17	3.71	2006-5-25	3.57	-3.77
002142	2008-3-28	13.57	2008-4-7	14.27	5.16
002202	2008-3-25	37.61	2008-4-1	36.9	-1.89
002202	2008-4-15	31.59	2008-4-22	30.97	-1.96
600000	2007-8-17	23.79	2007-8-24	27.06	13.75
600001	1999-7-23	3.75	1999-7-30	3.76	0.27
600005	2007-6-15	10.23	2007-6-22	10.04	-1.86
600005	2008-3-28	13.83	2008-4-7	13.16	-4.84
600005	2009-8-27	8.56	2009-9-3	7.41	-13.43
600010	2007-3-5	5.08	2007-3-12	5.01	-1.38
600015	2007-12-3	18.99	2007-12-10	19.78	4.16
600019	2003-11-10	3.7	2003-11-17	3.84	3.78
600019	2007-6-15	10.7	2007-6-22	10.77	0.65
600019	2008-3-28	12.22	2008-4-7	11	-9.98
600028	2007-6-5	12.68	2007-6-12	14.51	14.43
600029	2008-6-30	4.43	2008-7-7	4.87	9.93
600030	2007-1-18	15.88	2007-1-25	17.96	13.1
600030	2008-12-10	21.02	2008-12-17	20.97	-0.24
600048	2008-12-10	13.68	2008-12-17	14.15	3.44
600104	2007-1-24	10.28	2007-2-1	8.99	-12.55
600104	2009-9-11	19.5	2009-9-18	20	2.56
600177	2008-1-17	24.37	2008-1-24	22.17	-9.03
600177	2009-2-18	9.48	2009-2-25	9.07	-4.32
600320	2008-4-9	12.87	2008-4-16	11.4	-11.42
600320	2008-6-30	7.96	2008-7-7	8.18	2.76

股票代码	买入日期	进场价格	卖出日期	卖出价格	利润百分率(%)
600320	2009-3-26	8.59	2009-4-2	9.35	8.85
600362	2002-12-3	3.37	2002-12-10	3.35	-0.59
600362	2007-1-18	12.59	2007-1-25	14.4	14.38
600362	2008-4-10	29.01	2008-4-17	27.42	-5.48
600362	2009-6-9	31.33	2009-6-16	29.13	-7.02
600362	2009-11-30	42	2009-12-7	42.5	1.19
600519	2005-3-25	15.32	2005-4-1	15.67	2.28
600739	2008-4-15	27.4	2008-4-22	26.7	-2.55
600795	2007-6-29	6.56	2007-7-6	5.69	-13.26
600837	1996-7-24	0.57	1996-7-31	0.56	-1.75
600837	2008-12-1	8.31	2008-12-8	9.27	11.55
600900	2008-3-6	16.72	2008-3-13	15.47	-7.48
601006	2006-11-9	6.03	2006-11-16	6.16	2.16
601006	2008-10-7	11.66	2008-10-14	11.85	1.63
601088	2008-4-10	41.16	2008-4-17	44.11	7.17
601111	2008-4-15	15.47	2008-4-22	11.81	-23.66
601111	2008-6-30	7.9	2008-7-7	8.88	12.41
601166	2007-4-25	30.14	2007-5-10	30.72	1.92
601166	2008-1-16	56.03	2008-1-23	46	-17.9
601166	2008-10-7	13.8	2008-10-14	14.81	7.32
601168	2008-4-10	23.5	2008-4-17	22.16	-5.7
601328	2008-10-7	5.19	2008-10-14	5.42	4.43
601588	2008-5-8	9.44	2008-5-15	9.72	2.97
601588	2008-6-30	5.87	2008-7-7	7.74	31.86
601588	2009-8-31	5.66	2009-9-7	5.69	0.53
601600	2007-8-31	49.31	2007-9-7	48.9	-0.83
601600	2007-9-17	45.85	2007-9-24	46.45	1.31
601600	2007-10-26	46	2007-11-2	46.77	1.67
601600	2008-2-14	33.2	2008-2-21	33.15	-0.15
601600	2008-4-10	21.37	2008-4-17	20.57	-3.74

601600	2008-10-7	8.2	2008-10-14	7.67	-6.46
601898	2008-3-18	19.2	2008-3-25	18.22	-5.1
601898	2009-10-28	13.12	2009-11-4	13.45	2.52
601899	2009-9-21	9.33	2009-9-28	8.67	-7.07
601919	2007-10-29	53.89	2007-11-5	48.86	-9.33
601919	2007-12-13	41.35	2007-12-20	39.13	-5.37
601939	2008-10-7	4.13	2008-10-14	4.38	6.05
601988	2007-1-8	4.59	2007-1-15	4.44	-3.27

黄昏之星出现的频率稍微高一些。

表3—4

持仓时间	交易笔数	赢利交易	亏损交易	胜率(%)	平均赢利率(%)
5天	128	62	66	48.44	0.44
10天	128	55	73	42.97	-2.10
15天	126	58	68	46.03	-4.34
20天	125	61	64	48.80	-5.41

请注意交易笔数那列中的第3行和第4行，两个数字不同。出现这种情况，主要是因为某个股票在10天之后，15天之内再次出现黄昏之星的组合，如果持仓10天的话，因为仓位已经平掉了，所以可以交易这次信号。如果持仓15天，因为前期仓位还没有平掉，所以这笔交易无法执行。以后还会有这种情况发生，后面就不再解释了。

再请注意胜率列中的后3行和平均赢利中的后3行。这个问题很重要，胜率这个指标，其重要性在于，高胜率的交易策略可以让人保持良好的心态，而且它与破产概率（这个词后面再说）密切相关。但是绝对不是说胜率越高，交易策略的赢利能力就越高。因为赢利的金额和亏损的金额是不一样的，这是股票期货交易与赌博的不同。

看到了吗？即便在没考虑手续费的情况下，黄昏之星也是个亏损形态，而且持仓的时间越长，亏损得越多。第一个原因，是我们的测试数据整体是上升的；第二个，也是更主要的原因，是该形态不具备统计优势（这是一个很重要的词，后面再讲）。

如果我要写本K线的书，就会把下面的图形（图3-3）展示出来，虽然不是很完美的早晨之星和黄昏之星，但是也很容易说明问题，不过那只是我想说明的问题，却不是事实的真相。

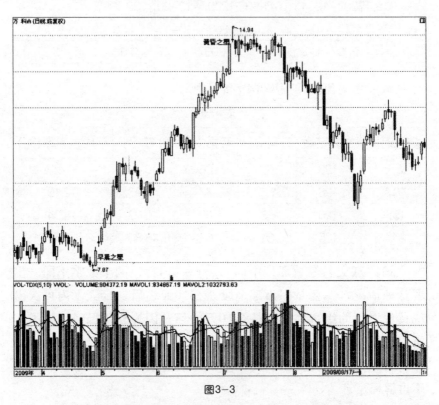

图3-3

早晨之星之后，股价大幅上涨；黄昏之星之后，股价大幅下跌。然后再列出几张这样的图形，让你加深印象。如果我再有点良心，也可以列出一个该形态失败的图形，告诉你，交易的时候还是要小心的，早晨之星出现在低位才可以买入，黄昏之星出现在高位才可以卖出。这种话太常见了，可问题是，如果我们知道什么时候算低位，买入就是了，管它有没有信号，既然是真的低位，以后行情当然是上涨的，怎么买都能赚钱，你说不是吗？

现在我们做一件过分的事情，把黄昏之星当做买入信号试试看结果会怎样。

　　交易记录和前面差不多，这里就不列了。我们只看一下结果。因为没考虑手续费和滑价，其实结果就是同前面相反的。

表3-5

持仓时间	交易笔数	赢利交易	亏损交易	胜率(%)	平均赢利率(%)
5天	128	66	62	51.56%	-0.44%
10天	128	73	55	57.03%	2.10%
15天	126	68	58	53.97%	4.34%
20天	125	64	61	51.20%	5.41%

　　看到吗？用这个卖出形态去做买入信号，只要持仓时间超过5天，一样可以赚钱。其中的道理还是：这些股票在这15年内，总体趋势是上升的。

　　其他K线组合因为篇幅的问题，就不做测试了。但答案可以告诉你：和这个都差不多。早晨之星和黄昏之星曾是我最喜欢的K线组合，没想到会是这样。

　　也许你会说我没考虑止损、均线、形态、RSI、KD线、MACD之类的东西。要在这里回答这个问题，似乎早了点。我现在只能简单说说，如果你的策略在没有过滤的情况下不能赢利，那加入其他条件之后，多半也是亏损的。即使能赢利，也很难有让人满意的赢利。尤其是交易频率不高的方法，加入过滤会更明显地减少交易次数，进而减少赢利而不是增加赢利，因为同时也会把赢利的交易过滤出去。

　　你可能觉得原来黄昏之星可以做买入信号，而且持有时间越长，赢利越高。如果你是逆市交易者，完全可以这么想。能用于实战吗？答案是，要看你是什么样的人。如果你觉得买在高点很别扭，大跌的时候买入才舒服，那你可以考虑。注意，我只是说可以考虑而已，没说你一定能操作这个策略。为什么呢？因为还有些问题的答案你不知道。比如，如果这么连续做下去，最多连续赢利会有多少笔？最多会连续亏损多少笔？赢利的时候平均能赚多少？亏损的时候平均会亏多少？跌到多少还有可能会涨上来？跌到多少基本不可能赢利了？如果遇到不顺的时候，你的资金会从最高点回落百分之多少？你的资金需要多少时间才能再回到前期高点？这些也许没有非常准确的答案，但是至少应该被估计出来。如果不带着这些答案去交易的话，那就不叫承担风险，而叫探险。在证券市场中探险，多半凶多吉少。

第四章

Chapter 4

RSI指标

RSI指标是Wilder于1978年提出来的，最初发表于6月份的《商品》杂志上。而后又写入其当年发表的著作《技术交易系统的新概念》一书中。目前已经成为最常用的指标之一，几乎任何股票、期货、外汇的软件都会内嵌这一指标。

在RSI的计算中，Wilder使用的参数是14。尽管现在的软件中，把该指标的参数修改成什么样子的都有，但是依据我的经验，14仍然是最好的参数。

Wilder提出RSI时，强调两种交易方法。第一种就是当参数为14的RSI值小于30时，市场正在形成底部，当RSI大于70时，RSI正在形成顶部。第二种就是RSI的背离。常见的交易软件中，都默认两条RSI线，一条是6天RSI，另一条是12天RSI。其实Wilder并没有提出短期RSI（6天）与长期RSI（12天）的交叉可以作为买入、卖出信号。

由于无法客观地定义背离，所以我们无法对背离进行测试（同样难以测试的还有波浪理论和形态），而且背离现象也很难作为机械化交易系统的组成部分。也因为同一指标的使用方法可能会有很多种，再与其他买入、卖出信号做组合的话，几乎有无限种可能。我们不可能完全测试，所以这里只测试四个策略，以便让大家对RSI的交易绩效有个大致的了解。

还要强调的是，我这里绝对不是想告诉大家，该指标测试的绩效不好，所以该指标不好用或者不能用。也许你会有更好的使用方法。我这里只是想让大家知道，RSI的表现并没有很多人期望的那么好，至少传统的用法是这样。所以看到以下数据后你会明白，今后使用RSI时，就可以期望什么样的收益。

第一个策略

（1）RSI的参数设为14。当RSI指标小于30时，我们于第二天的开盘价买入；当RSI指标大于70时，我们于第二天的开盘价卖出。

（2）测试对象：融资融券的90只股票。

（3）测试时间从1996年1月1日到2009年12月31日为止，共15年的数据。

（4）平仓之前再出现的买入信号忽略不计，因为此时我们已有持仓。

（5）初始资金：最初资金为10万。

（6）交易佣金：手续费单边为0.4‰。

（7）过户费：深圳上海都算1‰。实际上，深圳交易所是不收过户费的。

（8）印花税：按照单边1‰计算。

（9）滑价：0.5%。这个概念后面有详细的解释，请参考第二编。

（10）资金管理：使用98%的资金建仓，相当于满仓交易。

测试结果见表4-1。请大家注意对比年复合收益率和买入持有策略的年复合收益率这两列。

参数为14的RSI指标，反应并不是很快，所以交易笔数并没有想象的那么多。很理想的RSI交易如图4-1，买在低位，卖在高位。事实上，我们测试的这个交易方法属于逆市交易，任何逆市交易策略都可能产生下面这样的交易，但是不可能所有的交易都这样完美。

图4-1

图4-1是个理想的交易。我们要面对的是更多的不理想的交易。所以我们必须观察表4-1。在这张表格中，我们最需要看的就是年复合收益率与买入持有策略的年复合收益率。这些概念在第二编中都有详细的解释，现在你就简单地把买入持有策略当做买

表4-1

股票代码	截止日期	利润	买入持有利润	年复合收益率(%)	买入持有策略的年复合收益率(%)	交易笔数	胜率(%)	平均持仓天数
000001	2009-12-31	73,108.02	1,691,688.88	3.725	21.209	15	53.33	106.33
000002	2009-12-31	24,858.63	6,252,202.00	1.491	31.878	14	64.29	104.29
000024	2009-12-31	43,680.00	2,256,394.00	2.445	23.443	13	61.54	124.31
000027	2009-12-31	-57,341.24	2,458,158.75	-5.52	24.121	10	60	149.3
000039	2009-12-31	-33,438.87	2,686,869.25	-2.677	24.831	10	80	124.4
000060	2009-12-31	-26,499.50	3,696,592.25	-2.344	32.334	11	63.64	122.64
000063	2009-12-31	133,062.00	1,114,970.38	7.227	22.869	11	72.73	78.82
000069	2009-12-31	13,770.34	3,079,301.50	1.053	32.432	10	80	95.3
000157	2009-12-31	-9,607.31	1,486,370.38	-1.089	34.937	8	75	98.88
000338	2009-12-31	-24,979.12	58,357.07	-10.191	18.757	1	0	147
000402	2009-12-31	7,577.28	6,975,656.50	0.539	36.846	9	77.78	126.11
000488	2009-12-31	-56,421.48	61,045.18	-8.707	5.365	6	50	168.33
000527	2009-12-31	-13,174.90	5,294,973.50	-0.937	30.45	12	66.67	109.83
000562	2009-12-31	506,313.38	1,486,445.13	12.764	20.23	15	80	87.53

000568	2009-12-31	-31,904.92	7,265,700.00	-2.529	33.186	10	50	118.5
000623	2009-12-25	-53,231.05	2,232,973.25	-5.608	27.025	8	50	187.63
000629	2009-12-31	404,471.51	796,154.38	13.084	18.13	12	75	94.08
000630	2009-12-31	12.283	726,306.81	0.001	17.459	9	77.78	117.67
000651	2009-12-31	22,295.16	2,884,272.50	1.545	29.527	11	72.73	88.45
000652	2009-12-31	-24,138.69	1,405,139.00	-2.087	22.999	13	61.54	101.62
000709	2009-12-15	60,481.02	505,470.66	3.786	15.197	13	61.54	105.69
000729	2009-12-31	32,805.01	732,792.13	2.291	18.438	10	50	123.6
000768	2009-12-31	-79,098.07	694,272.25	-11.702	17.91	5	40	322
000783	2009-12-31	129,119.43	468,595.03	6.868	14.94	11	72.73	101.73
000792	2009-12-31	253,621.27	2,854,188.50	10.785	31.596	11	81.82	95.27
000800	2009-12-31	-66,424.73	617,325.94	-8.297	16.927	11	63.64	121.27
000825	2009-12-31	-32,932.35	1,206,569.63	-3.503	25.785	10	80	88.2
000839	2009-12-31	-29,840.10	420,465.72	-2.869	14.509	11	63.64	118.91
000858	2009-12-31	-18,885.25	917,180.56	-1.775	21.953	9	66.67	100
000878	2009-12-31	-59,409.42	515,893.69	-6.881	15.459	8	37.5	136.88

股票代码	截止日期	利润	买入持有利润	年复合收益率(%)	买入持有策略的年复合收益率(%)	交易笔数	胜率(%)	平均持仓天数
000895	2009-12-31	11,363.59	2,069,601.88	0.977	32.059	7	57.14	88.71
000898	2009-12-31	-20,897.80	733,136.56	-1.931	19.28	11	54.55	102.27
000932	2009-12-31	10,152.43	135,828.22	0.932	8.583	11	63.64	88.91
000933	2009-12-31	-20,144.73	931,086.56	-2.152	25.307	9	55.56	90.89
000937	2009-12-31	4,491.35	1,390,493.25	0.427	29.933	9	55.56	100
000960	2009-12-31	-45,608.31	681,639.00	-5.986	23.173	6	66.67	157.33
000983	2009-12-31	-16,517.23	1,509,073.25	-1.895	34.226	8	50	100.38
002024	2009-12-31	-29,140.08	3,363,013.25	-6.126	91.648	1	0	178
002142	2009-12-31	-51,171.23	-14,978.85	-25.325	-6.397	1	0	250
002202	2009-12-31	-50,209.32	-41,464.75	-29.237	-23.324	1	0	150
600000	2009-12-31	-61,522.21	114,337.20	-8.982	7.802	7	42.86	190.86
600001	2009-12-15	-12,532.83	109,739.46	-1.119	6.42	11	63.64	107.73
600005	2009-12-31	-9,966.23	884,258.44	-1.003	24.542	8	62.5	103.13
600009	2009-12-31	6,187.44	445,128.31	0.507	15.352	8	75	130

600010	2009-12-31	-33,634.47	158,136.97	-4.542	11.352	8	62.5	104.5
600015	2009-12-31	-27,035.26	204,475.05	-4.875	19.308	4	50	143.75
600016	2009-12-31	-34,688.86	434,924.84	-4.604	20.387	6	33.33	150.5
600018	2009-12-31	45,443.74	281,371.16	4.041	15.204	8	75	111.25
600019	2009-12-31	-41,108.52	195,315.00	-5.678	12.7	7	57.14	119.86
600028	2009-12-31	-47,097.82	381,389.06	-7.298	20.566	5	60	137.4
600029	2009-12-31	-76,974.23	174,925.78	-20.387	17.001	4	50	164
600030	2009-12-31	49,616.50	1,685,737.25	5.934	51.047	6	50	93.17
600036	2009-12-31	-2,998.67	310,214.75	-0.393	20.022	7	71.43	109.14
600048	2009-12-31	1,280.58	482,206.72	0.373	67.333	2	50	208.5
600050	2009-12-31	-21,193.21	263,990.16	-3.239	19.557	5	60	132.6
600104	2009-12-31	-57,437.27	835,658.56	-6.812	20.285	11	72.73	125.09
600177	2009-12-31	5,926.87	743,981.88	0.519	21.138	10	80	101
600320	2009-12-31	-47,829.97	534,762.81	-6.95	22.703	5	40	136.6
600362	2009-12-31	-47,600.50	1,084,805.63	-7.781	36.325	7	57.14	106.57
600497	2009-12-31	-61,754.92	884,193.88	-15.514	49.342	3	66.67	139.33

股票代码	截止日期	利润	买入持有利润	年复合收益率(%)	买入持有策略的年复合收益率(%)	交易笔数	胜率(%)	平均持仓天数
600519	2009-12-31	5,540.79	2,276,489.25	0.648	46.14	5	60	94.4
600642	2009-12-31	58,405.77	1,072,944.63	3.114	17.834	14	57.14	115.21
600739	2009-12-25	-64,253.05	5,762,781.50	-7.411	35.629	8	50	159.38
600795	2009-12-31	180,774.10	2,538,787.50	8.402	29.143	11	81.82	96.27
600837	2009-12-31	196,469.77	3,043,948.25	7.513	25.838	12	83.33	89.92
600900	2009-12-31	36,441.85	212,949.80	5.205	20.48	3	100	135.33
601006	2009-12-31	-50,188.67	99,449.26	-18.44	22.375	1	0	244
601088	2009-12-31	-56,545.09	-50,604.03	-31.183	-27.113	2	50	129
601111	2009-12-31	-72,676.94	250,364.84	-31.934	45.029	1	0	245
601166	2009-12-31	-2,395.76	86,231.21	-0.832	23.877	3	66.67	103.33
601168	2009-12-31	-74,342.27	-45,803.89	-42.297	-21.933	1	0	295
601169	2009-12-31	-26,337.67	-19,500.77	-12.522	-9.057	1	0	214
601186	2009-12-31	16,426.49	-19,834.92	8.761	-11.492	1	100	266
601318	2009-12-31	-53,577.55	19,520.81	-23.69	6.484	2	50	185

601328	2009-12-31	8,538.64	-26,215.84	3.161	-10.906	3	66.67	117.33
601333	2009-12-31	-12,890.92	-14,921.02	-4.456	-5.198	3	66.67	131.67
601390	2009-12-31	-19,885.35	-23,762.02	-10.113	-12.232	2	50	128
601398	2009-12-31	-40,001.27	77,351.63	-14.837	19.737	1	0	255
601588	2009-12-31	-32,932.59	70,870.58	-11.698	18.157	3	66.67	117
601600	2009-12-31	-69,381.06	-20,352.35	-35.765	-8.158	1	0	244
601601	2009-12-31	-48,198.98	-46,024.64	-27.802	-26.317	2	50	166.5
601628	2009-12-31	-55,985.97	-18,685.58	-24.086	-6.71	1	0	292
601857	2009-12-31	-55,581.55	-61,824.45	-31.365	-36.021	2	50	172.5
601898	2009-12-31	-39,399.30	-41,177.75	-23.013	-24.202	1	0	142
601899	2009-12-31	-19,959.44	-19,427.04	-12.378	-12.032	2	50	97.5
601919	2009-12-31	-67,675.90	-15,830.32	-36.145	-6.616	1	0	250
601939	2009-12-31	-39,477.70	-24,906.84	-19.857	-11.862	1	0	329
601988	2009-12-31	-32,153.53	21,961.86	-10.511	5.848	2	50	158
601991	2009-12-31	-18,881.36	65,486.00	-6.667	18.067	2	50	180
601998	2009-12-31	-29,855.65	-17,006.82	-12.384	-6.714	2	50	142.5

入以后，一直持有到测试期的最后一天卖出，而年复合收益率就看做每年的收益率好了。可以看到，两者相差很多。也就是说，按照上述策略交易，远不如上市第一天就买入，然后一直不卖获利多。

这个策略的交易笔数很少，很正常。而胜率高，则是逆市交易策略的典型特征，但是请注意最后一列，平均持仓天数。这一列显示了这些交易平均持仓多久。你会发现，胜率都是由时间换来的。也就是说，胜率高，那是由于持仓的时间长，由于股市的总体趋势是上升的，所以持仓越久，一般来说，越容易赢利。不过该列的数据并非真正的天数，因为它只计算了K线的数字，但是没有考虑周六、周日以及节假日，如果加上这些，时间会更长。

第二个策略

我们稍微修改一下规则，当RSI值向上穿过30的时候，我们买入；当RSI向下穿过70的时候，我们卖出。其他条件同上一个测试一样。

从表4-2中可以看出，即使加入这样的确认信号，交易的绩效也并没有什么改进。而且等待确认信号之后再进场，买入的价格通常会高一些，卖出的价格通常会低一些，结果反而更差。

测试结果见表4-2。请大家注意对比年复合收益率和买入持有策略的年复合收益率这两列。

表4-2

股票代码	截止日期	利润	买入持有利润	年复合收益率(%)	买入持有策略的年复合收益率(%)	交易笔数	胜率(%)	平均持仓天数
000001	2009-12-31	42147.344	1691688.875	2.372	21.209	14	42.86	116.79
000002	2009-12-31	41481.031	6252202	2.34	31.878	15	66.67	95.4
000024	2009-12-31	21659.672	2256394	1.315	23.443	15	60	112.8
000027	2009-12-31	-73572.765	2458158.75	-8.488	24.121	10	60	148.1
000039	2009-12-31	-41561.05	2686869.25	-3.517	24.831	11	81.82	118.27
000060	2009-12-31	-57654.439	3696592.25	-6.405	32.334	10	50	131.4
000063	2009-12-31	194513.031	1114970.375	9.317	22.869	11	81.82	77.45
000069	2009-12-31	17392.588	3079301.5	1.311	32.432	11	63.64	91
000157	2009-12-31	44451.914	1486370.375	4.067	34.937	9	77.78	89.56
000338	2009-12-31	-8215.764	58357.07	-3.155	18.757	1	0	146
000402	2009-12-31	-453.416	6975656.5	-0.033	36.846	9	66.67	123.56
000488	2009-12-31	-63455.215	61045.18	-10.453	5.365	6	50	169.5
000527	2009-12-31	-26234.73	5294973.5	-2.008	30.45	12	58.33	108.75
000562	2009-12-31	171351.054	1486445.125	6.88	20.23	15	73.33	89.47
000568	2009-12-31	-57816.036	7265700	-5.591	33.186	10	40	119.7

股票代码	截止日期	利润	买入持有利润	年复合收益率(%)	买入持有策略的年复合收益率(%)	交易笔数	胜率(%)	平均持仓天数
000623	2009-12-25	-57183.556	2232973.25	-6.239	27.025	9	55.56	171.33
000629	2009-12-31	142539.007	796154.375	6.963	18.13	12	66.67	99.67
000630	2009-12-31	-54707.593	726306.813	-5.857	17.459	8	50	129.88
000651	2009-12-31	-18757.41	2884272.5	-1.57	29.527	11	54.55	89
000652	2009-12-31	-36508.368	1405139	-3.409	22.999	12	58.33	112.33
000709	2009-12-15	19005.334	505470.656	1.376	15.197	13	53.85	104.54
000729	2009-12-31	-31557.5	732792.125	-2.982	18.438	9	44.44	150.56
000768	2009-12-31	-83051.122	694272.25	-13.161	17.91	5	40	323.4
000783	2009-12-31	57123.308	468595.031	3.686	14.94	11	63.64	101.36
000792	2009-12-31	141736.941	2854188.5	7.42	31.596	11	81.82	94.36
000800	2009-12-31	-76183.484	617325.938	-10.763	16.927	11	63.64	120.73
000825	2009-12-31	-29547.224	1206569.625	-3.078	25.785	9	66.67	95.78
000839	2009-12-31	-33438.348	420465.719	-3.288	14.509	10	70	125.4
000858	2009-12-31	-19607.704	917180.563	-1.85	21.953	9	66.67	100.78
000878	2009-12-31	-67716.485	515893.688	-8.552	15.459	8	37.5	138.63

000895	2009-12-31	-8793.406	2069601.875	-0.828	32.059	7	57.14	89.57
000898	2009-12-31	-39319.907	733136.563	-4.069	19.28	11	45.45	112.55
000932	2009-12-31	-27251.596	135828.219	-3.007	8.583	11	63.64	87.82
000933	2009-12-31	-38038.057	931086.563	-4.523	25.307	9	55.56	91
000937	2009-12-31	-4904.117	1390493.25	-0.486	29.933	9	66.67	100.56
000960	2009-12-31	-60249.204	681639	-8.927	23.173	6	66.67	170.5
000983	2009-12-31	-43562.201	1509073.25	-5.881	34.226	8	50	98.25
002024	2009-12-31	-35779.652	3363013.25	-7.805	91.648	1	0	178
002142	2009-12-31	-40525.02	-14978.845	-19.077	-6.397	1	0	219
002202	2009-12-31	-48762.766	-41464.746	-28.224	-23.324	1	0	151
600000	2009-12-31	-67097.937	114337.195	-10.376	7.802	7	42.86	182.86
600001	2009-12-15	-4550.916	109739.461	-0.391	6.42	12	66.67	108.92
600005	2009-12-31	4406.379	884258.438	0.415	24.542	9	55.56	94
600009	2009-12-31	10231.07	445128.313	0.824	15.352	8	62.5	129.75
600010	2009-12-31	-38944.213	158136.969	-5.441	11.352	8	62.5	103.38
600015	2009-12-31	-30285.948	204475.047	-5.56	19.308	4	25	141.75
600016	2009-12-31	-44231.829	434924.844	-6.257	20.387	6	50	152

股票代码	截止日期	利润	买入持有利润	年复合收益率(%)	买入持有的年复合收益率(%)	交易笔数	胜率(%)	平均持仓天数
600018	2009-12-31	-10314.106	281371.156	-1.144	15.204	8	75	122.5
600019	2009-12-31	-46771.803	195315	-6.725	12.7	7	57.14	122
600028	2009-12-31	-54565.738	381389.063	-8.961	20.566	5	40	154.4
600029	2009-12-31	-68373.044	174925.781	-16.366	17.001	4	50	153.25
600030	2009-12-31	60780.558	1685737.25	7.031	51.047	7	57.14	89
600036	2009-12-31	-12237.808	310214.75	-1.674	20.022	7	71.43	110
600048	2009-12-31	-6138.793	482206.719	-1.834	67.333	2	50	209
600050	2009-12-31	-38392.136	263990.156	-6.478	19.557	5	60	136.4
600104	2009-12-31	-77997.293	835658.563	-11.755	20.285	10	70	139.1
600177	2009-12-31	-20534.956	743981.875	-2.045	21.138	9	66.67	111.67
600320	2009-12-31	-56014.651	534762.813	-8.691	22.703	5	20	141.6
600362	2009-12-31	-22595.809	1084805.625	-3.159	36.325	7	57.14	110.86
600497	2009-12-31	-65168.906	884193.875	-16.888	49.342	3	66.67	139.33
600519	2009-12-31	-7665.288	2276489.25	-0.95	46.14	5	60	92.4

600642	2009-12-31	38351.704	1072944.625	2.187	17.834	14	78.57	126.21
600739	2009-12-25	-68324.045	5762781.5	-8.246	35.629	9	55.56	151.11
600795	2009-12-31	56460.341	2538787.5	3.56	29.143	11	72.73	105.09
600837	2009-12-31	612622.377	3043948.25	13.985	25.838	12	83.33	80.33
600900	2009-12-31	33587.968	212949.797	4.843	20.48	3	100	138.67
601006	2009-12-31	-39563.117	99449.258	-13.695	22.375	1	0	215
601088	2009-12-31	-60443.227	-50604.031	-34.023	-27.113	1	0	252
601111	2009-12-31	-72479.742	250364.844	-31.789	45.029	1	0	231
601166	2009-12-31	-6497.002	86231.211	-2.287	23.877	3	66.67	102
601168	2009-12-31	-71391.922	-45803.891	-39.701	-21.933	1	0	296
601169	2009-12-31	-43391.637	-19500.771	-22.044	-9.057	1	0	247
601186	2009-12-31	14395.904	-19834.922	7.709	-11.492	1	100	262
601318	2009-12-31	-61319.96	19520.814	-28.441	6.484	2	50	185.5
601328	2009-12-31	-31705.051	-26215.842	-13.484	-10.906	3	66.67	131
601333	2009-12-31	-28396.116	-14921.016	-10.446	-5.198	3	66.67	131.67
601390	2009-12-31	-23061.128	-23762.023	-11.845	-12.232	2	50	125.5
601398	2009-12-31	-41817.691	77351.625	-15.656	19.737	1	0	253

股票代码	截止日期	利润	买入持有利润	年复合收益率(%)	买入持有策略的年复合收益率(%)	交易笔数	胜率(%)	平均持仓天数
601588	2009-12-31	-36867.556	70870.578	-13.345	18.157	3	66.67	119.33
601600	2009-12-31	-66724.508	-20352.352	-33.735	-8.158	1	0	249
601601	2009-12-31	-50705.436	-46024.641	-29.554	-26.317	2	50	168
601628	2009-12-31	-59430.969	-18685.584	-26.135	-6.71	1	0	292
601857	2009-12-31	-58195.214	-61824.449	-33.269	-36.021	2	50	181.5
601898	2009-12-31	-43619.66	-41177.754	-25.861	-24.202	1	0	144
601899	2009-12-31	-38416.075	-19427.035	-25.002	-12.032	2	50	101
601919	2009-12-31	-69130.461	-15830.316	-37.302	-6.616	1	0	255
601939	2009-12-31	-39984.711	-24906.838	-20.154	-11.862	1	0	327
601988	2009-12-31	-30729.415	21961.855	-9.977	5.848	3	66.67	128
601991	2009-12-31	-22547.688	65485.996	-8.079	18.067	2	50	182.5
601998	2009-12-31	-39409.916	-17006.82	-17.039	-6.714	2	50	143

第三个策略

如果RIS低于30之后，第二天开盘买入，持仓20天（包括当天），第21天的开盘价卖出。其他条件同前。

表4-3中的最后一列平均持仓天数，根据我们的设定都应该是20天（20个交易日），所以略去了。

结果似乎还是让人不太满意。请大家注意对比年复合收益率和买入持有策略的年复合收益率这两列。

表4-3

股票代码	截止日期	利润	买入持有利润	年复合收益率(%)	买入持有策略的年复合收益率(%)	交易笔数	胜率(%)
000001	2009-12-31	47644.712	1691688.875	2.631	21.209	35	51.43
000002	2009-12-31	83650.685	6252202	4.135	31.878	26	53.85
000024	2009-12-31	82178.088	2256394	4.079	23.443	28	57.14
000027	2009-12-31	-481.541	2458158.75	-0.032	24.121	27	40.74
000039	2009-12-31	4936.642	2686869.25	0.322	24.831	23	43.48
000060	2009-12-31	112071.41	3696592.25	5.962	32.334	26	57.69
000063	2009-12-31	-17794.778	1114970.375	-1.603	22.869	19	47.37
000069	2009-12-31	75547.188	3079301.5	4.676	32.432	20	60
000157	2009-12-31	-3461.176	1486370.375	-0.381	34.937	17	47.06
000338	2009-12-31	-11516.251	58357.07	-4.473	18.757	3	33.33
000402	2009-12-31	123289.387	6975656.5	6.095	36.846	18	66.67
000488	2009-12-31	-48689.776	61045.18	-7.057	5.365	18	33.33
000527	2009-12-31	-4234.498	5294973.5	-0.288	30.45	26	50

000562	2009-12-31	238066.688	1486445.125	8.458	20.23	27	55.56
000568	2009-12-31	-32992.684	7265700	-2.633	33.186	26	38.46
000623	2009-12-25	-22376.682	2232973.25	-1.905	27.025	22	50
000629	2009-12-31	60666.07	796154.375	3.668	18.13	21	38.1
000630	2009-12-31	17760.975	726306.813	1.254	17.459	21	57.14
000651	2009-12-31	-20818.85	2884272.5	-1.763	29.527	24	45.83
000652	2009-12-31	-19288.071	1405139	-1.623	22.999	27	48.15
000709	2009-12-15	-10554.796	505470.656	-0.872	15.197	24	45.83
000729	2009-12-31	11928.686	732792.125	0.904	18.438	19	47.37
000768	2009-12-31	14159.143	694272.25	1.058	17.91	22	54.55
000783	2009-12-31	1687.239	468595.031	0.134	14.94	21	38.1
000792	2009-12-31	5960.446	2854188.5	0.471	31.596	17	58.82
000800	2009-12-31	-55674.523	617325.938	-6.253	16.927	29	34.48
000825	2009-12-31	-19470.46	1206569.625	-1.914	25.785	18	38.89
000839	2009-12-31	-8244.732	420465.719	-0.704	14.509	29	44.83
000858	2009-12-31	-26918.617	917180.563	-2.647	21.953	19	36.84
000878	2009-12-31	-40253.939	515893.688	-3.991	15.459	22	40.91

股票代码	截止日期	利润	买入持有利润	年复合收益率(%)	买入持有策略的年复合收益率(%)	交易笔数	胜率(%)
000895	2009-12-31	-40979.09	206960.875	-4.653	32.059	12	33.33
000898	2009-12-31	-49710.168	733136.563	-5.556	19.28	24	37.5
000932	2009-12-31	14343.831	135828.219	1.295	8.583	23	52.17
000933	2009-12-31	18971.052	931086.563	1.694	25.307	16	56.25
000937	2009-12-31	-70481.765	1390493.25	-11.153	29.933	17	23.53
000960	2009-12-31	-33395.598	681639	-4.036	23.173	16	43.75
000983	2009-12-31	-26032.896	1509073.25	-3.144	34.226	19	42.11
002024	2009-12-31	875.949	3363013.25	0.16	91.648	5	40
002142	2009-12-31	-22061.453	-14978.845	-9.655	-6.397	5	40
002202	2009-12-31	-23781.571	-41464.746	-12.6	-23.324	4	50
600000	2009-12-31	-4864.391	114337.195	-0.49	7.802	23	56.52
600001	2009-12-15	-42253.377	109739.461	-4.508	6.42	25	44
600005	2009-12-31	-27201.843	884258.438	-3.001	24.542	13	30.77
600009	2009-12-31	-2324.959	445128.313	-0.198	15.352	16	43.75
600010	2009-12-31	-36260.871	158136.969	-4.979	11.352	17	29.41

600015	2009-12-31	26400.312	204475.047	3.785	19.308	8	50
600016	2009-12-31	-14526.836	434924.844	-1.722	20.387	14	42.86
600018	2009-12-31	101756.788	281371.156	7.704	15.204	15	53.33
600019	2009-12-31	-23599.326	195315	-2.928	12.7	16	37.5
600028	2009-12-31	18905.483	381389.063	2.082	20.566	15	46.67
600029	2009-12-31	-36696.802	174925.781	-6.853	17.001	11	36.36
600030	2009-12-31	-12544.823	1685737.25	-1.9	51.047	10	30
600036	2009-12-31	50968.172	310214.75	5.47	20.022	16	68.75
600048	2009-12-31	86384.658	482206.719	19.956	67.333	5	100
600050	2009-12-31	-3776.153	263990.156	-0.531	19.557	11	54.55
600104	2009-12-31	-30755.287	835658.563	-2.99	20.285	25	32
600177	2009-12-31	20255.491	743981.875	1.672	21.138	22	40.91
600320	2009-12-31	-26346.052	534762.813	-3.329	22.703	13	46.15
600362	2009-12-31	-35090.621	1084805.625	-5.273	36.325	17	41.18
600497	2009-12-31	-9370.256	884193.875	-1.711	49.342	9	55.56
600519	2009-12-31	1447.072	2276489.25	0.172	46.14	9	44.44
600642	2009-12-31	20828.369	1072944.625	1.269	17.834	29	48.28

股票代码	截止日期	利润	买入持有利润	年复合收益率(%)	买入持有策略的年复合收益率(%)	交易笔数	胜率(%)
600739	2009-12-25	-66008.465	5762781.5	-7.76	35.629	23	30.43
600795	2009-12-31	38023.661	2538787.5	2.55	29.143	18	61.11
600837	2009-12-31	-66833.272	3043948.25	-7.092	25.838	23	39.13
600900	2009-12-31	3809.707	212949.797	0.612	20.48	5	60
601006	2009-12-31	9471.005	99449.258	2.682	22.375	4	50
601088	2009-12-31	-17497.99	-50604.031	-8.263	-27.113	7	42.86
601111	2009-12-31	-33370.459	250364.844	-11.342	45.029	5	20
601166	2009-12-31	27868.093	86231.211	8.833	23.877	6	66.67
601168	2009-12-31	-46733.75	-45803.891	-22.477	-21.933	7	28.57
601169	2009-12-31	-28005.527	-19500.771	-13.394	-9.057	2	0
601186	2009-12-31	4193.198	-19834.922	2.294	-11.492	1	100
601318	2009-12-31	-44381.814	19520.814	-18.673	6.484	7	42.86
601328	2009-12-31	15354.97	-26215.842	5.575	-10.906	6	66.67
601333	2009-12-31	-16971.918	-14921.016	-5.959	-5.198	5	40
601390	2009-12-31	-4495.318	-23762.023	-2.188	-12.232	3	33.33

601398	2009-12-31	-15656.478	77351.625	-5.212	19.737	4	25
601588	2009-12-31	-5113.072	70870.578	-1.621	18.157	5	60
601600	2009-12-31	-20450.563	-20352.352	-8.2	-8.158	7	42.86
601601	2009-12-31	-25449.609	-46024.641	-13.537	-26.317	6	16.67
601628	2009-12-31	-38828.247	-18685.584	-15.214	-6.71	4	25
601857	2009-12-31	-18791.378	-61824.449	-9.202	-36.021	6	50
601898	2009-12-31	-31604.046	-41177.754	-17.992	-24.202	4	25
601899	2009-12-31	3611.406	-19427.035	2.128	-12.032	4	75
601919	2009-12-31	-55806.101	-15830.316	-27.698	-6.616	5	20
601939	2009-12-31	-28747.713	-24906.838	-13.879	-11.862	4	0
601988	2009-12-31	-13237.743	21961.855	-3.984	5.848	6	16.67
601991	2009-12-31	24962.444	65485.996	7.624	18.067	5	60
601998	2009-12-31	3544.775	-17006.82	1.307	-6.714	5	60

第四个策略

我们再测试一下，如果短期RSI（6日）向上穿过长期RSI（12日）是买入，短期RSI（6日）向下穿过长期RSI（12日）是卖出的策略，在这90只股票上的交易绩效是怎样的。其他条件同前。

测试结果见表4-4。请大家注意对比年复合收益率和买入持有策略的年复合收益率这两列。

结果更是惨不忍睹，90只股票在这15年的交易中，只有6只是赢利的。你也许觉得我们满仓交易不合适。的确，股票真的不可以满仓交易，但是如果策略不具备统计优势的话，再好的资金管理也没办法让它赢利。我还测试过使用60%的资金进行交易，你猜结果怎样，90只股票全部亏损。所以，数据就不拿出来给大家看了。

总结：RSI指标是非常常用的指标，很多人都关注它，但是，你看，这些关于RSI的常用策略交易的结果竟然是这样的。事实上，这样的事情太多了。很多我们对之信心百倍的交易策略，甚至通不过最宽松的测试。

表4-4

股票代码	截止日期	利润	买入持有利润	年复合收益率(%)	买入持有策略的年复合收益率(%)	交易笔数	胜率(%)	平均持仓天数
000001	2009-12-31	-92229.766	1691688.875	-15.658	21.209	328	18.6	4.27
000002	2009-12-31	-99219.567	6252202	-27.637	31.878	280	20.71	4.42
000024	2009-12-31	-90746.835	2256394	-14.671	23.443	307	27.36	4.4
000027	2009-12-31	-89851.296	2458158.75	-14.144	24.121	314	27.07	4.52
000039	2009-12-31	-95979.153	2686869.25	-19.282	24.831	306	22.55	4.16
000060	2009-12-31	-54400.901	3696592.25	-5.87	32.334	261	30.65	4.89
000063	2009-12-31	-84470.185	1114970.375	-14.237	22.869	235	25.96	4.52
000069	2009-12-31	-81041.585	3079301.5	-12.631	32.432	254	27.95	4.81
000157	2009-12-31	-21867.104	1486370.375	-2.64	34.937	188	31.38	4.89
000338	2009-12-31	39052.166	58357.07	13.121	18.757	47	42.55	4.7
000402	2009-12-31	-79286.246	6975656.5	-10.948	36.846	299	26.42	4.36
000488	2009-12-31	-91974.71	61045.18	-24.169	5.365	192	25	4.79
000527	2009-12-31	-98538.867	5294973.5	-24.548	30.45	296	20.27	4.27
000562	2009-12-31	-97934.795	1486445.125	-22.788	20.23	268	22.01	3.99

股票代码	截止日期	利润	买入持有利润	年复合收益率(%)	买入持有策略的年复合收益率(%)	交易笔数	胜率(%)	平均持仓天数
000568	2009-12-31	-85492.068	7265700	-12.074	33.186	318	22.64	4.37
000623	2009-12-25	-80114.071	2232973.25	-11.544	27.025	270	20.74	4.36
000629	2009-12-31	-98470.866	796154.375	-27.212	18.13	258	17.83	4.16
000630	2009-12-31	-95284.705	726306.813	-20.764	17.459	257	24.51	4.35
000651	2009-12-31	-83959.034	2884272.5	-13.014	29.527	292	25	4.23
000652	2009-12-31	-89590.957	1405139	-15.863	22.999	279	21.86	4.25
000709	2009-12-15	-91901.907	505470.656	-17.919	15.197	263	22.05	4.75
000729	2009-12-31	-97031.185	732792.125	-24.48	18.438	269	21.19	4.3
000768	2009-12-31	-98562.925	694272.25	-28.63	17.91	231	19.48	4.27
000783	2009-12-31	-94021.945	468595.031	-20.203	14.94	241	23.65	4.36
000792	2009-12-31	-70748.993	2854188.5	-9.488	31.596	231	28.14	4.53
000800	2009-12-31	-94769.57	617325.938	-20.878	16.927	249	20.08	4.35
000825	2009-12-31	-83979.543	1206569.625	-15.081	25.785	258	25.58	4.47
000839	2009-12-31	-92318.575	420465.719	-19.005	14.509	246	22.36	4.44

000858	2009-12-31	-78117.858	917180.563	-12.191	21.953	247	24.29	4.61
000878	2009-12-31	-89767.398	515893.688	-16.494	15.459	240	24.17	4.26
000895	2009-12-31	-53020.309	2069601.875	-6.599	32.059	229	22.27	4.31
000898	2009-12-31	-88484.284	733136.563	-16.452	19.28	238	23.53	4.62
000932	2009-12-31	-96297.731	135828.219	-27.12	8.583	211	19.91	4.27
000933	2009-12-31	-81446.97	931086.563	-15.03	25.307	218	27.98	4.86
000937	2009-12-31	-84666.124	1390493.25	-16.618	29.933	212	24.53	4.46
000960	2009-12-31	-53328.101	681639	-7.433	23.173	212	27.83	4.52
000983	2009-12-31	-55906.298	1509073.25	-8.31	34.226	183	29.51	5.19
002024	2009-12-31	-33368.067	3363013.25	-7.179	91.648	125	32.8	4.37
002142	2009-12-31	-67975.954	-14978.845	-37.115	-6.397	63	23.81	3.79
002202	2009-12-31	-34762.724	-41464.746	-19.09	-23.324	49	32.65	4.33
600000	2009-12-31	-93216.342	114337.195	-23.29	7.802	221	18.1	4.51
600001	2009-12-15	-95603.722	109739.461	-23.085	6.42	256	18.36	4.22
600005	2009-12-31	-91503.227	884258.438	-21.072	24.542	211	22.75	4.83
600009	2009-12-31	-92172.736	445128.313	-19.31	15.352	237	21.94	4.41

股票代码	截止日期	利润	买入持有利润	年复合收益率(%)	买入持有策略的年复合收益率(%)	交易笔数	胜率(%)	平均持仓天数
600015	2009-12-31	-80900.563	204475.047	-23.087	19.308	136	25.74	4.5
600016	2009-12-31	-69476.749	434924.844	-12.304	20.387	203	28.57	4.75
600018	2009-12-31	-86595.218	281371.156	-19.143	15.204	209	22.49	4.55
600019	2009-12-31	-81447.415	195315	-16.971	12.7	194	21.13	4.71
600028	2009-12-31	-77464.505	381389.063	-16.25	20.566	189	25.93	4.62
600029	2009-12-31	-65109.267	174925.781	-15.081	17.001	133	24.81	4.77
600030	2009-12-31	-67504.58	1685737.25	-14.857	51.047	146	26.03	4.41
600036	2009-12-31	-87736.524	310214.75	-23.764	20.022	160	23.75	4.47
600048	2009-12-31	-15360.519	482206.719	-4.757	67.333	82	31.71	4.1
600050	2009-12-31	-85440.089	263990.156	-23.387	19.557	175	23.43	4.31
600104	2009-12-31	-97248.367	835658.563	-25.679	20.285	241	21.99	4.29
600177	2009-12-31	-71878.845	743981.875	-10.779	21.138	222	27.93	4.86
600320	2009-12-31	-66797.488	534762.813	-11.49	22.703	211	31.28	4.51
600362	2009-12-31	24988.383	1084805.625	2.835	36.325	163	28.22	4.77
600497	2009-12-31	16057.167	884193.875	2.646	49.342	110	23.64	4.37

600519	2009-12-31	-31931.776	2276489.25	-4.502	46.14	166	28.92	4.42
600642	2009-12-31	-97478.515	1072944.625	-21.754	17.834	297	18.86	4.45
600739	2009-12-25	852.055	5762781.5	0.064	35.629	279	24.73	4.77
600795	2009-12-31	-86967.016	2538787.5	-14.72	29.143	276	26.09	4.64
600837	2009-12-31	-73956.901	3043948.25	-8.577	25.838	249	26.91	4.47
600900	2009-12-31	-75157.276	212949.797	-20.342	20.48	126	21.43	4.01
601006	2009-12-31	-78094.715	99449.258	-35.86	22.375	80	27.5	4.17
601088	2009-12-31	-48705.497	-50604.031	-25.87	-27.113	45	28.89	4.6
601111	2009-12-31	15889.116	250364.844	4.469	45.029	64	34.38	4.83
601166	2009-12-31	70167.85	86231.211	20.088	23.877	60	35	5.35
601168	2009-12-31	-29775.632	-45803.891	-13.314	-21.933	47	27.66	4.68
601169	2009-12-31	-68537.966	-19500.771	-39.715	-9.057	62	22.58	4.06
601186	2009-12-31	-53950.114	-19834.922	-34.832	-11.492	40	27.5	4.6
601318	2009-12-31	-38115.241	19520.814	-15.555	6.484	42	33.33	4.36
601328	2009-12-31	-46360.781	-26215.842	-21.068	-10.906	59	30.51	4.92
601333	2009-12-31	-82862.323	-14921.016	-44.158	-5.198	84	17.86	4.04
601390	2009-12-31	-54633.535	-23762.023	-31.621	-12.232	50	24	4.3

股票代码	截止日期	利润	买入持有利润	年复合收益率(%)	买入持有策略的年复合收益率(%)	交易笔数	胜率(%)	平均持仓天数
601398	2009-12-31	-10675.766	77351.625	-3.487	19.737	66	30.3	5.06
601588	2009-12-31	-58486.26	70870.578	-23.951	18.157	69	18.84	3.96
601600	2009-12-31	-14360.039	-20352.352	-5.632	-8.158	39	41.03	5.38
601601	2009-12-31	-21398.98	-46024.641	-11.241	-26.317	38	31.58	5.21
601628	2009-12-31	-45697.456	-18685.584	-18.538	-6.71	61	29.51	4.87
601857	2009-12-31	-57575.953	-61824.449	-32.812	-36.021	48	18.75	4.75
601898	2009-12-31	-41863.431	-41177.754	-24.664	-24.202	49	28.57	4.39
601899	2009-12-31	-368.438	-19427.035	-0.219	-12.032	25	36	5
601919	2009-12-31	-12800.424	-15830.316	-5.295	-6.616	38	31.58	5.84
601939	2009-12-31	-34033.195	-24906.838	-16.756	-11.862	45	28.89	4.82
601988	2009-12-31	-58251.527	21961.855	-22.125	5.848	82	23.17	4.67
601991	2009-12-31	-38191.623	65485.996	-14.67	18.067	68	26.47	4.5
601998	2009-12-31	-67023.7	-17006.82	-33.874	-6.714	73	21.92	4.19

第五章
Chapter 5

随机指标

　　随机指标又称KD线，是由George Lane发明的。这个指标的计算方法早在1957年就公开了，比RSI要早30年。George Lane撰写过很多有关KD线使用方法的论文。

　　我们今天常用的都是慢速KD线。因为直接计算出来的K线非常敏感，所以要对它做3天的移动平均出来。至于D线，则是对K线再做3天的移动平均处理。这样计算出来的KD线称为慢速KD线。

　　另外还有个KDJ指标，多了一条J线。但是实际运用中，并不能保证其效果会好于KD线。

　　常用的KD线的交易方法是交叉。当指标处于低位，K线上穿D线并且K线的数值小于20时买入，不管在什么位置，只有当K线下穿D线时，才卖出。我们主要测试这个策略。另外背离也是KD线重要的交易方法，我们前面已经说过了，由于背离无法客观定义，所以无法准确测试。其他还有KD线左侧交叉、右侧交叉的方法，其效果都不见得会好，所以我们都不测试了。

　　这里要说一句，现在很多软件中KD线的公式为

RSV:=(CLOSE−LLV(LOW,N))/(HHV(HIGH,N)−LLV(LOW,N))*100;

K:SMA(RSV,M1,1);

D:SMA(K,M2,1);

　　这个公式其实是错误的。因为对K线和D线的平滑，根据George Lane的原意，只要简单移动平均就可以了。所以此公式应该改为：

RSV:=(CLOSE−LLV(LOW,N))/(HHV(HIGH,N)−LLV(LOW,N))*100;

K:MA(RSV,M1);

D:MA(K,M2);

　　这样才符合作者的原意。不过就指标而言，好的指标不在乎参数的设置，就是说在相当大的一个参数范围内，指标都是好用的，如果一个指标的参数稍微改变一点点，就会对交易绩效带来很大影响，则该指标是不可靠的。同理，好指标也不在乎细微的

计算方法。不过我们还是根据指标作者的原意进行测试。

（1）当K线上穿D线并且K线的数值小于20（保证交叉出现在低位）时买入，不管在什么位置，只有当K线下穿D线时，才卖出。

（2）KD线使用的参数为常用的9、3、3。

（3）其他条件同RSI中的测试条件相同。

测试结果如表5-1。还是请大家注意对比年复合收益率和买入持有策略的年复合收益率这两列。

表5-1

股票代码	截止日期	利润	买入持有利润	年复合收益率(%)	买入持有策略的年复合收益率(%)	交易笔数	胜率(%)	平均持仓天数
000001	2009-12-31	−77978.833	1691688.875	−9.594	21.209	139	25.9	4.58
000002	2009-12-31	−74191.997	6252202	−8.633	31.878	99	28.28	4.96
000024	2009-12-31	50940.55	2256394	2.782	23.443	106	45.28	5.63
000027	2009-12-31	−79029.28	2458158.75	−9.888	24.121	109	26.61	4.84
000039	2009-12-31	−83613.263	2686869.25	−11.357	24.831	96	26.04	4.78
000060	2009-12-31	−82989.359	3696592.25	−12.756	32.334	100	27	4.75
000063	2009-12-31	−75948.314	1114970.375	−11.087	22.869	85	25.88	5.21
000069	2009-12-31	46469.694	3079301.5	3.148	32.432	67	41.79	5.61
000157	2009-12-31	−18668.694	1486370.375	−2.215	34.937	60	36.67	4.85
000338	2009-12-31	−31044.388	58357.07	−12.978	18.757	14	42.86	4.5
000402	2009-12-31	−63467.042	6975656.5	−7.148	36.846	80	31.25	5.1
000488	2009-12-31	−68805.434	61045.18	−11.994	5.365	57	28.07	4.74
000527	2009-12-31	−91838.046	5294973.5	−15.381	30.45	112	21.43	4.83
000562	2009-12-31	−75142.738	1486445.125	−8.861	20.23	108	30.56	4.97

000568	2009-12-31	-83416.591	7265700	-11.287	33.186	94	21.28	4.73
000623	2009-12-25	-75131.143	2232973.25	-10.029	27.025	79	24.05	4.78
000629	2009-12-31	-71554.214	796154.375	-9.11	18.13	93	26.88	4.98
000630	2009-12-31	-80069.61	726306.813	-11.565	17.459	87	27.59	5.43
000651	2009-12-31	-85393.718	2884272.5	-13.632	29.527	90	14.44	4.3
000652	2009-12-31	-56371.107	1405139	-6.136	22.999	77	24.68	5.55
000709	2009-12-15	-84484.781	505470.656	-13.618	15.197	111	27.03	4.59
000729	2009-12-31	-83496.726	732792.125	-13.396	18.438	73	16.44	5.22
000768	2009-12-31	-82582.569	694272.25	-12.973	17.91	82	21.95	4.84
000783	2009-12-31	-77881.463	468595.031	-11.385	14.94	97	30.93	5.32
000792	2009-12-31	-78860.071	2854188.5	-11.84	31.596	59	23.73	5
000800	2009-12-31	-94431.412	617325.938	-20.484	16.927	100	22	4.48
000825	2009-12-31	-79798.09	1206569.625	-13.304	25.785	75	22.67	5.01
000839	2009-12-31	-76501.706	420465.719	-11.215	14.509	108	29.63	5.09
000858	2009-12-31	-72038.203	917180.563	-10.33	21.953	74	27.03	4.86

股票代码	截止日期	利润	买入持有利润	年复合收益率(%)	买入持有策略的年复合收益率(%)	交易笔数	胜率(%)	平均持仓天数
000878	2009-12-31	-83996.064	515893.688	-13.488	15.459	85	22.35	4.79
000895	2009-12-31	-54720.193	2069601.875	-6.91	32.059	47	23.4	5.3
000898	2009-12-31	-67885.42	733136.563	-9.014	19.28	83	25.3	4.66
000932	2009-12-31	-27154.281	135828.219	-2.995	8.583	84	30.95	5.04
000933	2009-12-31	-50328.775	931086.563	-6.542	25.307	66	31.82	4.74
000937	2009-12-31	-44593.902	1390493.25	-5.562	29.933	58	34.48	5
000960	2009-12-31	-67454.953	681639	-10.755	23.173	73	20.55	4.68
000983	2009-12-31	-63935.065	1509073.25	-10.242	34.226	56	35.71	4.96
002024	2009-12-31	-49007.34	3363013.25	-11.626	91.648	26	30.77	4.15
002142	2009-12-31	-26670.803	-14978.845	-11.871	-6.397	18	22.22	4.22
002202	2009-12-31	-44732.768	-41464.746	-25.478	-23.324	17	35.29	5.71
600000	2009-12-31	-40889.787	114337.195	-5.049	7.802	84	25	5.05
600001	2009-12-15	-82003.649	109739.461	-13.417	6.42	100	25	4.9
600005	2009-12-31	19191.977	884258.438	1.699	24.542	80	41.25	5.46

600009	2009-12-31	-61607.322	445128.313	-7.746	15.352	64	35.94	5.36
600010	2009-12-31	-66533.079	158136.969	-11.672	11.352	69	26.09	5.12
600015	2009-12-31	-68914.845	204475.047	-16.912	19.308	39	17.95	4.92
600016	2009-12-31	-68524.106	434924.844	-12.005	20.387	65	21.54	4.86
600018	2009-12-31	-63484.804	281371.156	-10.105	15.204	64	23.44	5.14
600019	2009-12-31	-10598.438	195315	-1.229	12.7	72	34.72	4.93
600028	2009-12-31	-60652.472	381389.063	-10.506	20.566	54	22.22	4.96
600029	2009-12-31	-41221.075	174925.781	-7.919	17.001	44	38.64	5.73
600030	2009-12-31	-33360.137	1685737.25	-5.642	51.047	49	34.69	5.06
600036	2009-12-31	-41681.685	310214.75	-6.735	20.022	48	33.33	4.98
600048	2009-12-31	133682.746	482206.719	28.152	67.333	18	66.67	6.06
600050	2009-12-31	-56887.049	263990.156	-10.981	19.557	42	21.43	4.07
600104	2009-12-31	-82488.258	835658.563	-13.403	20.285	85	29.41	4.53
600177	2009-12-31	-67457.651	743981.875	-9.6	21.138	89	24.72	4.62
600320	2009-12-31	-48017.414	534762.813	-6.987	22.703	72	30.56	5.32
600362	2009-12-31	-67334.822	1084805.625	-13.085	36.325	63	28.57	4.22

股票代码	截止日期	利润	买入持有利润	年复合收益率(%)	买入持有策略的年复合收益率(%)	交易笔数	胜率(%)	平均持仓天数
600497	2009-12-31	-82718.17	884193.875	-26.502	49.342	37	16.22	4.32
600519	2009-12-31	-54916.142	2276489.25	-9.099	46.14	41	17.07	4.83
600642	2009-12-31	-54526.822	1072944.625	-5.117	17.834	121	34.71	5.04
600739	2009-12-25	-71651.369	5762781.5	-9.005	35.629	83	25.3	4.93
600795	2009-12-31	-63193.613	2538787.5	-7.513	29.143	88	30.68	4.98
600837	2009-12-31	-57194.393	3043948.25	-5.499	25.838	78	29.49	5.36
600900	2009-12-31	-13385.455	212949.797	-2.319	20.48	30	40	5.93
601006	2009-12-31	-16288.846	99449.258	-5.067	22.375	21	47.62	5.86
601088	2009-12-31	-42410.465	-50604.031	-21.92	-27.113	17	23.53	4.18
601111	2009-12-31	-29073.836	250364.844	-9.684	45.029	20	40	5.45
601166	2009-12-31	16732.997	86231.211	5.472	23.877	24	50	5.21
601168	2009-12-31	-33264.37	-45803.891	-15.081	-21.933	27	33.33	4.15
601169	2009-12-31	-731.78	-19500.771	-0.321	-9.057	13	38.46	4.85
601186	2009-12-31	-23395.366	-19834.922	-13.685	-11.492	10	30	6
601318	2009-12-31	-19526.914	19520.814	-7.368	6.484	17	35.29	4.59

601328	2009-12-31	-30303.742	-26215.842	-12.814	-10.906	17	23.53	3.82
601333	2009-12-31	-11540.348	-14921.016	-3.97	-5.198	15	53.33	5.53
601390	2009-12-31	6847.176	-23762.023	3.236	-12.232	11	45.45	5.09
601398	2009-12-31	-14039.252	77351.625	-4.645	19.737	17	29.41	4.88
601588	2009-12-31	4776.036	70870.578	1.464	18.157	23	43.48	5.57
601600	2009-12-31	-36940.152	-20352.352	-15.839	-8.158	25	40	4.56
601601	2009-12-31	-9768.633	-46024.641	-4.963	-26.317	21	28.57	4
601628	2009-12-31	-21834.189	-18685.584	-7.939	-6.71	21	38.1	4.67
601857	2009-12-31	-20279.508	-61824.449	-9.978	-36.021	20	25	5.45
601898	2009-12-31	-6268.385	-41177.754	-3.324	-24.202	14	35.71	4.57
601899	2009-12-31	-37001.522	-19427.035	-23.984	-12.032	10	20	3.6
601919	2009-12-31	-22359.439	-15830.316	-9.563	-6.616	26	38.46	5.19
601939	2009-12-31	-32937.41	-24906.838	-16.149	-11.862	22	22.73	4.36
601988	2009-12-31	-13388.3	21961.855	-4.031	5.848	14	21.43	4.93
601991	2009-12-31	-10748.094	65485.996	-3.68	18.067	19	26.32	6.16
601998	2009-12-31	-4279.694	-17006.82	-1.618	-6.714	13	38.46	5.08

　　这个测试结果肯定会让很多人失望，90只股票，只有7只是赢利的。

　　如果把该指标用于周线会怎样。因为周线可以过滤掉很多不规则的波动。

　　请看表5-2。

表5-2

股票代码	截止日期	利润	买入持有利润	年复合收益率(%)	买入持有策略的年复合收益率(%)	交易笔数	胜率(%)	平均持仓天数
000001	2009-12-29	45518.586	1629555.75	2.533	20.933	32	37.5	4.84
000002	2009-12-28	22004.129	5910417.5	1.335	31.413	13	46.15	4.77
000024	2009-12-29	-44870.63	2196303.75	-3.893	23.24	27	25.93	4.67
000027	2009-12-28	-52390.369	2414492.5	-4.829	23.993	23	26.09	4.87
000039	2009-12-28	-38640.191	2575161	-3.205	24.506	16	37.5	4.69
000060	2009-12-28	-10223.217	3696592.25	-0.828	32.357	16	37.5	5.44
000063	2009-12-28	267959.42	1075489.25	11.35	22.551	16	43.75	5.31
000069	2009-12-28	105238.186	3021493.25	6.016	32.259	10	40	5.6
000157	2009-12-28	-44925.24	1526024	-6.267	35.335	12	16.67	4.33
000338	2009-12-28	-2103.667	58357.07	-0.794	18.82	2	50	6
000402	2009-12-28	-10789.079	6975656.5	-0.838	36.872	9	22.22	4.78
000488	2009-12-28	18028.19	68935.5	1.836	5.925	8	37.5	5.38

股票代码	截止日期	利润	买入持有利润	年复合收益率(%)	买入持有策略的年复合收益率(%)	交易笔数	胜率(%)	平均持仓天数
000527	2009-12-28	13070.947	5059639	0.823	30.082	22	31.82	5.32
000562	2009-12-28	-58894.083	1435922.5	-5.757	19.983	22	22.73	4.27
000568	2009-12-28	-52525.423	7129297.5	-4.847	33.041	22	27.27	4.68
000623	2009-12-21	-39116.614	2508278.25	-3.701	28.132	19	21.05	5.42
000629	2009-12-28	-5598.334	796154.375	-0.437	18.142	17	41.18	5.18
000630	2009-12-28	-79250.437	634365.125	-11.3	16.419	21	9.52	4.19
000651	2009-12	-23666.144	2977384.25	-2.038	29.852	15	40	5
000652	2009-12-28	44642.993	1322095.25	2.86	22.483	21	47.62	5.29
000709	2009-12-14	-13885.947	505470.656	-1.168	15.201	20	40	4.8
000729	2009-12-28	52042.292	732792.125	3.404	18.451	16	43.75	5.69
000768	2009-12-28	57736.93	694272.25	3.692	17.923	15	46.67	5.67
000783	2009-12-28	-45139.191	468595.031	-4.699	14.95	14	21.43	4.71
000792	2009-12-28	-15402.868	2791663	-1.348	31.392	14	42.86	5.29

000800	2009-12-28	-68053.698	617325.938	-8.664	16.939	25	28	5
000825	2009-12-28	-44409.865	1224713.25	-5.11	25.962	20	25	4.5
000839	2009-12-28	73038.356	420465.719	4.61	14.519	19	47.37	4.95
000858	2009-12-28	231836.257	914926.625	10.816	21.947	18	66.67	7
000878	2009-12-28	-65821.227	515893.688	-8.144	15.47	18	16.67	4.5
000895	2009-12-28	-34865.243	2094845.125	-3.803	32.224	10	20	3
000898	2009-12-29	-28775.979	746367.188	-2.784	19.446	16	31.25	3.5
000932	2009-12-28	-37756.138	113201.609	-4.452	7.543	15	20	4.4
000933	2009-12-28	-11710.474	1001597.438	-1.198	26.134	9	44.44	4.33
000937	2009-12-28	15385.005	1369408.75	1.398	29.78	14	57.14	6.43
000960	2009-12-28	-32899.274	736608.375	-3.967	24.047	16	31.25	4.88
000983	2009-12-28	-1867.953	1535453.125	-0.2	34.492	13	38.46	5.31
002024	2009-12-28	42388.539	3048190.5	6.71	88.505	3	100	7.33
002142	2009-12-28	0	-27549.008	0	-12.341	0	0	0
002202	2009-12-28	8284.901	-41545.5	4.043	-23.46	1	100	7

股票代码	截止日期	利润	买入持有利润	年复合收益率(%)	买入持有策略的年复合收益率(%)	交易笔数	胜率(%)	平均持仓天数
600000	2009-12-28	-25443.705	110872.703	-2.854	7.636	18	33.33	4.78
600001	2009-12-14	41517.414	102141.203	2.961	6.092	25	40	5.32
600005	2009-12-28	-4650.479	726758.563	-0.456	22.495	11	36.36	6.27
600009	2009-12-28	-48053.017	455241.156	-5.37	15.543	11	9.09	4.64
600010	2009-12-28	4328.895	158136.969	0.482	11.364	14	35.71	4.57
600015	2009-12-28	42841.617	204475.047	5.824	19.336	7	57.14	6.71
600016	2009-12-28	1256.972	460775.563	0.138	21.038	11	27.27	4.91
600018	2009-12-28	-29759.959	296365.25	-3.669	15.69	10	40	5.2
600019	2009-12-28	19609.138	219690.563	1.998	13.704	9	44.44	6.67
600028	2009-12-28	-13588.554	384015.156	-1.725	20.666	9	22.22	4.44
600029	2009-12-28	-12004.632	174925.781	-1.968	17.024	8	37.5	5.13
600030	2009-12-28	-37807.878	1342523.875	-6.577	46.57	9	11.11	4
600036	2009-12-28	-30385.98	313206.063	-4.58	20.158	4	0	6.75

600048	2009-12-28	1144.031	441479.875	0.334	64.019	1	100	6
600050	2009-12-28	-14152.295	252719.125	-2.09	19.062	9	33.33	4.56
600104	2009-12-28	-4599.594	740012.875	-0.388	19.233	20	35	5.5
600177	2009-12-28	22846.901	785157.875	1.869	21.675	15	46.67	5.53
600320	2009-12-28	34695.574	530281.563	3.355	22.629	10	50	5.8
600362	2009-12-28	-45084.693	1084511.125	-7.245	36.364	10	20	4.6
600497	2009-12-28	-37034.218	939974.625	-7.804	50.883	3	0	6.33
600519	2009-12-28	5387.459	2178639.25	0.631	45.46	5	40	4.2
600642	2009-12-28	5936.945	1086208.625	0.385	17.933	18	50	6.17
600739	2009-12-21	-54876.708	5947316.5	-5.788	35.979	20	40	4.9
600795	2009-12-28	30450.595	2741785.75	2.1	29.915	16	50	6.13
600837	2009-12-28	604183.679	2994854	13.902	25.722	18	50	5.11
600900	2009-12-28	37285.296	205555.281	5.319	20.04	3	66.67	7.67
601006	2009-12-28	-40614.683	94923.727	-14.168	21.613	4	0	2.75

股票代码	截止日期	利润	买入持有利润	年复合收益率(%)	买入持有策略的年复合收益率(%)	交易笔数	胜率(%)	平均持仓天数
601088	2009-12-28	0	-61612.84	0	-35.008	0	0	0
601111	2009-12-28	0	250364.844	0	45.161	0	0	0
601166	2009-12-28	-26557.844	73324.945	-10.111	20.916	3	0	4.67
601168	2009-12-28	-37833.944	-50772.887	-17.534	-24.981	3	0	3
601169	2009-12-28	0	-17633.916	0	-8.168	0	0	0
601186	2009-12-28	-2399.81	-17501.535	-1.338	-10.122	3	33.33	5.33
601318	2009-12-28	3456.385	21883.074	1.208	7.243	2	50	6.5
601328	2009-12-28	-15142.004	-25219.4	-6.064	-10.481	2	0	5
601333	2009-12-28	-21122.224	-14921.016	-7.558	-5.211	5	20	4.4
601390	2009-12-28	0	-24438.754	0	-12.654	0	0	0
601398	2009-12-28	2594.778	77351.625	0.811	19.793	3	33.33	6
601588	2009-12-28	6138.732	62572.109	1.878	16.385	2	50	7

601600	2009-12-28	-39847.966	-20352.352	-17.36	-8.182	3	0	2.67
601601	2009-12-28	0	-45820.934	0	-26.271	0	0	0
601628	2009-12-28	-8014.98	-18461.766	-2.774	-6.641	3	33.33	3
601857	2009-12-28	238.856	-59611.137	0.111	-34.432	1	100	4
601898	2009-12-28	0	-41177.754	0	-24.292	0	0	0
601899	2009-12-28	0	-19427.035	0	-12.087	0	0	0
601919	2009-12-28	-49591.611	-20469.574	-23.888	-8.722	2	0	2
601939	2009-12-28	0	-32813.137	0	-16.134	0	0	0
601988	2009-12-28	-14260.893	24614.662	-4.319	6.518	4	25	3.25
601991	2009-12-28	-8045.804	85902.578	-2.735	22.752	4	25	4
601998	2009-12-28	-8231.813	-17006.82	-3.162	-6.734	1	0	4

　　获利的股票的确多了，但是利润都不大。由于我们的测试是考虑了交易成本的，即佣金、滑价。如果把这些因素去掉，那KD线最多也只是个能打平的指标，即全部利润与全部亏损差不太多。

　　当我们关注RSI与KD线这类指标准不准，能不能捕捉到头部或者底部时，我们在图表上不自觉地会去观察某些头部或者底部。在这些位置，这类指标的确很准。但是请不要把因果关系搞错（事实上，这是大多数人犯的错误），它们准，不是因为它们预测到了底部或者头部，而是因为出现了头部或者底部，所以它们反映出了某些特征。这个问题请仔细考虑清楚。

　　所以观察这类指标，你最应该看的不是头部或者底部，而是其他时期。

第六章

Chapter 6

MACD指标

MACD指标最初是由Gerald Appel在1979年提出来的。最初这个指标用于交易股票市场。但是它完全也可以用在期货或者期权市场上，外汇当然也可以。

MACD是一个基于指数移动平均线的指标，在有行情的市场中可以运作得很好，但是同其他顺势指标一样，在盘整阶段，会出现信号反复的现象。

MACD默认的参数为12、26、9，是由Gerald Appel提出来的。这也是常用的交易软件中使用的参数。其实指数的计算还需要参数，Gerald Appel当时是给了两组不同的指数计算参数，一个是买入时用的，为0.22和0.11；另一个是卖出时用的，为0.15和0.075。在这两组参数中，同买入信号相比，卖出信号反应得要慢一些，这是为了在持仓过程中能尽量持得长一点，不要被轻易震荡出局。但是，目前的软件都不允许修改指数的参数，所以这两组参数我们也无法测试了。不过，我前面讲过，对于一个好的指标，参数会在很大范围内调整。所以我们完全可以忽略最原始的这两组参数，就使用常用的12、26、9好了。

在策略上，MACD最标准的用法是，当DIF向上穿过DEA时买入，当DIF向下穿过DEA时卖出。这是我们要测试的第一种方法。

另外，还有人觉得，DIF要在0线之下上穿DEA时才是买入信号。任何时候，只要DIF向下穿过DEA时就卖出。这是我们要测试的第二个策略。但是在这种策略中，一旦DIF和DEA在0线之上震荡，DIF下穿过DEA后，没有跌到0线之下，又发送上穿的信号，那我们就会把后面的行情漏掉。

1.我们先来测试第一个策略。当DIF向上穿过DEA时买入，当DIF向下穿过DEA时卖出。其他条件与RSI的测试相同，测试结果如表6-1。

这个策略的交易效果要好多了，但是仍然很难战胜买入持有策略，而且资金回撤（这个概念很重要，详见第二编）并不小。

2.我们再看第二种策略。现在我们只在0线之下出现买入信号时才进场。比如当昨天的DIF值小于0，并且今天出现交叉时，明天进场。其他条件相同，测试结果如表6-2。

表6-1

股票代码	截止日期	利润	买入持有利润	年复合收益率(%)	买入持有策略的年复合收益率(%)	交易笔数	胜率(%)	平均持仓天数
000001	2009-12-31	-43041.833	1691688.875	-3.682	21.209	123	26.02	12.73
000002	2009-12-31	502252.279	6252202	12.713	31.878	126	38.89	13.65
000024	2009-12-31	-31908.556	2256394	-2.529	23.443	116	31.03	13.84
000027	2009-12-31	254363.114	2458158.75	8.799	24.121	116	37.07	14.22
000039	2009-12-31	-26294.562	2686869.25	-2.013	24.831	125	36	12.24
000060	2009-12-31	-1716.778	3696592.25	-0.133	32.334	102	35.29	12.94
000063	2009-12-31	-21268.9	1114970.375	-1.953	22.869	101	32.67	12.26
000069	2009-12-31	112470.565	3079301.5	6.311	32.432	91	38.46	13.77
000157	2009-12-31	91047.081	1486370.375	7.27	34.937	70	40	12.91
000338	2009-12-31	7813.135	58357.07	2.853	18.757	17	47.06	11.12
000402	2009-12-31	107175.991	6975656.5	5.511	36.846	115	35.65	12.41
000488	2009-12-31	26187.094	61045.18	2.584	5.365	70	35.71	14.8
000527	2009-12-31	492496.315	5294973.5	12.591	30.45	126	38.89	13.59
000562	2009-12-31	287074.802	1486445.125	9.441	20.23	121	37.19	13.61

股票代码	截止日期	利润	买入持有利润	年复合收益率(%)	买入持有策略的年复合收益率(%)	交易笔数	胜率(%)	平均持仓天数
000568	2009-12-31	219058.257	7265700	8.04	33.186	113	38.05	14.17
000623	2009-12-25	262425.787	2232973.25	10.273	27.025	106	29.25	13.77
000629	2009-12-31	-80708.496	796154.375	-11.752	18.13	103	33.01	13.4
000630	2009-12-31	188495.023	726306.813	8.408	17.459	97	39.18	14.66
000651	2009-12-31	-20044.445	2884272.5	-1.69	29.527	112	37.5	12.63
000652	2009-12-31	-23559.742	1405139	-2.03	22.999	98	30.61	12.61
000709	2009-12-15	31248.149	505470.656	2.159	15.197	105	33.33	13.88
000729	2009-12-31	44771.616	732792.125	2.998	18.438	100	34	13.56
000768	2009-12-31	-6893.241	694272.25	-0.566	17.91	106	29.25	13.16
000783	2009-12-31	695000.738	468595.031	18.068	14.94	90	40	14.86
000792	2009-12-31	262513.449	2854188.5	11.009	31.596	104	36.54	12.86
000800	2009-12-31	-44938.681	617325.938	-4.626	16.927	105	31.43	13.4
000825	2009-12-31	236754.663	1206569.625	11.447	25.785	88	37.5	14.65
000839	2009-12-31	110168.023	420465.719	6.29	14.509	104	32.69	12.99

000858	2009-12-31	253863.641	917180.563	11.419	21.953	90	37.78	13.93
000878	2009-12-31	119830.393	515893.688	6.427	15.459	96	29.17	13.42
000895	2009-12-31	325298.63	2069601.875	13.976	32.059	81	32.1	12.93
000898	2009-12-31	-44393.735	733136.563	-4.763	19.28	102	28.43	13.3
000932	2009-12-31	-14257.789	135828.219	-1.466	8.583	90	27.78	13.17
000933	2009-12-31	205490.108	931086.563	11.402	25.307	82	42.68	15.43
000937	2009-12-31	90056.638	1390493.25	6.421	29.933	79	35.44	13.32
000960	2009-12-31	105312.244	681639	7.564	23.173	67	41.79	15.34
000983	2009-12-31	-22248.444	1509073.25	-2.631	34.226	79	36.71	13.22
002024	2009-12-31	190638.645	3363013.25	21.627	91.648	52	40.38	11.02
002142	2009-12-31	-33305.192	-14978.845	-15.211	-6.397	21	33.33	12.95
002202	2009-12-31	-36712.963	-41464.746	-20.298	-23.324	13	38.46	17.77
600000	2009-12-31	-64948.589	114337.195	-9.815	7.802	81	32.1	13.74
600001	2009-12-15	-20963.641	109739.461	-1.957	6.42	101	27.72	13.38
600005	2009-12-31	15695.337	884258.438	1.409	24.542	87	31.03	13.13
600009	2009-12-31	-36928.221	445128.313	-3.807	15.352	105	29.52	13.14

股票代码	截止日期	利润	买入持有利润	年复合收益率(%)	买入持有策略的年复合收益率(%)	交易笔数	胜率(%)	平均持仓天数
600010	2009-12-31	-28372.372	158136.969	-3.713	11.352	73	26.03	13.21
600015	2009-12-31	-15840.285	204475.047	-2.697	19.308	54	33.33	12.54
600016	2009-12-31	-15716.45	434924.844	-1.874	20.387	74	33.78	13.32
600018	2009-12-31	-32230.287	281371.156	-4.03	15.204	77	31.17	12.66
600019	2009-12-31	-40943.041	195315	-5.649	12.7	70	30	13.63
600028	2009-12-31	133570.429	381389.063	10.623	20.566	68	44.12	14.03
600029	2009-12-31	-40347.925	174925.781	-7.708	17.001	55	30.91	13.25
600030	2009-12-31	228556.886	1685737.25	18.554	51.047	55	40	14.16
600036	2009-12-31	-71017.547	310214.75	-14.797	20.022	67	25.37	10.88
600048	2009-12-31	-15072.36	482206.719	-4.662	67.333	34	44.12	11.88
600050	2009-12-31	40213.147	263990.156	4.784	19.557	64	42.19	13.8
600104	2009-12-31	27133.918	835658.563	2.003	20.285	99	42.42	14.38
600177	2009-12-31	35582.851	743981.875	2.775	21.138	82	30.49	14.3
600320	2009-12-31	214476.202	534762.813	13.524	22.703	67	41.79	14.91
600362	2009-12-31	539832.79	1084805.625	26.193	36.325	57	42.11	14.16

600497	2009-12-31	267300.923	884193.875	25.633	49.342	33	51.52	15.79
600519	2009-12-31	578984.289	2276489.25	25.781	46.14	63	44.44	14.11
600642	2009-12-31	23806.726	1072944.625	1.434	17.834	133	32.33	13.25
600739	2009-12-25	446096.491	5762781.5	13.551	35.629	108	35.19	12.94
600795	2009-12-31	17494.288	2538787.5	1.268	29.143	107	32.71	12.31
600837	2009-12-31	55371.412	3043948.25	2.981	25.838	108	27.78	11.55
600900	2009-12-31	-22725.521	212949.797	-4.123	20.48	47	29.79	11.87
601006	2009-12-31	-33006.53	99449.258	-11.055	22.375	31	35.48	12.35
601088	2009-12-31	-30542.14	-50604.031	-15.077	-27.113	17	29.41	14.88
601111	2009-12-31	10122.452	250364.844	2.9	45.029	28	35.71	12.79
601166	2009-12-31	-50541.718	86231.211	-21.528	23.877	27	25.93	9.41
601168	2009-12-31	-20403.975	-45803.891	-8.812	-21.933	15	40	17.33
601169	2009-12-31	-48681.156	-19500.771	-25.32	-9.057	23	26.09	11.13
601186	2009-12-31	-37149.69	-19834.922	-22.62	-11.492	14	14.29	13.5
601318	2009-12-31	-28907.759	19520.814	-11.326	6.484	17	35.29	14.18
601328	2009-12-31	-46699.29	-26215.842	-21.257	-10.906	27	25.93	11.81
601333	2009-12-31	-43296.872	-14921.016	-17.089	-5.198	27	29.63	13.37

股票代码	截止日期	利润	买入持有利润	年复合收益率(%)	买入持有策略的年复合收益率(%)	交易笔数	胜率(%)	平均持仓天数
601390	2009-12-31	-5950.025	-23762.023	-2.907	-12.232	18	44.44	13.06
601398	2009-12-31	-16766.749	77351.625	-5.606	19.737	29	41.38	12.59
601588	2009-12-31	-63815.341	70870.578	-27.137	18.157	30	26.67	10.93
601600	2009-12-31	85764.406	-20352.352	26.062	-8.158	14	35.71	16.71
601601	2009-12-31	12094.417	-46024.641	5.817	-26.317	16	37.5	14.94
601628	2009-12-31	-29845.253	-18685.584	-11.221	-6.71	24	37.5	13.13
601857	2009-12-31	-38219.5	-61824.449	-20.017	-36.021	18	11.11	12.06
601898	2009-12-31	21122.805	-41177.754	10.524	-24.202	11	45.45	17.73
601899	2009-12-31	-19377.566	-19427.035	-12	-12.032	12	33.33	14.92
601919	2009-12-31	-31567.544	-15830.316	-13.986	-6.616	16	37.5	15.25
601939	2009-12-31	-33768.998	-24906.838	-16.609	-11.862	21	33.33	11.19
601988	2009-12-31	-34817.69	21961.855	-11.531	5.848	32	34.38	12.91
601991	2009-12-31	-39258.939	65485.996	-15.158	18.067	23	30.43	12.96
601998	2009-12-31	-69368.617	-17006.82	-35.668	-6.714	28	17.86	9.29

表6-2

股票代码	截止日期	利润	买入持有利润	年复合收益率(%)	买入持有策略的年复合收益率(%)	交易笔数	胜率(%)	平均持仓天数
000001	2009-12-31	-83464.412	1691688.875	-11.304	21.209	87	22.99	13.68
000002	2009-12-31	54354.788	6252202	2.936	31.878	81	38.27	15.1
000024	2009-12-31	7365.97	2256394	0.475	23.443	68	36.76	17.47
000027	2009-12-31	19088.104	2458158.75	1.171	24.121	68	33.82	17.22
000039	2009-12-31	25827.529	2686869.25	1.543	24.831	74	41.89	15.22
000060	2009-12-31	21053.723	3696592.25	1.483	32.334	60	41.67	16.53
000063	2009-12-31	124064.801	1114970.375	6.879	22.869	58	39.66	16
000069	2009-12-31	14681.975	3079301.5	1.119	32.432	51	39.22	16.73
000157	2009-12-31	27476.952	1486370.375	2.667	34.937	38	42.11	16.08
000338	2009-12-31	-19567.65	58357.07	-7.821	18.757	9	44.44	14.56
000402	2009-12-31	13757.549	6975656.5	0.954	36.846	66	40.91	15.47
000488	2009-12-31	126790.733	61045.18	9.396	5.365	39	43.59	19.69
000527	2009-12-31	129851.127	5294973.5	5.704	30.45	79	37.97	15.43
000562	2009-12-31	305106.797	1486445.125	9.773	20.23	84	42.86	15.87

股票代码	截止日期	利润	买入持有利润	年复合收益率(%)	买入持有策略的年复合收益率(%)	交易笔数	胜率(%)	平均持仓天数
000568	2009-12-31	74797.03	7265700	3.793	33.186	75	37.33	16.29
000623	2009-12-25	177398.25	2232973.25	8.057	27.025	68	32.35	16.62
000629	2009-12-31	-66172.758	796154.375	-7.905	18.13	66	39.39	16.76
000630	2009-12-31	45400.393	726306.813	2.893	17.459	67	38.81	16.93
000651	2009-12-31	-38798.416	2884272.5	-3.672	29.527	69	37.68	14.65
000652	2009-12-31	-6754.255	1405139	-0.532	22.999	63	33.33	14.94
000709	2009-12-15	-27028.541	505470.656	-2.445	15.197	67	32.84	16.37
000729	2009-12-31	131042.497	732792.125	6.914	18.438	63	39.68	16.79
000768	2009-12-31	39025.634	694272.25	2.654	17.91	72	31.94	15.1
000783	2009-12-31	38546.951	468595.031	2.646	14.94	63	36.51	16.87
000792	2009-12-31	96936.213	2854188.5	5.65	31.596	59	37.29	15.08
000800	2009-12-31	-36293.71	617325.938	-3.515	16.927	63	31.75	16.24
000825	2009-12-31	106278.282	1206569.625	6.677	25.785	52	40.38	18.63
000839	2009-12-31	261393.55	420465.719	11.129	14.509	70	35.71	15.94

000858	2009-12-31	236422.144	917180.563	10.938	21.953	57	43.86	17.84
000878	2009-12-31	-8399.994	515893.688	-0.691	15.459	55	27.27	16.42
000895	2009-12-31	96014.973	2069601.875	6.271	32.059	53	35.85	15.53
000898	2009-12-31	-28552.918	733136.563	-2.757	19.28	65	27.69	16.08
000932	2009-12-31	-15374.4	135828.219	-1.589	8.583	59	30.51	15.31
000933	2009-12-31	-8859.467	931086.563	-0.893	25.307	53	43.4	17.75
000937	2009-12-31	-41685.004	1390493.25	-5.093	29.933	48	33.33	15.27
000960	2009-12-31	59925.297	681639	4.874	23.173	44	47.73	18.5
000983	2009-12-31	-38153.617	1509073.25	-4.964	34.226	43	41.86	16.47
002024	2009-12-31	61867.559	3363013.25	9.24	91.648	21	38.1	15.52
002142	2009-12-31	-27861.193	-14978.845	-12.457	-6.397	12	33.33	15.92
002202	2009-12-31	-24520.774	-41464.746	-13.022	-23.324	6	33.33	24.67
600000	2009-12-31	-48718.796	114337.195	-6.369	7.802	53	28.3	16.38
600001	2009-12-15	-16996.498	109739.461	-1.553	6.42	67	29.85	15.81
600005	2009-12-31	-34281.682	884258.438	-3.949	24.542	47	34.04	16.81
600009	2009-12-31	-7083.723	445128.313	-0.617	15.352	63	34.92	16.43

股票代码	截止日期	利润	买入持有利润	年复合收益率(%)	买入持有策略的年复合收益率(%)	交易笔数	胜率(%)	平均持仓天数
600010	2009-12-31	-1142.308	158136.969	-0.13	11.352	44	31.82	16.93
600015	2009-12-31	9212.68	204475.047	1.407	19.308	33	33.33	15.64
600016	2009-12-31	-42504.456	434924.844	-5.94	20.387	48	31.25	14.98
600018	2009-12-31	-36126.401	281371.156	-4.629	15.204	47	29.79	15.17
600019	2009-12-31	-25436.536	195315	-3.189	12.7	46	30.43	16
600028	2009-12-31	-13550.796	381389.063	-1.718	20.566	41	34.15	14.88
600029	2009-12-31	-74885.124	174925.781	-19.307	17.001	34	29.41	14.41
600030	2009-12-31	-41401.437	1685737.25	-7.362	51.047	30	36.67	16.4
600036	2009-12-31	-78659.075	310214.75	-18.103	20.022	40	17.5	11.95
600048	2009-12-31	-45607.307	482206.719	-16.302	67.333	17	29.41	13.65
600050	2009-12-31	-42071.827	263990.156	-7.271	19.557	35	37.14	16.03
600104	2009-12-31	34455.308	835658.563	2.476	20.285	58	44.83	18.36
600177	2009-12-31	-62136.649	743981.875	-8.361	21.138	56	26.79	14.73
600320	2009-12-31	83916.033	534762.813	6.978	22.703	40	40	17.38
600362	2009-12-31	7228.759	1084805.625	0.879	36.325	36	38.89	17

600497	2009-12-31	169072.872	884193.875	18.959	49.342	20	50	19.95
600519	2009-12-31	143015.659	2276489.25	11.219	46.14	32	43.75	16.81
600642	2009-12-31	-43385.273	1072944.625	-3.721	17.834	85	34.12	14.65
600739	2009-12-25	187338.074	5762781.5	8.222	35.629	65	38.46	15.82
600795	2009-12-31	-30519.832	2538787.5	-2.805	29.143	65	32.31	14.14
600837	2009-12-31	268695.787	3043948.25	9.086	25.838	59	35.59	15.29
600900	2009-12-31	-32425.583	212949.797	-6.2	20.48	31	25.81	13.06
601006	2009-12-31	-35500.741	99449.258	-12.037	22.375	16	43.75	16.31
601088	2009-12-31	-46216.692	-50604.031	-24.278	-27.113	13	23.08	15.15
601111	2009-12-31	32790.305	250364.844	8.773	45.029	16	43.75	16.44
601166	2009-12-31	-59605.264	86231.211	-26.812	23.877	13	15.38	12.15
601168	2009-12-31	-26234.427	-45803.891	-11.573	-21.933	9	44.44	22.78
601169	2009-12-31	-44635.229	-19500.771	-22.798	-9.057	12	25	12.17
601186	2009-12-31	-19325.359	-19834.922	-11.182	-11.492	8	25	20.13
601318	2009-12-31	-48695.949	19520.814	-20.954	6.484	9	22.22	14.89
601328	2009-12-31	-55500.179	-26215.842	-26.474	-10.906	22	22.73	11.55
601333	2009-12-31	-30027.651	-14921.016	-11.126	-5.198	20	35	16.25

股票代码	截止日期	利润	买入持有利润	年复合收益率(%)	买入持有策略的年复合收益率(%)	交易笔数	胜率(%)	平均持仓天数
601390	2009-12-31	1974.041	-23762.023	0.944	-12.232	13	53.85	14.15
601398	2009-12-31	-29763.9	77351.625	-10.513	19.737	21	38.1	12.9
601588	2009-12-31	-12500.894	70870.578	-4.074	18.157	13	38.46	17.85
601600	2009-12-31	-8278.534	-20352.352	-3.18	-8.158	7	28.57	19.43
601601	2009-12-31	-16190.918	-46024.641	-8.376	-26.317	12	41.67	15.75
601628	2009-12-31	-43798.461	-18685.584	-17.592	-6.71	18	38.89	15.94
601857	2009-12-31	-35292.399	-61824.449	-18.281	-36.021	10	10	15.2
601898	2009-12-31	7010.448	-41177.754	3.601	-24.202	8	50	19.63
601899	2009-12-31	-6969.097	-19427.035	-4.197	-12.032	7	28.57	17.86
601919	2009-12-31	-36750.903	-15830.316	-16.635	-6.616	10	30	18.4
601939	2009-12-31	-37289.34	-24906.838	-18.593	-11.862	15	40	12.07
601988	2009-12-31	-46181.962	21961.855	-16.253	5.848	20	35	15
601991	2009-12-31	-60864.988	65485.996	-26.606	18.067	18	22.22	12.56
601998	2009-12-31	-65132.885	-17006.82	-32.485	-6.714	19	10.53	9.63

交易结果请自己观察。

我们看到，MACD策略要优于RSI以及KD线的交易方法。

但是它所带来的利润，并没有我们想象中那么大。

我们还可以考虑把MACD用于交易指数，尽管指数不能直接交易，但是我们可以交易ETF基金。如果你现在不懂我为什么写下面这几段文字，没关系，等你把全书看完之后，再看这里就明白了。

说真的，有时候某些内容的顺序该如何安排，经常让我很头痛。等你写书的时候，就会明白我现在的体会了。不过我向你保证，只有把书多读几遍，哪怕您只是小学毕业，也是可以看懂的。而且万一您哪里不懂，还可以给我写信，我的邮箱地址请看后记。

为了与后面保持一致，在这个测试中，我们使用96%的资金而不是98%的资金。因为这么测试的目的是要交易ETF基金（详细说明请见后面章节），所以，我们可以不考虑印花税。又因为指数的数值很高，但是ETF基金没有这么贵，所以，在指数模拟的时候，我们可以不考虑交易100的整数倍。

测试显示，如果采用第一种策略，即不考虑DIF与DEA在哪里交叉，则在上证指数的交易中，年复合收益率为4.372%，共交易121笔，胜率为36.36%，平均持仓时间为14.71天，而买入持有策略的年复合收益率为11.486%。在深圳成分指数的交易中，年复合收益率为9.819%，共交易121笔，胜率为38.02%，平均持仓时间为14.54天，而买入持有策略的年复合收益率为17.112%。

如果采用第二种策略，即需要DIF与DEA金叉，并且出现在0线之下时才买入，则在上证指数的交易中，年复合收益率为-0.663%，共交易50笔，胜率为28%，平均持仓时间为10.05天，买入持有策略的年复合收益率为11.486%。在深圳成分指数的交易中，年复合收益率为7.511%，共交易46笔，胜率为39.13%，平均持仓时间为11.15天，买入持有策略的年复合收益率为17.112%。

从这里可以看出，加入一个过滤条件，把某些亏损交易过滤掉的同时，也会把很多赢利交易过滤掉。所以，如果一个策略真的具有统计优势的话，一般的过滤条件（包括止损）会使得交易绩效变差而不是变好。

第二编

—Part 2—

机械交易系统

第七章

Chapter 7

了解机械交易系统

机械交易系统在台湾被称为程式化交易，国内期货界习惯于称之为程序化交易，国外称之为Mechanical Trading System，直译过来就是机械交易系统。其中Trading System是交易系统的意思，Mechanical当然就是机械的意思了，但请注意，这个词也有呆板的意思。

其实每个做交易的人都有一套自己的交易系统。 大多数人使用的是自由心证交易法（主观交易法）。自由心证交易方法这个词听起来很陌生，其实就是想在什么时候买就在什么时候买，想在什么时候卖就在什么时候卖，想买多少股就买多少股，今天可以按照均线交叉的方式进场，明天可以按照RSI超卖出场，出了利空，可以全卖掉，也可以卖掉三分之一或者一半，总之一切全都由自己的主观判断决定。

与自由心证交易方法对应的是机械交易法，它需要首先建立一个机械交易系统。这种交易系统一般来说由固定的买入规则、卖出规则、资金管理规则等组成。而在机械交易系统中，这些规则都是经过统计检验，并预设好的，以后出现买入信号、卖出信号时，即可直接按照信号操作。之所以称之为机械，是因为我们只要按照信号去操作就可以了，不用去理会基本面和其他交易系统之外的东西。

不知道大家有没有这种感觉，在翻看以前的股票走势时，图形特别清楚。如果当初按照某个原则操作，比如均线金叉等，很容易就能赚到钱。事情是这样吗？也是也不是。

为什么说也是呢。因为的确存在一些交易系统，不但可以赢利，而且利润非常丰厚。按照这种交易系统的规则买入卖出，远远比一般人操作的绩效要好。但是优秀的交易系统非常难得，开发出来很是不容易，所以其拥有者一般不会轻易示人。

为什么说也不是呢？因为更多信号看起来不错，实际上是禁不起统计检验的。比如我们前面说的那些K线形态。我们在观察图形的时候，大脑会有意识地寻找自己想要看到的东西，而忽略掉不想看到的。实际上，很多技术分析书上所讲的方法，哪怕是很多经典的指标，其实际交易的效果，都没有我们想象的那么好。

当我们浏览股票的历史走势时，不管所用的方法是否真的具有统计优势，赚钱之路在很多时候看起来都非常清晰。而面对当下的走势，却又是一片迷茫。相信很多朋友都有过这种经验。为什么会这样呢？

原因有很多。这里先讲最重要的一个。

当我们看一幅K线图时，一眼就可以看到很多天的数据，这些K线并不是一根一根出现的，而是一起影响我们视觉的。更准确地说，当你检验某个信号是否有效时，其实我们都会无意识地更关注K线图右侧的数据，即该信号的结果会怎样。期间的K线变化过程会被K线图右侧的结果淡化。不经过仔细思考和检验的话，我们会倾向于认为该信号是有效的。如果证明信号有效的图形看得多的话（很多书都是按照这种方式写的），则我们对该信号的信心会得到更多的强化。

其实问题远没有这么简单。结果固然重要，但期间的过程更重要，而我们却把它忽略掉了。假设某个买入信号真的很成功，但是是又经过了几天大幅度的震荡，才走出一波上涨行情的。请问，在大幅震仓的情况下，你的心情会不受影响吗？在实际的操作中，我们中的大多数人是带着这种忐忑不安的心情度过震仓这几天的，这是一个非常容易犯错的时期。但是，在我们看图时，因为所有的K线都是一起进入我们视觉的，所以这些心理变化都被忽略掉了。至少，看着后面的行情，我们会不知不觉地淡化这种折磨。除了震仓之外，还有一种情况是出现利空。比如这只股票某天晚上公布了一个利空消息，你可能觉得大事不好，第二天开盘趁着跌幅还不大，马上卖出。结果收盘时却收了大阳线。或者小幅跌了几天之后，又涨了回来。现在，麻烦出现了，到底是不是该买回来？

我认为，玩股票或者期货，与其说是技术游戏，还不如说是心理游戏。

　　为什么会有机械交易系统这种方法，简单地说，就是为了避免出现类似这种情况。在机械交易系统中，这些情况一律都不考虑。系统如果没有发出卖出信号，那很简单，就是持仓不动。系统如果发出卖出信号，哪怕同时出现天大的利好消息，也不能留了。

　　机械交易系统在国内其实还远未起步。在国外却很早就有，据我所知，最少30年了。其实国外的基金，股票共同基金也好，避险基金也好，期货基金也好，都在执行着某个机械交易系统。很多国内的基金其实也一样，只是机械化的程度高低有所不同罢了。即便是不采用机械化系统交易的基金，也会按照这个趋势发展，早晚会如此。尤其是股指期货开出来之后。

　　为什么基金会按照机械交易系统进行操作呢？或者说机械交易系统有什么好处呢？

　　1.机械化交易系统会克服人的贪婪和恐惧。我们都知道，操作股票或者期货，贪婪和恐惧是最大的敌人。因为交易系统有明确客观的信号，所以如果你真的相信你的交易系统，按照交易系统的信号进行交易的话，那么尽管心中还是有贪婪和恐惧的感觉，但是实际的交易结果却不会受到这两者的影响。

　　2.机械化交易系统会克服信息过量的问题。这个就是我们前面所说的。其实，在交易股票或者期货时，我们不只是面对信息不对称（即我们不知道基金或者所谓的庄家背后在想什么），还要面对信息过量。在短时间之内，我们无法辨清这些信息的真伪，也来不及过滤并消化这些信息。比如大盘第二天的走势，如果你想听别人的看法，网上一找就是一大堆，有说涨的，有说跌的，看看大家写的，都挺有理，你说你信谁。信自己？你要真的很相信自己，你就不会看网上那些东西了。而机械系统交易者很简单，什么都不看，爱涨就涨，爱跌就跌，爱调印花税就调，爱降息就降，系统没有卖出信号，就是持仓不动，系统没发出买入信号，就是不买。

　　3.机械化交易系统可以不费力气地操作多只股票或者多个

期货品种（我后面再告诉你这一点有多么的好）。如果要负责点的话，自由心证交易者不但应该每天都监视所持有股票的走势，还要处理这些股票当天晚上有可能公布的信息。如果同时持有20只股票，那你就惨了。各个股票的相关性有可能很大（其实也没想象中的大，要不然大盘涨时，为什么很多股票却不涨，不过跌的时候好像一起跌），而在期货市场中，机械化交易系统的这一优势就更可以发挥得淋漓尽致了。除非遇到极端的暴涨暴跌，各个期货品种之间的相关性没有股票那么强。比如金属、农产品、能源，听听名字就知道，影响它们的因素并不完全一样。

4.机械化交易系统具有统计优势。这是机械化交易系统可以赢利的保证。

什么是统计优势呢？在这里我们要把这个问题解决掉。下面的内容请务必理解。实在不懂，就多看几遍。

我们可以举个例子。比如A和B玩掷骰子的游戏，他们的资金都是100块，每次下注1元。赔率是1：1。即A赢一次，B给A一块钱，B赢一次，A给B一块钱。骰子是6面体，我们假设它没有问题，则出现1到6的概率是一样的。

第一种情况，如果骰子的1、2、3朝上，算A赢，4、5、6朝上，算B赢。这个游戏是公平的，谁赢钱的概率都是一样大的，A和B都没有统计优势。但是加上手续费，两个人都会输钱。

第二种情况，如果1、2、3、4算A赢，5、6算B赢的话，那A就有三分之二的机会赢B，而B只有三分之一的机会赢A。B在某一次或许可能会赢A，甚至可能会连续几次赢A，但是如果玩的次数足够多的话，那么B是一定会输给A的，如果B足够理性的话，那就不应该跟A玩这个游戏。所以我们说，A具有统计优势。

一个好的机械交易系统必定是具有统计优势的。如果没有统计优势，比如我们前面提到过的K线组合，在短期里，某笔交易可能会让你获利丰厚，但在长期里却会害了你，因为如果不断地按照这个模式操作下去的话，其结果必定是亏损的。

第三种情况，为了好算账，我们假设有个正一百面体（其实没有这样的多面体，为了说明问题，我们假设有），出现1到51算A赢，52到100算B赢。由于前一种情况中，A的统计优势太明显，所以B不会跟A玩。现在这种情况则不同，你发现A还是有统计优势，但是B也有很多机会赢A。B的兴致会比刚才高很多。如果你是B，你会去玩吗？

坦白地说，即便A有统计优势，如果只玩一次，A的优势不那么明显。但是如果玩100次，那A平均会赢1块钱。玩1000次，A平均会赢10块钱。尽管赌场里没有这个游戏，但是赌场的获利原理与此相同。现在有个问题要你回答，你知道赌场为什么是24小时营业的吗？对，赌场是为了增加赌博次数，因为次数越多，赌场的统计优势就越稳定。

第四种情况，现在我们再把第二种情况变化一下，因为原来的条件下A的统计优势太明显了。现在变成这样，1赔2。即1、2、3、4算A赢，A每赢一次，B给A一元钱。5、6算B赢，B每赢一次，A给B两元钱。假设你是B，你玩不玩呢？你应该自己算得出来，这样一来A和B的优势又一样大了。但是请注意，现在与刚才的情况有什么不同呢？换一个问法，A和B的胜率谁大？很明显，A的胜率大。就是说，现在A赢钱的次数会很多，但是每次赢的都很少，B虽然赢钱的次数少，但是每次的赢利比A多一倍。尽管A和B都不比对手有优势，如果一定让你选，你愿意当A还是愿意当B。我是愿意当A，因为尽管和B的优势一样大，但是A的胜率比较好，心情好的时候多。

第五种情况，其他条件同第四种情况，唯独赔率变成1：3。即1、2、3、4算A赢，A每赢一次，B给A一元钱。5、6算B赢，B每赢一次，A给B三元钱。你说A和B谁有优势？当然是B。如果不断地玩下去，B一定会赢利。但是不要忘记，此时A的胜率仍然高过B，但只要玩得次数足够多，那A一定会输给B。你一定要理解这种情况，因为，以后我们的顺势交易系统就是基于这个原理的。一般来说，顺势交易系统的胜率只在30%～45%之间，有的系统胜率甚至只有百分之十几，但是依然可以赚钱。你知道为什么了吗？

第六种情况，其他条件同第五种情况，唯独B下注的时候会把赌注全部压下去，而不是每次1元钱。此时，B虽然有统计优势，但是如果输了，B就一无所有，无法再玩下去了。理解了这个，你就理解了资金管理为什么很重要了。有时，尽管你的交易方法具有优势，但是下注的金额处理不好的话，也会使得你的优势无法发挥出来。

5.机械交易系统对行情反应迅速。比如一只股票在10元的位置面临突破，我们计划价格超过10元的时候就买入。10.05、10.10都可以接受。但是第二天开盘价为10.60元，直接突破。如果是自由心证交易方法，此时难免有人会犹豫，因为很多人对最近的价格会有适应性问题。看惯了9.95、9.98，很难立即接受10.60的价格。而这一犹豫，往往会错失良机。等价格在10.60元附近盘整几天之后，我们又很容易接受这个价格了，因为看多了这个价格，我们也就对它适应了。其实对于买入来讲，我们完全可以选择不买，不介入这只股票。但是如果情况刚好相反，是卖出信号的话，一旦没有及时卖掉，价格又跌了很多，被深套，问题就大了。

当然，交易系统的信号不是绝对准确的，虽然开盘价格为10.60元，但是完全有可能在几分钟之内跌回到10.00元。但是我们敢在10.60元果断地买入，是因为我们清楚自己这么做会有统计优势，即使这一笔会使我们亏损，但是长期做下去，结果还是会赢利。其实股价跌回来的因素早已经考虑在内了。

尽管有着如此之多的优势，但机械交易系统还是有缺点的。最典型的是，虽然机械交易系统可以明确地发出买入卖出信号，看似很简单，但执行起来却并不容易。其中最主要的原因是，很多成功的交易系统和交易策略，与人性是相反的。当价格上涨时，我们有过早平仓、先落袋为安的倾向；当价格下跌时，我们有犹豫不决、无法果断止损的倾向。这使得我们在执行某些信号时，心里会觉得非常别扭。还有这种情况，我们心里明明看空，觉得还要跌，但系统却发出了买入信号，此时很难真的下手买入。不过根据我的经验，很多你不敢执行的信号，事后往往会被证明都是最好的信号。如果你要真的相信一个系统的话，那就要相信它具备统计优势。既然有统计优势，这笔交易无非是你要执行的几百笔甚至几千笔交易中的一笔，只要最后的结果是赢利的，那这一笔的赢亏真的很重要吗？

第八章

Chapter 8

资金曲线和最大资金回撤

其实不管是不是采用机械交易系统，只要有逐笔的交易记录，都可以做出统计数据来。机械交易系统由于有客观的买入卖出信号，所以相对比较容易。

最简单的办法，你可以使用Excel。

为了简单起见，我们假设A交易者只交易一只股票，600058，五矿发展。他的期初资金为10万元，买入时，满仓买入（为了留出手续费，我们假设他以98%的资金进场），卖出时，全部卖出，不考虑手续费和滑价。其数年来的交易记录如表8-1。

第一列是交易编号。1个编号表示1笔交易。1笔交易是指一个来回，包括买入和卖出。

第二列是持仓方向。表示做多还是做空。这个在期货交易中很重要。由于股票交易的融券业务实际上也是做空，所以最好还是把这一列写出来。

第三列是股票名称。这个简单。如果你愿意的话，也可以加一列股票代码。

第四列是进场日期。之所以不用买入日期这个词，是因为如果遇到融券交易或者期货中的做空交易的话，实际上它首先是以卖出行为进入交易的。

第五列进场价格。也好理解。

第六列交易股数。也没问题。

第七列是出场日期。

第八列是出场价格。

由于我们采用全进全出的方式，所以卖出的股数与买入的股数相同。也许你喜欢分批进场，或者分批出场。其实这样也很简单，无非再添几行罢了。我们这么做，只是为了说明问题时方便一点。

第九列收益率。

第十列净利润。这两列由于有赢有亏，所以有时会是负数。

第十一列资金。记录的是该笔交易完成后，账户的资产是多少。

有两个问题还需要说明一下。

　　首先，实际的交易是有成本的。如果你能再列出一列"交易成本"这个项目，会更好。它应该包括手续费、印花税，上海证交所还有过户费。这张表中我没列出这个项目，主要还是为了说明问题简单一点。但是你如果记录自己的交易的话，强烈建议你单独列出这个项目。如果觉得太麻烦，则可以在利润里减去一买一卖所支付的这些成本。我还建议你能在完成数笔交易之后，把手续费的总和计算一下，再同利润比一比，就会明白，在证券公司工作有多幸福。

　　其次，还有个滑价的问题，比如你计划10元买入某只股票。但是价格变动得太快，以至于不得不花10.05元才能成交。这样实际成交的价格比计划成交的价格高了0.5%。卖出时也有同样的问题，尽管你计划10元钱卖出某只股票，但是由于价格跌得太快，导致你不得不在9.95元卖出。这样我们又少卖了0.5%。在我们这张表格中，由于进场价格和出场价格填的是实际成交的价格，已经考虑了滑价。

　　进行模拟和统计的时候，我绝对不主张忽略手续费和滑价。国内讨论机械交易系统的专著还不是很多，国外销售的某些交易系统中，很多都用小字注明：不考虑滑价和手续费。这种测试是信不着的，尤其是短线交易系统。进出频繁会导致很高的交易成本。相当数量看似赢利很多的交易系统，一旦在测试中加入滑价和手续费，都会变成亏损的系统。

表8-1 交易者A的交易记录（期初资金100000元）

编号	持仓方向	股票名称	进场日期	进场价格	股数	出场日期	出场价格	收益率()	净利润	资金
1	做多	五矿发展	1997年10月28日	2.79	35,300	1997年11月24日	2.4	-13.98	-13,767.00	86,233.01
2	做多	五矿发展	1998年5月18日	2.66	32,100	1998年6月15日	2.56	-3.76	-3,210.01	83,023.00
3	做多	五矿发展	1998年6月23日	2.74	29,800	1998年8月11日	2.51	-8.39	-6,854.00	76,169.00
4	做多	五矿发展	1999年3月11日	2.08	35,900	1999年4月14日	1.96	-5.77	-4,308.00	71,861.00
5	做多	五矿发展	1999年5月31日	2.2	32,500	1999年9月30日	3.13	42.27	30,225.00	102,086.00
6	做多	五矿发展	2000年1月4日	3.00	33,300	2000年3月15日	3.65	21.67	21,645.00	123,731.01
7	做多	五矿发展	2000年7月11日	3.53	34,500	2000年12月22日	5.87	66.29	80,730.00	204,461.01
8	做多	五矿发展	2001年4月17日	5.6	36,000	2001年6月8日	5.61	0.18	360.008	204,821.02
9	做多	五矿发展	2002年10月16日	3.36	59,600	2002年11月15日	3.26	-2.98	-5,959.99	198,861.02
10	做多	五矿发展	2003年4月14日	3.29	59,200	2003年5月19日	3.24	-1.52	-2,960.00	195,901.02

11	做多	五矿发展	2003年9月26日	3.4	56,500	2003年12月19日	3.65	7.35	14,125.00	210,026.02
12	做多	五矿发展	2004年4月5日	4.25	48,400	2004年5月13日	4.22	-0.71	-1,452.01	208,574.02
13	做多	五矿发展	2004年9月21日	3.92	52,300	2004年10月18日	3.43	-12.55	-25,627.00	182,947.02
14	做多	五矿发展	2005年2月23日	3.26	55,000	2005年5月17日	3.61	10.74	19,249.99	202,197.01
15	做多	五矿发展	2005年8月17日	3.66	54,100	2005年10月11日	3.37	-7.92	-15,689.01	186,508.00
16	做多	五矿发展	2006年1月12日	3.34	54,600	2006年7月18日	5.41	61.98	113,022.00	299,530.00
17	做多	五矿发展	2006年12月4日	5.44	54,200	2007年7月3日	16.93	211.21	622,758.00	922,288.00
18	做多	五矿发展	2007年7月31日	22.36	40,100	2007年10月29日	31.36	40.25	360,900.00	1,283,188.00
19	做多	五矿发展	2008年2月21日	33.96	36,500	2008年3月14日	29.24	-13.90	-172,279.97	1,110,908.00
20	做多	五矿发展	2009年1月8日	12.98	81,200	2009年4月24日	17.89	37.83	398,692.00	1,509,600.00
21	做多	五矿发展	2009年7月17日	19.69	75,300	2009年8月19日	20.44	3.81	56,475.00	1,566,075.00
22	做多	五矿发展	2009年11月17日	20.92	73,400	2009年12月21日	18.55	-11.33	-173,958.06	1,392,117.00

现在我们要做的很重要的一件事就是画出资金曲线。这回一定要使用Excel了。手工画，很难画得准确，因为账户的资金并不总是整数，很多时候都会有零头。

先打开你所建立的这个Excel文件，点选最后一列。如图8-1。

	A	B	C	D	E	F	G	H	I	J	K
1	编号	持仓方向	股票名称	进场日期	进场价格	股数	出场日期	出场价格	收益率	净利润	资金
2	1	做多	五矿发展	1997年10月28日	2.79	35,300	1997年11月24日	2.4	-13.98%	-13,767.00	86,233.01
3	2	做多	五矿发展	1998年5月18日	2.66	32,100	1998年6月15日	2.56	-3.76%	-3,210.01	83,023.00
4	3	做多	五矿发展	1998年6月23日	2.74	29,800	1998年8月11日	2.51	-8.39%	-6,854.00	76,169.00
5	4	做多	五矿发展	1999年3月11日	2.08	35,900	1999年4月14日	1.96	-5.77%	-4,308.00	71,861.00
6	5	做多	五矿发展	1999年5月31日	2.2	32,500	1999年9月30日	3.13	42.27%	30,225.00	102,086.01
7	6	做多	五矿发展	2000年1月4日	3	33,300	2000年3月15日	3.65	21.67%	21,645.00	123,731.01
8	7	做多	五矿发展	2000年7月11日	3.53	34,500	2000年12月22日	5.87	66.29%	80,730.00	204,461.01
9	8	做多	五矿发展	2001年4月17日	5.6	36,000	2001年6月8日	5.61	0.18%	360.008	204,821.02
10	9	做多	五矿发展	2002年10月16日	3.36	59,600	2002年11月15日	3.26	-2.98%	-5,959.99	198,861.02
11	10	做多	五矿发展	2003年4月14日	3.29	59,200	2003年5月19日	3.24	-1.52%	-2,960.00	195,901.02
12	11	做多	五矿发展	2003年9月26日	3.4	56,500	2003年12月19日	3.65	7.35%	14,125.00	210,026.02
13	12	做多	五矿发展	2004年4月5日	4.25	48,400	2004年5月13日	4.22	-0.71%	-1,452.01	208,574.02
14	13	做多	五矿发展	2004年9月21日	3.92	52,300	2004年10月18日	3.43	-12.55%	-25,627.00	182,947.02
15	14	做多	五矿发展	2004年2月23日	3.26	65,000	2005年4月7日	3.61	10.74%	19,249.99	202,197.01
16	15	做多	五矿发展	2005年8月17日	3.66	54,100	2005年10月11日	3.37	-7.92%	-15,689.01	186,508.00
17	16	做多	五矿发展	2006年1月12日	3.34	54,600	2006年7月18日	5.41	61.98%	113,022.00	299,530.00
18	17	做多	五矿发展	2006年12月4日	5.44	54,200	2007年7月3日	16.93	211.21%	622,758.00	922,288.00
19	18	做多	五矿发展	2007年7月31日	22.36	40,100	2007年10月29日	31.36	40.25%	360,908.00	1,283,188.00
20	19	做多	五矿发展	2008年2月21日	33.96	36,500	2008年3月14日	29.24	-13.90%	-172,279.97	1,110,908.00
21	20	做多	五矿发展	2009年1月8日	12.98	81,200	2009年4月24日	17.89	37.83%	398,692.00	1,509,600.00
22	21	做多	五矿发展	2009年7月17日	19.69	75,300	2009年8月19日	20.44	3.81%	56,475.00	1,566,075.00
23	22	做多	五矿发展	2009年11月17日	20.92	73,400	2009年12月21日	18.55	-11.33%	-173,958.06	1,392,117.00

图8-1

在工具栏中选"插入 → 图表"，出现

图8-2

如图8-2，我们选第三个折线图，在子图表类型中，选择上图中的那个就可以了。直接点完成。就会出现图8-3。

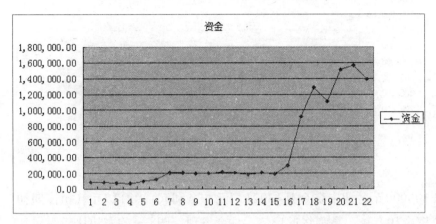

图8-3

如果觉得该图的标题叫资金比较别扭，可以在上图的白色区域点击右键，选"图表"选项，如图8-4，把图表标题改成资金曲线就可以了。

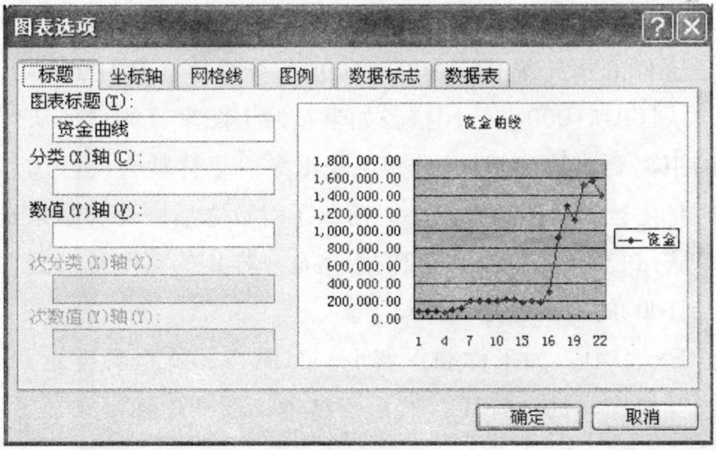

图8-4

弄好以后，就是这样，如图8-5。

这张图，说明了A交易者的资金变化情况。期初资金是

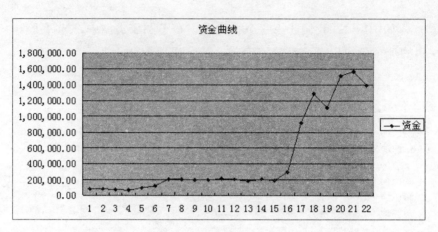

图8-5

100000元，期末资金是1392117元，净利润1292117元（扣掉期初资金10万），赢利将近13倍。你会发现，图8-5的左边比较平缓，波动不大，右侧则比较陡峭。这给了我们一个错觉。请把鼠标移动到第四个点上，就会看到该点显示出71861.00。还记得期初资金是10万吗？一开始就遇到连续4笔交易，该账户亏损将近30%。我这里不是说我们不该接受这30%的资金回撤。而是说这个变化在上图中几乎看不出来。

那怎么才能把这段看清楚呢？答案是把纵轴设为对数刻度。原理是这样的：比如10、100、1000三个数字。从10到100，是10倍，从100到1000也是10倍。如果按照上图来算的话，从100到1000的距离要比从10到100的距离长很多。这样就会使得10到100中间的变化被图形压缩得很小。而取了对数之后，计算结果是1、2、3，从1到2的距离与从2到3的距离是一样长的，即从10到100和从100到1000的距离也是一样长了。

在Excel中，如果你想保留上一张图，那就重新再建立一张和上图一模一样的图好了，然后点纵轴，选坐标轴格式，出现图8-6。

再选"刻度"标签，然后把下面的钩钩都去掉。把最小值和最大值填上合适的数字。再勾选下面的对数刻度选项。如图8-7。

现在点"确定"就可以了。出现图8-8。

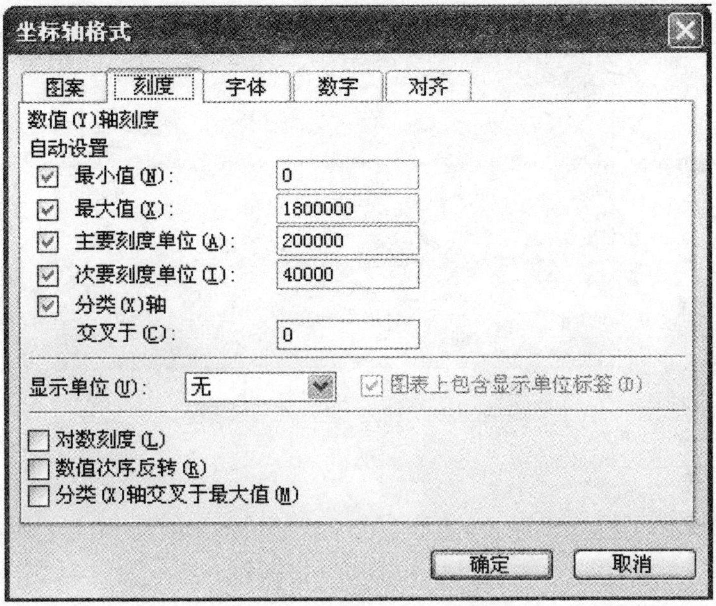
坐标轴格式
图案
刻度
字体
数字
对齐
数值(Y)轴刻度
自动设置
最小值(N):
0
最大值(X):
1800000
主要刻度单位(A):
200000
次要刻度单位(I):
40000
分类(X)轴
交叉于(C):
0
显示单位(U):
无
图表上包含显示单位标签(D)
对数刻度(L)
数值次序反转(R)
分类(X)轴交叉于最大值(M)
确定
取消

图8–6

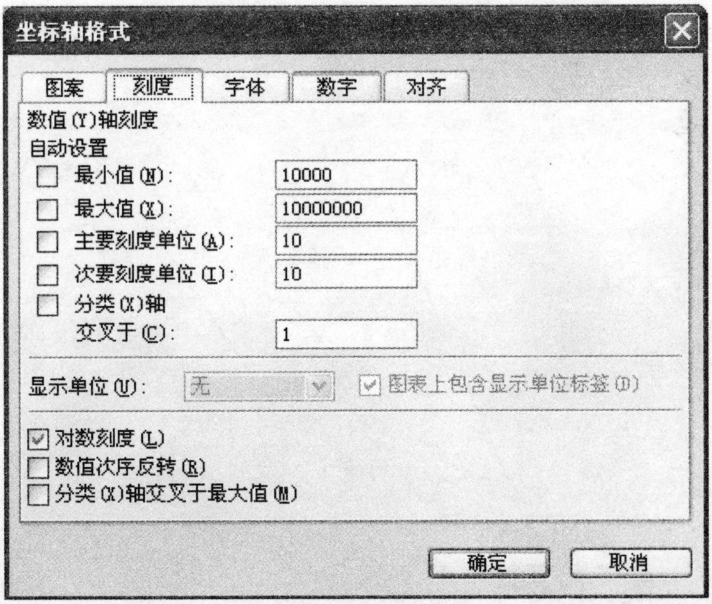
坐标轴格式
图案
刻度
字体
数字
对齐
数值(Y)轴刻度
自动设置
最小值(N):
10000
最大值(X):
10000000
主要刻度单位(A):
10
次要刻度单位(I):
10
分类(X)轴
交叉于(C):
1
显示单位(U):
无
图表上包含显示单位标签(D)
对数刻度(L)
数值次序反转(R)
分类(X)轴交叉于最大值(M)
确定
取消

图8–7

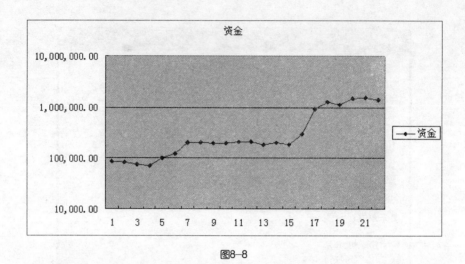

图8-8

看到了吗？纵轴上1万到10万的距离与10万到100万的距离是一样的。这样就方便我们看出曲线真正的变化率了。

让我们先说点题外话，无可否认，这对我们的心理不可能一点影响都没有。而且请注意表中的时间，这四笔交易从1997年10月到1999年4月，一共将近1年半的时间。如果这是你选择的操作系统，你能不怀疑系统的有效性吗？事实上，第五笔交易就全赚回来了，但这已经是1999年10月的事情了。

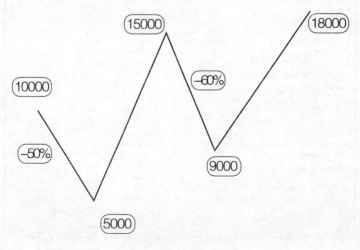

图8-9 最大资金回撤图解

试想有人向你推销这个系统，告诉你，这个系统15年大约可以赚到13倍。你会购买吗？也许你觉得这个业绩也没什么了不起，也许你操作得更好，但是请看看周围的人，我相信绝大多数人做不出这个成绩来。

再回到原来的话题，15年，13倍，尽管没骗你。但是事情却没这么简单。因为执行该系统，一开始就亏了将近30%。而且2年之后才翻回来。这两年中你会想些什么呢？

现在我们有了资金曲线，该理解第二个问题了，最大资金回撤。

前面的例子中，我们只谈论了一次规模为资金将近30%左右的资金回撤。其实在实际交易者，如果上升的话，资金曲线也不会上升得一帆风顺。就是说，要经历很多次资金回撤。其中最大的一次就称为最大资金回撤。比如：期初为1万元的投资，期末为1.8万元，赢利为80%。但是期间账户的资金曾经历过两次回调，如图8-9，则最大的MXDD为60%。

我们在接受一个系统或者策略时，首先当然要看它的赢利能力，如果赢利能力还满意的话，第二个要看的就是它在历史上最大的资金回撤是多少。我们能不能接受这个最大资金回撤。它会指导我们在采用系统交易时，先做好最坏的打算。这里还有个问题，从历史数据测试中得到的最大资金回撤，在未来的行情中不会被超越吗？当然会，其实真正的最大资金回撤不是出现在过去，而是出现在未来。即使不是这样，也但愿不是这样，从理性的角度讲，我们还是应该时刻做好承受它的准备，这个问题我们以后还要详细讨论。

说真的，投资最难的不是投资方法，而是对投资过程中出现的资金最大回撤的心理承受力。在统计上，赚钱的投资方法已经是很难找到，但是很多人即使拿着赚钱的方法依然会亏钱。原因就是对资金最大回撤没有一个正确的估计和心理准备，没有注意资金管理。所以从某种意义上讲，同技术游戏相比，投资更是心理游戏。

最大资金回撤，无论是对主观交易，还是采用机械交易系统，这都是个无比重要的概念。机械交易系统还有个好处在于，虽然不能说预测它，但是可以度量它，所以在采用一个交易系统时，我们最好能把以前的最大资金回撤再乘以1.5，并时刻做好迎接它的准备，虽然谁都不愿意。

第九章

Chapter 9

如何度量你的交易绩效

下面是我自己的股票交易系统的测试报告，放在这里，作为例子给大家说明如果你想使用某个交易系统，需要了解其多少特征。而了解这些统计指标，一来可以评价我们之前对RSI、KD线、MACD等交易策略的测试，二来可以对自己的交易绩效进行评估，哪怕你使用的不是机械交易系统也好，只要有交易记录就可以。

请大家不要误会，虽然本书前面几章和后面几章对传统的技术分析的态度不是非常肯定，但我绝对没有否定技术分析的意思。相反，我认为，在这个市场中的大多数参与者，尤其是中小散户，能切实把握得住的也只有技术分析了，也许是我的看法有偏颇，也许是我不得法，或者是我天资愚钝，我总觉得基本分析飘忽不定，难以把握。所以我的股票交易系统和期货交易系统都完全是建立在技术分析基础之上的。其中没有一点主观的成分，系统完全是机械的。

请大家原谅我敝帚自珍，我无意公布这套系统的买入卖出规则以及期间所涉及的资金管理策略（但是在本书的第三编，我会告诉大家另一套完整的交易系统，它在长期中的表现，应该可以战胜指数）。这一点我在序里已经说过了，相信大家也看到了。我把系统的这些特征写出来，主要是让大家能学会观察和分析一个交易系统，也为学习第三编打好基础。

不管别人怎么说，我始终认为，不管某个交易系统有多好，追随者太多，系统一定会失效的，或者说在某段时间内会失效的。很典型的例子，就是突破点进场。如果你能看到30年之前的股票走势（当然了，30年前中国也没有股市，所以我说的是国外的），就会发现，突破的时候买入或者卖出是非常奏效的，大家都熟悉的《股票大做手操盘术》中的利沃莫尔的主要策略就是这个，而且那还是在20世纪20年代到30年代。可是看看现在，其效果比以前差远了。

1.测试条件

测试系统：TIMES股票交易系统

测试时期：1995年1月1日到2009年12月31日。之所以选择这个时间段，是因为测试时间太短不能说明问题。我国从1995年1月1日起，开始实行T＋1交割制度，这使得市场的结构出现了变化，所以我觉得也没有必要从更早的时间开始测试。

初始资金：最初资金为10万。

交易佣金：手续费单边为0.4‰。

过户费：深圳上海都算1‰。实际上，深圳交易所是不收过户费的。

印花税：单边1‰。这里其实多算了，实际目前是双边1‰。当然，这段时间内也有过比较高的时候，但是我们下面的滑价设置得不小，所以应该可以找回来。

滑价问题：0.5%。前面提到过，这是个非常重要的东西。我们是这样设定的，如果想10元买入，但是考虑到市场变动快，我们假设成交价格为10.05元，卖出价格也是一样，向不利的方向移动0.5%。

交易规则：信号出现后，按照第二天开盘价成交。之所以不采用盘中的价格成交，是因为盘中的价格没办法保证你一定成交。或许盘中出现这个价格时，你在开会，或许你刚好离开去倒了一杯水，回来以后也许已经就没有那么好的价格了。更需要考虑的是，有时开盘或者收盘时，盘中当然也有，会出现瞬间的行情，价格瞬间被拉高或者打低，几秒钟后就恢复正常。这个时候，你去报单，是很难按照预定价格成交的。所以为了保证能够成交，我们这样假设，如果收盘时出现买入或者卖出信号，第二天开盘交易。别忘记，我们对自己其实还要苛刻，系统测试中，买入时，实际的成交价格要比开盘价高0.5%，卖出时，实际成交的价格要低于开盘价0.5%。

我还要说一次：佣金、过户费、印花税、滑价问题看起来金额不大，但长期累积起来，一定会超出你的想象。所以模拟的时候务必要考虑。尤其是短线交易系统。很多看似赢利非常高的系统，加入这些交易成本后，就变成亏损的系统了。那就我个人而言，如果某个系统测试时说忽略滑价和手续费的话

（实际上，太多的系统测试都是如此），我对其实际的交易绩效会非常怀疑。

2.资金曲线

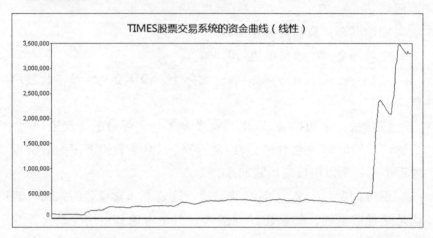

图9-1

图9-1是从1995年1月1日到2009年12月31日共15年间的线性资金曲线。期初资金是100000元，期末资金是3304531元。你可以看到，纵轴上500000到1000000与1000000到1500000的距离是相等的，所以说，这是线性的资金曲线。这张资金曲线图最大的缺点，如我们前面所说，就是看不清楚资金百分率的变化。所以，我又附上了对数图，请看图9-2。

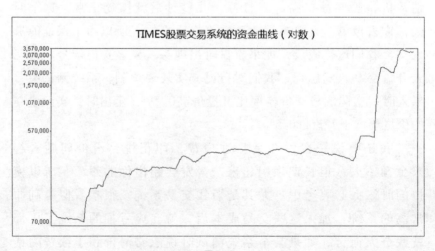

图9-2

这张图中的资金变化与图9-1相同，只不过纵轴是对数轴。所以图中任意相等的两段（垂直距离），其代表的资金变化百分率也是相同的。

需要说明的是，资金曲线最好是每天都更新，这样才能真实地反映自己的交易轨迹。

3. 交易绩效统计

表9-1

	交易绩效	大盘绩效
期初资金	￥100,000.00	￥100,000.00
期末资金	￥3,275,460.93	￥510,956.06
净利润	￥3,175,460.93	￥410,956.06
净利润率(%)	3175.46	410.96
年复合收益率 (%)	26.18	11.49
市场暴露时间(%)	54.29	100.00
最大资金回撤率(%)	−36.81	−72.00
利润因子	4.06	—
恢复因子	2.88	0.60
清算率	6.82	—
夏普率	0.93	0.49
交易次数	511	1
平均利润	￥6,214.21	￥410,956.06
平均利润率(%)	13.35	410.40
平均持仓天数	34.01	3,638.00

表9-1是TIMES股票交易系统15年来的交易绩效。我把大盘在这15年来的变化也列出来，作个对比。

之所以这么做，是因为我想说明，在股票交易中，战胜大盘是很多机构和基金的终极目标，但是能长时间战胜大盘的却很少

　　见。你或许觉得，基金的震荡大，是由于基金规定，必须至少保留60%的仓位。在跌的时候，基金必须持仓。其实国外的基金业有类似的规定。这个规定的初衷并不是为了稳定市场，而是从基金本身利益出发的，最直接的利益就是，谁也没办法知道市场的底部，顺势交易建仓都比较晚，这60%的仓位如果不动的话，就意味着，不管什么时候是底部，基金都可以在底部建仓60%的资金。其实这样操作，也具有一定的优势。

　　我们先不管基金，先考虑这么一个问题。如果有个交易策略，可以让你每年收益11.49%（不是无风险的），你觉得自己会接受这个策略吗？很多股民朋友一定会嗤之以鼻，这点收益无非就是1个涨停板多一点点而已。但是，在这15年间，你的净利润有400%吗？在这时候，我们总是习惯考虑对自己有利的东西，而忽视不利的东西。

　　在这15年间，你除了要考虑赚钱的交易，还要考虑亏钱的交易。你的收益是两者的差。而且不要忘记，大盘并不是一路向上的，请看图9-3，下面是15年间，上证指数的月线图。

图9-3

　　1995年是个先上涨然后再下跌的行情。之后，行情一直涨到2001年，但是，请注意，也就是1996年到1997年的上半年是直线上升的行情，一般来说，这段行情比较好赚钱。虽然一直到2001年，上证指数又上涨了100%左右，但是，却充满了震荡，这里就不好操作了。从2001年到2005年，4年的熊市，你还敢有什么想法吗？2005年的底部你抄到了吗？2006年、2007年你赚了多少？2008年的噩梦你是几时醒来的？2009年的底部你又进去了吗？虽然我们总看到某些股票翻了多少倍，但是事实上，想选中不容易，敢满仓买还是不容易，买进了不被震出来更是不容易。

　　我想要说的是，我们是人，不是机器。不能只看看头，看看尾巴就觉得能赚到4倍，甚至更多。事实在你的眼前，也在你的身边。如果你的赢利超过了这个数字，还有个原因你要考虑，那就是你进入股市的时机可能相对较好，谁说运气不重要呢？所以，稳定地战胜大盘真的没那么容易。

　　上面的交易绩效统计表中显示，如果你可以买入上证指数的话，在15年间，你经历了风风雨雨，年复合收益率为11.49%，已经是相当出类拔萃了。因为中间没有卖出过，所以你可以把上面的月线图当做资金曲线图。请注意，期间最大的资金回撤为72%。在股票交易中，这可是个要命的数字。从资金的最高点开始算起，如果亏损了72%，你的心理能承受多久？

　　请再看我们的TIMES股票交易系统的绩效。我将逐一解释每个指标。这些指标在第三编中都会用到。

　　（1）期初资金10万，一直做到320多万。除去本金，总收益将近32倍。请注意下面的数字。

　　（2）年复合收益率为26.18%，也就是说，平均下来，每一年可以比前一年赢利26.18%。我知道很多人连这个数字也看不上。可是看看结果，32倍啊。我们总说复利，如果真的理解了复利，那你就会知道巴菲特为什么能赚到那么多钱。

　　年复合收益率不是平均利润率，它不是用总收益3175.46%除以15年得来的。而是通过￥3,275,460.93（期末资金）＝￥100,000.00（期初资金）×（1+X）^15算出来的。其中，X的值就是26.18。

　　（3）市场暴露时间为54.29%，就是说，在这15年中，我们有45.71%的时间是空仓的，将近一半的时间。当然，空仓的时候，把钱转到银行卡里，还再能赚点活期利息。不过，我们的绩效统计中，没有计算这个。

（4）最大资金回撤为36.81%。前面我们已经单独讲了这个重要的统计指标。资金回撤衡量的是账户最高点（请注意，不是从起初资金开始算起的）到最低点占前期资金总量的百分率。在系统赢利能力可以接受的前提下，它是最重要的指标。一个资金回撤大的交易系统，即使赢利能力很高，也非常难于在实际操作中执行。

在实际操作中，我们必须要假设未来会出现更大幅度的资金回撤。至少应该把最大资金回撤的测试值再乘以1.5。也就是说，如果你要操作TIMES股票交易系统，需要至少接受55.22%的资金回撤幅度。

很多人恐怕很难接受这个数字，但这是赚取高额利润必须付出的代价。我只是说要准备，并不是说这个幅度未来一定会出现，但是你的心理上必须事先接受这一点。

事实经常是带有讽刺性的。很多人不想接受这个资金回撤幅度，但在实际的交易中，却出现了比这个幅度还大的亏损。而这个交易系统早就接受这一回撤幅度，但却没有出现这么大的亏损。事实上，在我们的交易系统中，这个最大回撤幅度出现在1996年的5月。

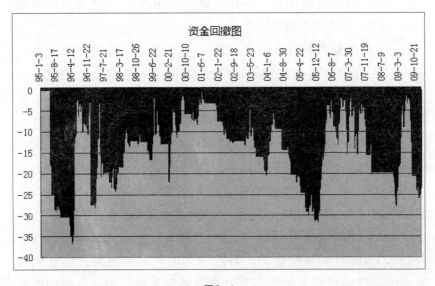

图9-4

图9-4是1号股票交易系统按照天计算的资金回撤图。横轴表示日期，纵轴表示资金回撤的百分率，所以都是负数。-35表示资金回撤幅度为35%，以此类推。可以看到，自从1996年出现过36.81%的最大回撤之后，十几年来，尽管我们时刻准备接受55.21%的回撤，可事实上并没有出现（不代表以后也不会出现）。而且我们的资金曲线一路攀升。

（5）利润因子为4.06。利润因子是用总利润除以总亏损。有的交易最终是赢利的，有的交易最终是亏损的。我们把所有赢利交易的赢利总额加起来，得到全部利润4214837.58（表9-1中没有列出），再把所有亏损交易的亏损总额加起来，得到全部亏损1039376.64（表9-1中没有列出）。其实这两者相减就得到净利润。不过我们现在要计算的是利润因子。所以用4214837.58/1039376.64=4.06。

为什么要相除呢？除法是什么意思呢？其实这是小学该解决的问题，但我在大学上课的时候问学生，他们仍然不知道，尽管他们很多人都会计算更复杂的题目。这是我们教育制度的悲哀，所以即使你不懂，也不用太自责。

我们都知道6/3=2，如果我说6/3=2/1也没问题吧。为什么要在分母上写1呢？因为在实际运用除法的时候，这个1很重要。换个问题你就懂了，有6个苹果，3个小朋友分，每个小朋友会分到几个？答案当然是2。你心里肯定这么算的，6/3=2。其实完整的写法应该是6/3=2/1。注意，这个时候，分子6是有单位的，6个苹果。分母3也是有单位的，3个小朋友。相除的结果是2/1，分子是2个苹果，分母是1个小朋友。也就是说，1个小朋友分到2个苹果。

如果我们用全部利润4214837.58除以全部亏损1039376.64等于4.06。其实应该是4.06/1，分子是利润，分母是亏损。现在能明白了吧，利润因子的意思是在使用该系统交易期间，我们每亏损1元钱，市场都要还给我们4.06元。这还能不赚钱吗？

同理，如果一个系统的利润因子是1，1表示1/1，就是说每亏损1元钱，市场会还给我们1元钱。如果不考虑手续费的话（请注意，我们不仅仅是考虑了手续费，还考虑了印花税、过户费，更重要的是，考虑了0.5%的滑价），结果我们是不赚也不亏。如果利润因子是0.8呢？表示每亏损1元钱，市场只能还给我们0.8元，则该交易系统或者说交易策略是亏损的。

如果一个交易系统的利润因子是1.2呢？这个问题就有点复杂了。简单地说，系统会赢利，但是谁也没办法保证交易系统在未来的运作会与测试期一样。如果未来有了一些变化，很容易会把1.2变成1甚至比1小的数字。所以这种系统一般来说并不可靠。

我个人觉得，一个稳定的交易系统，利润因子至少应该比2大。当然越大越好。但是在测试的时候，还要注意一点，就是交易笔数最好能大于30笔。因为统计学中小样本最少也要等于30，统计数据才有意义。我们举个极端的例子，比如某个交易策略，10年只交易了2笔，一笔赢利交易，赚了10000元，一笔亏损交易，亏损了1000元。结果这个方法的利润因子是10，比我们的4.06大多了，但是你会发现，它只赚了10000-1000=9000，赢利能力远不如我们的TIMES股票交易系统。其实更极端的例子是赢表9-1中的大盘绩效，由于只交易了1笔，而且是赢利交易，亏损为0，如果计算利润因子的话，其结果会是无穷大，但是实际赢利只有4倍多。

（6）恢复因子2.88。这是把净利润（注意不是全部利润，是全部利润减去全部亏损的结果）3,175,460.93除以资金最大回撤的金额1101306.50的结果。这个指标值的含义同前面一样。它是测量该交易系统对最大资金回撤的承受能力。这个数字当然应该是大于1的，而且越大越好。

（7）清算率为6.82。这也是一个很重要的指标。是用赢利交易的平均利润率除以亏损交易的平均亏损率算出来的。类似于利润因子。但是两者是不同的，利润因子计算的是绝对数额，而清算率计算的是相对数额，是个百分率。在我们的1号股票交易系统中，全部赢利交易的平均利润为43.87%，而全部亏损交易的平均亏损率为-6.43%（这两个数字列在下面的表9-2）。两者相除，等于6.8227，保留两位小数，就是6.82了。它表示我们每亏损

1%，就会得到6.82%的回报。

其实清算率还有更重要的用途，计算破产概率。这个词的英文写法是：Ruin of Probability。直译过来就是破产概率，其实这么翻译不是很准确，但是我也没更好的翻译方法。它其实并不是计算把钱全部输光的概率，而是计算账户里的资金增长到某个百分率(比如说100%)之前，会跌到某个百分率（比如50%）的概率。

这个算法源自于P.Griffin.建立的21点理论。它基于这样的概念：在任何交易系统内部，事件会按照往常一样发生，也会出现异常，但是仍然在概率领域。如果我们无限次地掷硬币，正面和反面朝上的概率是1：1，但是连续扔1024次，就可能出现正面或者反面连续朝上10次。因此，每个交易系统，在概率的范围内，都会出现极端不利的情况。破产概率正是计算这种不利的概率。

在破产概率的计算中，需要交易系统的胜率和清算率两个统计指标。

破产概率的计算非常复杂，我们不用详细讲解。通过下面的表9-2，你可以直接查询破产概率。我们假设最初的账户是100000元，利润目标是100%，破产水平是50%。

表9-2

破产概率矩阵										
清算率	胜率									
	25	30	35	40	45	50	55	60	65	70
750：1000	100	100	100	100	100	98	77	15	1	0
1000：1000	100	100	100	99	92	50	7	1	0	0
1500：1000	100	99	90	50	12	2	0	0	0	0
2000：1000	97	79	35	9	2	1	0	0	0	0
2500：1000	79	38	12	4	1	0	0	0	0	0
3000：1000	50	19	6	2	1	0	0	0	0	0
3500：1000	31	12	5	2	1	0	0	0	0	0
4000：1000	21	9	4	2	1	0	0	0	0	0

查表9-2，我们1号股票交易系统的胜率为39.33（见下表9-3）。清算率为6.82。居然查不到。所以，我们可以认为，我们的破产概率，即在赚取100%利润之前，亏损50%的可能性基本不存在。

上表中的数据非常重要，如果你能统计出自己的交易指标，就可以在里面直接查询了。

（8）夏普率为0.93。这个指标是由诺贝尔奖得主威廉·夏普提出来的，是衡量基金绩效的重要指标。详细计算方法你可以在网上查到，我这里就不多说了。基本上认为，如果要使用某个交易策略或者交易系统，夏普率至少应该在1以上才稳定。

但是夏普率的计算也是有缺陷的。它在衡量赢利和亏损的稳定程度。如果你的系统亏损稳定，但是有时赢利10%，有时赢利50%，夏普率也会偏低的。我们的TIMES股票交易系统就是这样。

顺便说一句，如果你想采用利润因子低的交易策略（大多是短线策略），比如前面所说的1.2，那夏普率就是非常重要的指标了。我个人觉得，这么低的利润因子，如果要用于实战，夏普率至少应该在3之上。

（9）交易次数为511次。在这15年期间，TIMES股票交易系统共交易了511笔。买入卖出，一个来回算1笔。所以如果你是证券公司的客户经理，你一定不喜欢你的客户使用这样的交易系统。

（10）平均利润是6,214.21。这是由净利润除以511笔（注意亏损交易也算进去）交易得到的。我个人觉得这个数字的参考意义不大。在我们的系统中，最初资金量只有10万。后来的资金量有300多万。所以两者的赢利在绝对数额上不具有可比性。

（11）平均利润率为13.35%。这个统计指标比上面的要好。因为它折算成百分率了。不管资金量多少，两个时期的统计值都有可比性。

（12）平均持仓天数是34.01天。这个也只作为参考，因为赢利交易的持仓时间和亏损交易的持仓时间差别很大。

4. 赢利交易的绩效

表9-3

赢利交易绩效	交易绩效
赢利交易	201
胜率(%)	39.33
全部利润	￥4,214,837.58
平均利润	￥20,969.34
平均利润率(%)	43.87
平均持有天数	62.53
最大连续赢利	13

表9-3只统计了赢利交易。

（1）共201笔。除以511笔交易，得到胜率为39.33%。

（2）胜率为39.33%。胜率有重要的一面，也有不重要的一面。

很多人可能过于看重胜率了，但是，胜率确实不能表示你到底赚了多少钱。还记得我们玩的掷骰子的游戏吗？我们再说一次，比如骰子扔出1、2、3、4、5都算你赢，你赢一次，我给你1元钱。出现6点算我赢，我赢了，你给我10元。我不想引入数学期望这个词，但就这么简单想想，你也会懂。你的胜率肯定比我高，但是如果我能控制好下注金额的话，玩得越久，你就会输得越多。虽然你的胜率高，但是这场游戏的优势在我这里。

我看重胜率是因为两个原因，第一个你应该能猜到，胜率越高的交易策略，越容易执行。因为总是能赚到钱，心理上感觉比较好。第二个原因是，胜率与前面所提到的破产概率有关。在其他条件相同的情况下，胜率越高的交易系统，破产概率越低。

（3）全部利润。这个是所有赢利交易赚到的钱的总和。注意，没计算亏损交易。

（4）平均利润。全部利润除以交易笔数。

（5）平均利润率。这是一个百分率。

（6）平均持有天数62.53。这是赢利交易的平均持仓天数。请注意与下面的亏损交易相比。

（7）连续赢利13笔。也请注意与下面的亏损交易对比。

5.亏损交易的绩效

表9—4

亏损交易绩效	交易绩效
亏损交易	310
负率 (%)	60.67
全部亏损	¥ −1,039,376.64
平均亏损	¥ −3,352.83
平均亏损(%)	−6.43
平均持仓天数	15.52
最大连续亏损	22

与表9-3的统计指标基本相同。请注意亏损交易的平均持仓天数只有15.52天。而赢利交易为62.53天。这表示交易策略的设计有利于截断亏损，让赢利奔跑。

另一个要关注的指标是连续亏损22笔。这有点吓人。但是，请看资金曲线，无论是线性的也好，对数的也好，你几乎感觉不到哪里出现了连续的大额亏损。这表示系统的止损比较好，每次亏损的金额都不大，即使连续亏损22笔，亏损总金额占总的资金比例也不大，就是让人心里有点不太好受。

以上这些指标，无论是你想使用别人的交易方法，还是使用自己的交易方法，都必须要知道的。其实还有些统计指标，由于理解起来不是太容易，计算上也很复杂，这里就不讲了。

了解这些，也是为看懂我们对后面某些指标的测试奠定基础。

第十章

收益分布和资金回撤分布

只是知道前面这些还是不够的，我们还要对系统收益的分布有所了解。首先，我们看年收益分布。

1.年收益分布

表10-1　TIMES股票交易系统的年收益分布数据

年份	净收益	收益率(%)	资金回撤	资金回撤率(%)
1995	−22675.71	−22.68	−33579.62	−30.28
1996	84996.7	109.92	−61244.2	−27.39
1997	61951.44	38.17	−66068.86	−24.1
1998	15925.11	7.1	−19051	−7.44
1999	56728.09	23.62	−43381.97	−12.75
2000	34691.03	11.68	−35320	−10.09
2001	1316	0.4	−27020.97	−7.51
2002	−16408.66	−4.93	−25730.91	−7.57
2003	7386.44	2.33	−78158.88	−20.39
2004	−18327.28	−5.66	−65788.28	−17.71
2005	−33567.66	−10.98	−56572.13	−17.75
2006	520989.38	191.53	−66626.56	−8.4
2007	1556339.13	196.26	−423562.25	−15.66
2008	−332155.75	−14.14	−512034.75	−20.24
2009	1258272.75	62.38	−1101306.5	−25.82

然后再做图。

图10-1中，横轴是年份，纵轴表示收益率。

这张图也许和你想的不一样，也许让你失望了。我猜你可能会想，系统应该每年都赚百分之几十。上图中的柱状线应该长度差不多相等。其实你当初如果仔细看过前面的资金曲线图，就应该看出来，我们的利润不是每年都一样，而且还相差不小。不过期货交易在这一点上就好很多了，因为既可以做多，也可以做空，所以每年的收益基本上可以做到相差不大，这个问题我们也留到后面谈。

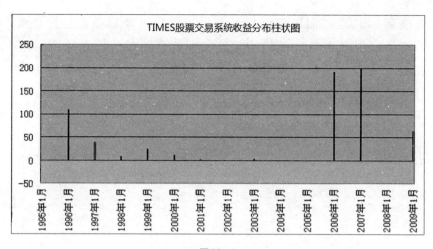

图10-1

再看图10-1，系统的赢利大多是1996年到2000年，2006年到2007年贡献的。系统在1995年是亏损的。当年有过一波大行情，但是行情爆发得很突然，持续性又很差，我们的系统又是要等待第二天才能进场，所以导致TIMES股票交易系统买入位置非常差，其实不只是我们的系统，任何顺势交易系统基本上都会有同样的结果。

我很高兴有这么个起点，虽然这个起点不是我故意选择的。我希望在测试一个交易系统的时候，一开始就出现巨大的资金回撤。一来这样可以马上考验系统的恢复能力，即把账户恢复到期初甚至更高的水平；二来我想提醒诸位，当你采用某个交易方法的时候，一定要一开始就做好出现最大资金回撤的准备，虽然它不一定真的会出现，但是只有在有这个准备的时候，你才能接受系统的亏损，遵从系统的信号。如果在这个最糟糕的时候，你对系统仍然有信心，那今后就很容易执行这个交易策略了。总之，2005年的行情让我们如愿以偿地亏损了，而且还亏损了22.68%。

我再次声明，TIMES股票交易系统属于顺势交易系统，而且属于防御性的交易系统。之后，一直到2001年，行情一路上升。我们的系统也连续6年赢利，虽然2001年的赢利有点少。一直到2005年，系统的表现都不算好。请大家结合大盘的月线图，或者年线图看看就知道了，这一段上证指数从2000多点一直跌到1000点，而股票市场又不允许做空，所以我们能撑住就不错了。现在再看这几年的收益，你就会明白为什么说TIMES股票交易系统是防御性的系统了。其实这一点从资金曲线上更容易看出来（图10-2）。

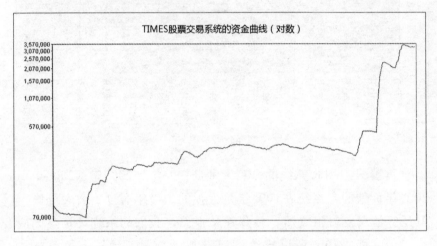

图10-2

总之，我们挨过了难挨的一段。随时接受大行情的降临。大行情来自2006年到2007年。当然我们事先并不知道。

2006年的收益是191.53%，2007年的收益是196.26%。不知道你怎么看这个数字。这两个数字表示，如果2006年初投入10万的话，到2006年底应该有将近30万。而到了2007年底，这30万又几乎变成了90万。也就是说，这两个数字表示，在2006年和2007年的行情中，几乎可以赢利9倍。

2008年是悲惨的一年。但是TIMES股票交易系统只亏了-14.14%，这应该算是不错了。我们再一次防御成功。

2009年表现似乎不佳，赢利62.38%。这一年中，很多股票翻了好几倍。而且你可能也会觉得，这一年中，系统并没有打败大盘指数。下表我列出历年来大盘的收益情况，来做一下对比，目的是要说明这个很重要的问题。打败指数是一个目标，但是我们必须要知道，一个顺势交易系统是怎么打败大盘指数的。

表10-2 历年大盘收益与TIMES系统收益对照表

年份	指数	变化率(%)	TIMES系统收益
1994	647.87		
1995	555.29	−14.29	−22.68
1996	917.02	65.1425	109.92
1997	1194.1	30.2153	38.17
1998	1146.7	−3.9695	7.1
1999	1366.58	19.175	23.62
2000	2073.48	51.7277	11.68
2001	1645.97	−20.618	0.4
2002	1357.65	−17.517	−4.93
2003	1497.04	10.267	2.33
2004	1266.5	−15.4	−5.66
2005	1161.06	−8.3253	−10.98
2006	2675.47	130.433	191.53
2007	5261.56	96.6593	196.26
2008	1820.8	−65.394	−14.14
2009	3277.14	79.9835	62.38

　　从表10-2中，你能看出来，不只是2009年我们输给了大盘。最惨的是2000年。那一年大盘涨了51.72%，TIMES系统只赚到可怜的11.68%。

　　但也请注意，1998年、2002年、2004年、2008年。这些年份，大盘是跌的，而且跌幅还不算小。但是TIMES系统成功地进行了防御。虽然你也可以看到有些年份我们的收益高于大盘，但是我个人认为，该系统能成功的主要原因是防御比较好。正是防御成功，才使得我们在低位以大量的资金进场。更重要的是，防御成功使得资金曲线平稳，系统的可操作性更强。

　　所以我更愿意说，我们的TIMES系统是防御性的系统。你或许想问我进攻性的系统是什么样的。我可以告诉你，我没有进攻性的系统，股票交易在这一点上不如战场。在战场上，进攻牺牲的人，好歹也能算个烈士；而在股票市场上。如果牺牲了，什么也不算。

最后我们看一下表10-3。

表10-3

测试期	15年
赢利	10年
亏损	5年
胜率(%)	66.67
平均收益(%)	39.00
连续赢利	6年
连续未赢利	2年

需要说明的是，上表中的平均收益是39%，不同于我们前面绩效数据那个表格中的26.18%。因为26.18%是年复合收益率，而这个39%只是个平均值而已，它是把上图中15年的收益加总（注意，负数实际上是减），然后再除以15得到的。这其实就是大家常用的判断收益率的方法，但不够科学。所以我们应该更看重年复合收益率。

2.年资金回撤分布

使用表10-1的数据，我们还可以做出年资金回撤率的分布图，见图10-3。

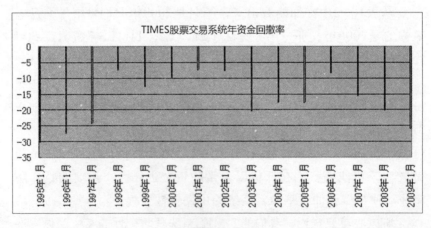

图10-3

你会发现，在测试期内，资金回撤率最高的年份是1995年，资金回撤率是30.28%。这与我们前面说的资金最大回撤幅度是36.81%不符。其原因是，图10-3中30.28%这一数据计算到年底为止。而36.81%是没有时间限制的，事实上，在1996年上半年，这一幅度继续加大，一直到36.81%。

为什么每年都有资金回撤呢？原因很简单，我们买入之后，行情并不是马上就上涨的。很多时候，我们买入的位置是错的，我们还需要斩仓。

总之，我认为图10-3中，历年的资金回撤还算比较稳定。

3.月收益情况分布

表10-4 TIMES股票交易系统的月收益分布数据

日期	收益	收益率（%）	资金回撤	资金回撤率(%)
1995-1-3	0	0	0	0
1995-2-6	0	0	0	0
1995-3-1	0	0	0	0
1995-4-3	0	0	0	0
1995-5-2	-9225.09	-9.23	-20129	-18.15
1995-6-1	-7585.38	-8.36	-9447.38	-10.2
1995-7-3	-3673.77	-4.42	-3940.02	-4.74
1995-8-1	354.06	0.45	-3857	-4.64
1995-9-1	-941.52	-1.18	-5954.52	-7.01
1995-10-4	-1604.02	-2.03	-1897.86	-2.4
1995-11-1	0	0	0	0
1995-12-1	0	0	0	0
1996-1-2	0	0	0	0
1996-2-1	0	0	0	0
1996-3-4	-6901.99	-8.93	-7072.99	-9.15
1996-4-2	32360	45.95	-8451	-7.6
1996-5-2	6020	5.86	-12385	-11.09
1996-6-3	25161	23.13	-2959	-2.19
1996-7-1	22658.98	16.91	-7872.02	-4.79
1996-8-1	6701.02	4.28	-16748.02	-9.9

日期	收益	收益率（%）	资金回撤	资金回撤率(%)
1996–9–2	–7617.92	–4.66	–7516.92	–4.61
1996–10–3	20251.81	13.01	–11141	–6.05
1996–11–1	22402	12.73	–11560	–5.83
1996–12–2	–36038.2	–18.17	–61244.2	–27.39
1997–1–2	0	0	0	0
1997–2–17	560.3	0.35	–1657.7	–1.02
1997–3–3	28663	17.6	–4346	–2.27
1997–4–1	42477	22.18	–9315	–3.98
1997–5–5	–2326	–0.99	–57134	–20.84
1997–6–2	–12688.33	–5.48	–24008.33	–9.88
1997–7–2	1337.31	0.61	0	0
1997–8–1	1233.89	0.56	0	0
1997–9–1	–7956.94	–3.59	–15340.94	–6.7
1997–10–6	9370.33	4.39	–6478	–2.87
1997–11–3	–13497.44	–6.05	–20467.44	–8.9
1997–12–1	14778.31	7.05	–4141	–1.85
1998–1–5	4148.52	1.85	–17465	–7.36
1998–2–9	–5016.66	–2.2	–6376.66	–2.78
1998–3–2	0	0	0	0
1998–4–1	19677.44	8.81	–4993	–2.05
1998–5–4	6136	2.52	–7230	–2.82
1998–6–1	–12166	–4.88	–13119	–5.24
1998–7–1	4049.08	1.71	0	0
1998–8–3	0	0	0	0
1998–9–1	0	0	0	0
1998–10–5	–1481.28	–0.61	–2396.27	–0.99
1998–11–2	2726.02	1.14	–10511	–4.17
1998–12–1	–2148	–0.89	–1450.98	–0.6
1999–1–4	0	0	0	0
1999–2–1	0	0	0	0

1999-3-1	-5256.05	-2.19	-5256.05	-2.19
1999-4-1	-6335.2	-2.7	-9407.17	-3.95
1999-5-4	17169.3	7.51	-5849	-2.32
1999-6-1	82921.98	33.74	-11610.03	-3.41
1999-7-1	-1242	-0.38	-24636	-7.35
1999-8-2	-10273	-3.14	-24202	-7.19
1999-9-1	-20256.94	-6.39	-17111.94	-5.45
1999-10-8	0	0	0	0
1999-11-1	0	0	0	0
1999-12-1	0	0	0	0
2000-1-4	178.94	0.06	-31458.13	-10.59
2000-2-14	25576	8.61	-35320	-10.64
2000-3-1	3907	1.21	-18947	-5.64
2000-4-3	731	0.22	-14170	-4.28
2000-5-8	-15526.94	-4.74	-22170.94	-6.83
2000-6-1	6365.03	2.04	-17508.03	-5.4
2000-7-3	18632.97	5.86	-4990	-1.46
2000-8-1	-1402	-0.42	-14834	-4.24
2000-9-1	-5026.91	-1.5	-2527.91	-0.76
2000-10-9	0	0	0	0
2000-11-1	2406.03	0.73	-15945	-4.59
2000-12-1	-1150.09	-0.35	-10449	-3.11
2001-1-2	-5416.13	-1.63	-13634	-4.03
2001-2-5	0	0	0	0
2001-3-1	15453.53	4.74	-5473.47	-1.59
2001-4-2	2813.81	0.82	-10575.03	-2.98
2001-5-8	13758.56	3.99	-1727.19	-0.48
2001-6-1	-9088.59	-2.54	-5919.72	-1.67
2001-7-2	-377.81	-0.11	0	0
2001-8-1	0	0	0	0
2001-9-3	0	0	0	0

日期	收益	收益率（%）	资金回撤	资金回撤率(%)
2001-10-8	0	0	0	0
2001-11-1	412.28	0.12	-1473.72	-0.42
2001-12-3	-16239.66	-4.65	-22321.66	-6.28
2002-1-3	0	0	0	0
2002-2-1	0	0	0	0
2002-3-1	-8232.22	-2.47	-15303	-4.5
2002-4-1	7192	2.21	-12757	-3.79
2002-5-8	-13782.28	-4.15	-10375.28	-3.16
2002-6-3	7173.34	2.25	-2398.63	-0.74
2002-7-1	-11010.97	-3.39	-10146	-3.13
2002-8-1	3684.97	1.17	-4411.03	-1.37
2002-9-2	-1433.5	-0.45	-1538.53	-0.48
2002-10-8	0	0	0	0
2002-11-1	0	0	0	0
2002-12-2	0	0	0	0
2003-1-2	11240.31	3.55	-7220	-2.2
2003-2-10	-202	-0.06	-8634	-2.62
2003-3-3	12732	3.89	-13034	-3.83
2003-4-1	5709	1.68	-42067.03	-10.98
2003-5-12	11078.06	3.2	-7881	-2.19
2003-6-2	-26906.41	-7.54	-27149.41	-7.6
2003-7-1	-7868.28	-2.38	-8000.59	-2.42
2003-8-1	0	0	0	0
2003-9-1	0	0	0	0
2003-10-8	0	0	0	0
2003-11-3	-14550.28	-4.51	-17211.25	-5.34
2003-12-1	16154.03	5.25	-6505.97	-1.98
2004-1-2	12497	3.86	-14083	-4.02
2004-2-2	26447	7.86	-14612	-3.93
2004-3-1	-1108	-0.31	-18137	-4.89

2004−4−1	−13489.66	−3.73	−17004	−4.67
2004−5−10	0	0	0	0
2004−6−1	0	0	0	0
2004−7−1	−19823.22	−5.69	−19823.22	−5.69
2004−8−2	0	0	0	0
2004−9−1	13209.94	4.02	−13806	−3.88
2004−10−8	−14389	−4.21	−24619	−7.01
2004−11−1	−21671.34	−6.62	−17841.34	−5.52
2004−12−1	0	0	0	0
2005−1−4	0	0	0	0
2005−2−1	4574.44	1.5	−7046.56	−2.25
2005−3−1	−6770.47	−2.18	−15321.47	−4.81
2005−4−1	−14340.94	−4.73	−14340.94	−4.73
2005−5−9	0	0	0	0
2005−6−1	−13921.41	−4.82	−13921.41	−4.82
2005−7−1	−5038.88	−1.83	−2727.56	−1
2005−8−1	9283	3.44	−12181	−4.22
2005−9−1	−3173	−1.14	−26328	−8.83
2005−10−10	−12339.16	−4.47	−19975.16	−7.04
2005−11−1	431.31	0.16	−390.69	−0.15
2005−12−1	7727.44	2.92	−3378.97	−1.23
2006−1−4	38923.97	14.31	−9864	−3.17
2006−2−6	21494	6.91	−8023	−2.4
2006−3−1	13827	4.16	−15587.97	−4.45
2006−4−3	40285	11.63	−9322	−2.41
2006−5−8	65295	16.89	−16100	−3.56
2006−6−1	29653	6.56	−31296	−6.5
2006−7−3	−14148	−2.94	−42880	−8.4
2006−8−1	3050.56	0.65	0	0
2006−9−1	−2966.16	−0.63	−26506.13	−5.64
2006−10−9	35280.03	7.55	−15990	−3.18

日期	收益	收益率（%）	资金回撤	资金回撤率(%)
2006–11–1	108438.97	21.57	–12996	–2.13
2006–12–1	181856	29.76	–26693.06	–3.37
2007–1–4	103417	13.04	–93142	–9.41
2007–2–1	16806	1.87	–113660	–11.29
2007–3–1	114420	12.53	–26381	–2.57
2007–4–2	294273	28.64	–76960	–5.82
2007–5–8	217984.13	16.49	–74730.88	–4.64
2007–6–1	–51120.13	–3.32	–176484	–10.6
2007–7–2	344766	23.16	–87050	–4.71
2007–8–1	491420.13	26.8	–120205.13	–5.17
2007–9–3	80116	3.45	–128093.75	–5.26
2007–10–8	300366	12.49	–189751	–7.01
2007–11–1	–423562.25	–15.66	–373205	–14.06
2007–12–3	67453.25	2.96	0	0
2008–1–2	–173601.75	–7.39	–371902	–14.7
2008–2–1	0	0	0	0
2008–3–3	0	0	0	0
2008–4–1	0	0	0	0
2008–5–5	0	0	0	0
2008–6–2	0	0	0	0
2008–7–1	0	0	0	0
2008–8–1	0	0	0	0
2008–9–1	0	0	0	0
2008–10–6	0	0	0	0
2008–11–3	0	0	0	0
2008–12–1	–158554	–7.29	–261406.75	–11.47
2009–1–5	54006.13	2.68	–67503	–3.23
2009–2–2	139285.88	6.72	–411443	–15.69
2009–3–2	410376	18.57	–127284	–4.79
2009–4–1	250203	9.55	–267836	–8.9
2009–5–4	292119	10.17	–156462	–4.88

2009-6-1	365704	11.56	-103210	-2.92
2009-7-1	610636	17.3	-312078.75	-7.32
2009-8-3	-748928	-18.09	-864527.75	-20.32
2009-9-1	0	0	0	0
2009-10-9	-145344.5	-4.29	-200235	-5.81
2009-11-2	89586.75	2.76	-243827	-7.15
2009-12-1	-59371.5	-1.78	-199077	-5.86

做图如下：

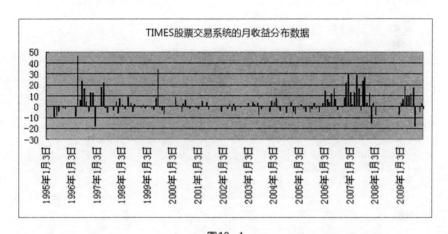

图10-4

表10-5

测试期	180个月
赢利	76个月
胜率(%)	42.22
月平均收益(%)	2.28
连续赢利	8个月
连续未赢利	12个月

先看表10-5。TIMES股票交易系统连续赢利8个月，连续未赢利12个月。为什么我不写连续亏损，而写连续未赢利呢？原因

就是，存在着一些月份，这些月份中并没有发生交易。看上面的图就知道了，最典型的是2008年中，很多时候并没有柱状线，那是因为当月一笔交易也没有发生。所以，再看此表，共有76个月是赢利的，但不表示有180－76＝104个月是亏损的，因为有些月份没有交易。所以胜率为42.22%，并不算高，但同样不表示你有57.78%的月份是亏损的。

还有个问题需要说明的是，请注意月平均收益。即便这不是复合收益率，也高达2.28%了。很多人都想一个月赚10%，个别几个月里你会做到，甚至连续几个月都能做到，但是如果做到这个的同时没有注意资金保护的话，那结局一定是悲剧性的。

4.月资金回撤分布情况

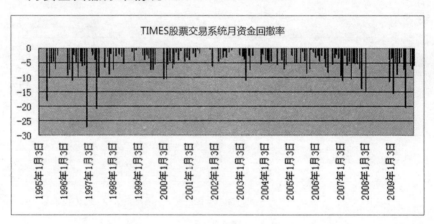

图10-5

图10-5中，月资金回撤超过15%的一共有5个月。占180个月的2.7%。市场是多变的，我们必须接受这种情况的出现。尽管会让人非常痛苦，但是只要你的交易系统是好的，只要你信任你的交易策略，你早晚会从这些回撤中恢复出来的。但是，多早多晚呢？这是我们担心的另一个问题。

5．恢复时间

表10—6

开始日期	得到恢复日期	资金回撤率(%)	恢复时间（天数）
1995-5-23	1996-4-29	-36.81	342
1996-4-30	1996-5-17	-12.63	17
1996-5-20	1996-6-4	-11.2009	15
1996-6-14	1996-6-18	-2.31	4
1996-6-21	1996-6-24	-0.6	3
1996-6-25	1996-6-26	-0.16	1
1996-6-27	1996-7-4	-6.08	7
1996-7-11	1996-7-16	-3.65	5
1996-7-17	1996-7-22	-3.01	5
1996-7-25	1996-7-29	-2.35	4
1996-7-30	1996-8-7	-4.79	8
1996-8-9	1996-8-13	-2.1	4
1996-8-15	1996-10-25	-9.9	71
1996-10-30	1996-11-18	-10.56	19
1996-11-19	1996-11-20	-0.73	1
1996-11-21	1996-11-27	-6.01	6
1996-12-10	1996-12-11	-0.29	1
1996-12-12	1997-4-28	-28.14	137
1997-5-8	1999-6-16	-24.1	769
1999-6-25	1999-6-28	-1.74	3
1999-6-30	2000-7-20	-21.93	386
2000-7-21	2000-8-2	-1.46	12
2000-8-4	2000-8-10	-1.39	6
2000-8-15	2000-8-16	-0.2009	1
2000-8-17	2001-4-13	-8.42	239
2001-4-18	2001-5-15	-3.53	27
2001-5-21	2001-5-23	-0.19	2
2001-5-25	2003-4-11	-13.18	686
2003-4-16	2006-4-27	-31.6	112007
2006-5-10	2006-5-15	-3.13	5

开始日期	得到恢复日期	资金回撤率(%)	恢复时间（天数）
2006-5-16	2006-5-17	-0.3	1
2006-5-23	2006-5-29	-3.74	6
2006-6-2	2006-6-29	-6.74	27
2006-7-5	2006-7-6	-1.28	1
2006-7-7	2006-7-11	-0.88	4
2006-7-13	2006-11-7	-13.06	117
2006-11-8	2006-11-9	-1.77	1
2006-11-13	2006-11-14	-0.44	1
2006-11-21	2006-11-22	-0.05	1
2006-11-24	2006-11-29	-2.21	5
2006-12-7	2006-12-11	-4.07	4
2006-12-13	2006-12-14	-0.37	1
2006-12-19	2006-12-20	-0.24	1
2006-12-21	2006-12-25	-1.22	4
2006-12-26	2006-12-27	-0.17	1
2007-1-5	2007-1-9	-2.53	4
2007-1-11	2007-1-15	-1.11	4
2007-1-17	2007-1-23	-5.09	6
2007-1-25	2007-1-26	-1.24	1
2007-1-30	2007-2-15	-15.33	16
2007-2-16	2007-3-29	-12.59	41
2007-4-12	2007-4-16	-0.97	4
2007-4-17	2007-4-23	-6.3	6
2007-4-24	2007-4-25	-0.49	1
2007-5-10	2007-5-11	-0.17	1
2007-5-15	2007-5-24	-4.99	9
2007-5-30	2007-6-18	-14.15	19
2007-6-19	2007-7-20	-15.45	31
2007-7-27	2007-7-30	-0.34	3
2007-7-31	2007-8-3	-4.51	3

2007-8-13	2007-8-14	-1.05	1
2007-8-16	2007-8-20	-5.67	4
2007-8-27	2007-8-30	-0.84	3
2007-9-4	2007-9-17	-5.39	13
2007-9-18	2007-9-20	-1.74	2
2007-9-21	2007-10-8	-4.33	17
2007-10-9	2007-10-11	-0.3	2
2007-10-17	2007-10-30	-7.18	13
2007-11-1	2009-4-1	-27.93	517
2009-4-3	2009-4-7	-0.89	4
2009-4-8	2009-4-10	-3.87	2
2009-4-17	2009-5-5	-8.9	18
2009-5-8	2009-5-14	-5.09	6
2009-5-15	2009-5-18	-0.33	3
2009-5-21	2009-6-1	-2.57	11
2009-6-5	2009-6-10	-1.15	5
2009-6-11	2009-6-18	-3.08	7
2009-6-22	2009-6-24	-0.9	2
2009-6-25	2009-6-29	-0.53	4
2009-7-7	2009-7-9	-2.01	2
2009-7-13	2009-7-14	-0.87	1
2009-7-16	2009-7-17	-0.8	1
2009-7-21	2009-7-23	-2.56	2
2009-7-29	2009-12-31	-25.82	155

图形也许看得不是很清楚，看表格好了。

表10-6中不只列出了历次资金回撤的幅度，还包括历次资金回得到恢复的时间。比如，某个账户初始资金为10万元，一路上涨到20万元。然后遇到资金回撤，跌回到19万。此时，账户的前期高点为20万元。即使现在只亏损5%，幅度不算太大，假如1年之后，账户的资产才上升到20万元之上，则恢复时间为365天，哪怕

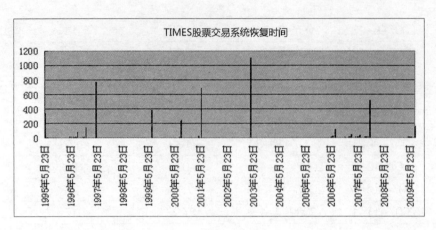

图10-6

这一年中都没做交易，只在最后一天做了一笔，只要这笔交易让账户净值恢复到20万之上，不管有没有平仓，账户资产恢复时间都是365天。当然，账户资产恢复时间越长，代表越痛苦。我习惯于高估风险和痛苦。所以这里没有使用交易日，而是使用天数。因为在实际生活中，如果真的遇到资金回撤的话，你的痛苦不只在5个交易日内，还包括周六、周日。

2003年4月16日到2006年4月27日。这次账户恢复共花费了1107天。当然这次回撤的深度也很大，有31.6%，但不是最大。请注意，还有很多次超过100天的情况。这里请仔细想想，它还能说明很多问题，我们后面再探讨。

到目前，系统表现都还算出色。这样的系统可以用于实战吗？答案是还不行。对任何交易系统，还需要进行稳定性测试。

根据这么多年的经验，我认为，即使不造假（后面我们再谈系统造假的问题，很有意思），建立一个高收益的系统也是很容易的，这是第一关。但是建立一个收益高、资金回撤幅度又比较低的交易系统就非常难了，这是第二关。其实最难的是第三关，系统的稳定性测试，很多看似很好的交易系统都过不了这一关。

第十一章

Chapter 11

系统的参数稳定性测试

一个带有漂亮收益的交易系统是远远不够的，即使资金回撤幅度可以接受。因为建立交易系统，目的就是希望系统最好在未来也能同过去一样运作。但是未来中非常多的因素都是无法预知的，有些因素哪怕只变化了一点点，也会对系统的绩效带来非常大的影响。所以我们必须对系统的稳定性进行测试。

系统的稳定性测试包括三个方面。

一是参数稳定性测试。它衡量的是，如果参数变化了，系统的绩效变化的幅度会怎样。我们在主观上希望绩效变化不大。其实一个好的交易系统或者技术分析指标，最重要的就是对参数的依赖性不强。比如某个方法使用的是14天的RSI，收益相当不错，但是如果把RSI的参数变成16天，收益马上减少了许多，则该系统是不稳定的。在这一点上，布林线非常出色。其默认的参数设置是20天移动平均线，2个标准差。其实无论你怎么变化这两个参数，该指标的表现都不会变差。但是，从学术的角度来说，布林线这一指标带有统计性，而统计中最小的样本必须有30个，甚至更多。所以，如果使用20的话，那在统计学上说不过去。

二是交易系统在不同股票间的测试。对于股票来说，如果交易系统在某只股票上表现非常好，但是在另一只股票上表现却非常糟糕，那我们就要警惕了。但是我们不是要求交易系统在任何股票上表现都非常优秀，这是不可能的。如果能在50%的股票上有出色表现，我们已经非常满意了。

可是什么算是出色表现呢？我们都知道，大盘是难以打败的目标。其实比大盘更难战胜的是买入持有策略。这个策略的意思是，从测试期的第一天开始，就买入，中间一直不卖，一直持有到测试期的最后一天。请不要小看这种方法，尽管我们在实际的操作中不提倡这么做，但是，它确实是非常难以战胜的。如果你有测试交易系统的经验，就会发现，某些交易方法看似能赚很多钱，但仔细一看，却没有超过买入持有策略。也就是说，与其按照这种方法交易，还不如干脆买入，然后一直持股不动。

我们的标准是，如果我们的策略在50%的股票上能超出买入持有策略，那么系统就是稳定的。

三是蒙特卡洛模拟。世界上有三大赌场，一个是美国的拉斯维加斯，一个是我国的澳门，另一个就是摩洛哥的蒙特卡洛。蒙特卡洛模拟是一种概率定位方法，由冯·诺依曼命名。

这样解释会好理解。我们在实际交易的时候，比如某一天，出现了买入信号，我们应该买入。可是出现买入信号的股票不只是一只，而是很多只，我们假设是100只。因为我们的资金是有限的，所以不可能全部都买入，比如我们买了5只，结果获利丰厚。可以，如果我们买入的是其他5只呢？如果收益变化幅度不大，则我们说，系统是稳定的。

这三个测试就像三座高山，横在系统测试者的面前。

我们一个一个地来说明，还是以我们的TIMES股票交易系统为例。

1.交易系统参数稳定性测试

这里我们并没有测试TIMES股票交易系统中的所有参数。这么做是因为，一旦考虑了所有参数，运算量会增加很多很多。使用两个参数完全可以达到说明问题的目的。其实以前我曾测试过所有参数，可惜测试结果并没有保留下来。当时所花费的时间之长，工作量之大，以至于我真的不想再做一次。不过你要是愿意相信我的话，我可以告诉你，当时的结果和下面的结果差不多。

在TIMES股票交易系统中，这两个参数默认的值是2和14。也就是说，在前面的测试结果中，使用的参数是2和14，如果你愿意，可以在表11-1中找到这一行。我们设定第一个参数变化的区间是从1~5，步长为1，就是说，每次变化1个点。参数2的变化区间是从8~20，步长为2，就是说，每次变化2个点。虽然你觉得这些数值变化并不大，但由于它们代表的并不是多1天、2天的问题，所以对系统的冲击并不是一点点。你从表11-1中的交易笔数那一列可以明显地看出来。

表11-1

编号	参数1	参数2	净利润	交易笔数	胜率(%)	年复合收益率(%)
1	1	20	2,290,302.25	758	36.28	23.56

编号	参数1	参数2	净利润	交易笔数	胜率(%)	年复合收益率(%)
2	1	16	2,391,706.50	756	36.38	23.9
3	1	14	2,434,661.00	758	36.02	24.04
4	1	18	2,018,685.63	757	35.27	22.57
5	1	8	1,542,581.75	762	35.43	20.51
6	1	12	1,718,757.38	762	35.17	21.33
7	1	10	1,804,876.75	758	35.36	21.71
8	2	20	3,769,680.00	510	40.2	27.59
9	2	10	2,783,920.50	510	37.84	25.12
10	2	14	3,175,461.00	511	39.33	26.18
11	2	8	2,550,588.50	509	37.72	24.41
12	2	12	2,904,996.25	508	37.99	25.46
13	2	16	3,163,764.75	513	39.77	26.15
14	2	18	3,357,638.00	509	39.49	26.64
15	3	18	3,488,980.00	458	39.3	26.95
16	3	14	3,489,976.00	460	39.13	26.96
17	3	16	3,224,578.75	460	38.7	26.31
18	3	10	2,871,265.75	461	37.74	25.37
19	3	12	2,821,824.00	459	37.25	25.23
20	3	20	3,589,416.50	457	39.39	27.19
21	3	8	2,742,864.50	461	37.53	25
22	4	8	1,950,527.75	412	40.78	22.3
23	4	14	2,286,136.50	411	42.09	23.55
24	4	20	2,337,613.00	410	42.44	23.72
25	4	10	2,356,594.50	417	40.53	23.79
26	4	12	2,364,481.00	412	40.78	23.81
27	4	18	2,709,028.00	411	42.34	24.9
28	4	16	2,653,062.00	416	41.11	24.73
29	5	16	1,907,739.63	374	40.91	22.13
30	5	20	1,967,112.00	375	41.87	22.37
31	5	8	2,095,425.38	375	43.47	22.86
32	5	10	2,128,542.50	377	41.91	22.98
33	5	12	2,071,479.00	376	42.02	22.77

| 34 | 5 | 18 | 1,979,958.38 | 376 | 41.49 | 22.42 |
| 35 | 5 | 14 | 1,998,613.13 | 377 | 41.91 | 22.49 |

　　从表11-1中可以看出，参数值越小，交易笔数越多，胜率也越低，收益率相对越少。尤其是第一个参数为1或者5的时候，系统的赢利似乎不大。不过我们不是在选择最佳参数，而是在做系统的稳定性测试。我们已经知道，年复合收益率只差了一点点，经过15年，利润总额也会相差很远。所以，我认为分析系统的稳定性不能太关注净利润，而应该多关注年复合收益率和资金回撤率。

　　我们把所对应的净利润和年复合收益率先画出柱状图来观察一下，见图11-1、图11-2。

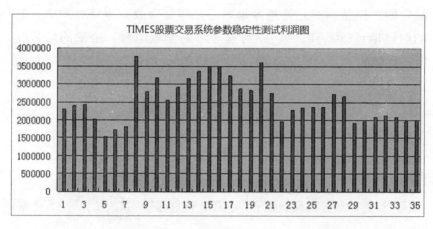

图11-1

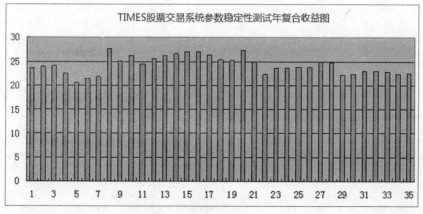

图11-2

先观察年复合收益图，从稳定性来看，不管参数1选择几，系统的年复合收益率都在20%～30%之间。考虑到市场的波动性，我认为这样的柱状图表示，我们系统的年复合收益率是稳定的。

净利润图上展现了净收益的分布情况，柱状图有高有低，高的比低的有时相差1倍左右。这是复利的作用结果。哪怕年复合收益率高一点点，经过长时期的积累，利润也会相差很多很多。比如一个交易系统的年复合收益为20%，另一个年复合收益为20.5%，虽然只相差一点点，但是如果经历100年，两者得到的净利润也会相差非常大。

前面我们是从稳定性来分析问题。现在我们探讨一下选择最佳参数的问题。其实这是两个不同的问题。系统的收益尽管算是稳定的，但是利润总是越多越好，在年复合收益率分布图中，我们明显地可以看到，编号8到编号21的参数组合，带来的复合收益率比较大。其对应的参数1应该是2和3。所以如果让我们选择的话，可以把参数1设为2或者3。但是2和3到底选哪个呢？现在下结论还太早，因为还要考虑诸如资金回撤率等指标。

其他指标如表11-2。

表11-2

编号	参数1	参数2	利润因子	清算率	恢复因子	资金最大回撤率(%)	夏普率
1	1	20	3.8	5.38	3.2	−43.56	0.86
2	1	16	3.91	5.5	3.04	−43.64	0.87
3	1	14	3.92	5.53	2.91	−42.82	0.87
4	1	18	3.44	5.4	3.08	−43.37	0.83
5	1	8	3.39	5.05	3.06	−43.22	0.81
6	1	12	3.5	5.32	3.07	−42.94	0.8
7	1	10	3.65	5.28	3.18	−43.24	0.83
8	2	20	4.35	6.74	2.81	−37.59	0.96
9	2	10	4.23	7.09	2.89	−37.82	0.92

10	2	14	4.06	6.82	2.88	−36.81	0.93
11	2	8	4.05	7.06	3.04	−37.77	0.92
12	2	12	4.24	7.1	2.96	−37.49	0.92
13	2	16	4.09	6.67	2.78	−37.66	0.93
14	2	18	4.15	6.88	2.89	−37.59	0.94
15	3	18	4.33	7.56	3.22	−33.28	0.94
16	3	14	4.47	7.73	3.54	−32.42	0.96
17	3	16	4.44	7.66	3.34	−33.29	0.92
18	3	10	4.47	7.73	3.51	−33.48	0.94
19	3	12	4.4	8.11	3.46	−33.26	0.91
20	3	20	4.5	7.61	3.17	−33.08	0.94
21	3	8	4.37	7.92	3.76	−35.1	0.92
22	4	8	4.28	6.45	2.69	−34.8	0.86
23	4	14	4.31	6.32	2.49	−34.2	0.85
24	4	20	4.13	6.35	2.83	−33.29	0.87
25	4	10	4.56	6.83	2.63	−33.17	0.89
26	4	12	4.5	6.78	2.56	−33.11	0.88
27	4	18	4.14	6.55	2.74	−33.29	0.9
28	4	16	4.44	6.81	2.68	−33.29	0.89
29	5	16	3.93	6.06	2.41	−35.97	0.83
30	5	20	3.78	6.04	2.66	−30.12	0.85
31	5	8	4.28	5.9	2.51	−32.31	0.87
32	5	10	4.45	6.19	2.42	−34.46	0.87
33	5	12	4.16	6.06	2.33	−34.99	0.85
34	5	18	3.73	5.99	2.58	−32.4	0.85
35	5	14	4.05	6.18	2.31	−35.51	0.83

做图如图11-3、图11-4、图11-5。

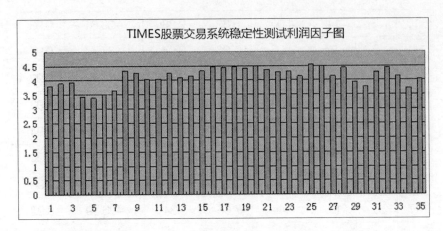

图11—3

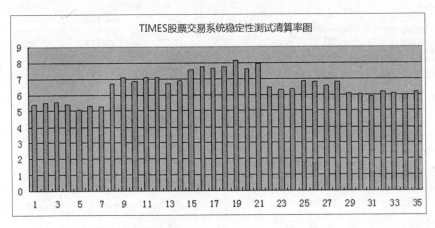

图11—4

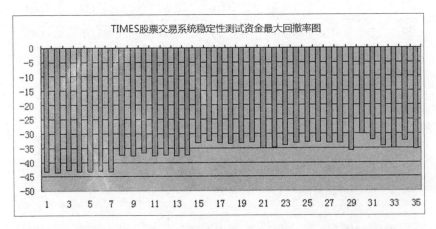

图11—5

　　从稳定性来说，资金最大回撤、清算率以及利润因子等都算是稳定的。

　　从选择最佳参数的角度看，参数1明显不好，不但利润少，资金回撤率还很大。我们应该把参数1调整为2或者3。可是应该选择哪个呢？

　　这里涉及到一个非常重要的问题。答案是该选择3。

　　因为未来的行情是不可知的，所以系统的表现同测试期相比，总会有些变化。如果我们选择了2，未来的行情使系统的表现向右偏时，我们其实得到了参数3，非常不错。但当未来的行情使系统的表现向左偏移时，其实我们就得到了1。虽然1的利润是可以接受的，不能算不好，但是利润总是能再高点好。

　　而如果我们选择了参数3，将来向左偏的时候，我们得到2，向右偏的时候，我们得到4，4的净利润不算高，但也比1要强，而且资金回撤可比1要小。

　　所以我们该把参数1设定为3比较合适。

　　我们还可以把表11-2中的数据做成三维图形来观察，这样更直观。

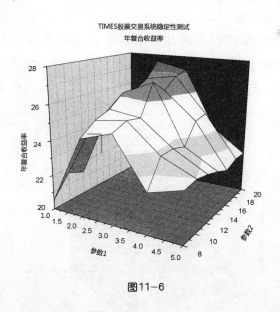

图11-6

　　图11-6是对年复合收益率的稳定性测试三维图。图中底部的两个轴分别代表参数1和参数2，而垂直的轴则代表年复合收益

率。从图中我们可以看出，年复合收益最高的参数组合是2和20。

如果是一个不负责任的系统销售者，肯定会把这组参数的交易统计数据作为销售的广告。我们单独把这一列数据拿出来。当参数组合是2和20的时候，利润为3769680.00，赚了37.7倍。年复合收益率为27.59，胜率为40%，利润因子为4.35，清算率为6.74，恢复因子是2.81，夏普率为0.96，资金最大回撤幅度为37.59%。

而TIMES系统的这些指标分别是，利润3,175,461.00，赚了31.75倍。年复合收益率为26.18%（比27.59仅小一点点，但是差距却有如此之大，这就是复利的力量），胜率为39.33%，利润因子为4.06，清算率为6.82，恢复因子为2.88，夏普率为0.93，资金最大回撤幅度为36.81%。

看到没有，很多指标都比TIMES系统的参数优秀，尤其是资金回撤率仅增加一点点，居然让15年的收益多增加了6倍。这不是很有诱惑性吗？但是要知道，这是优化过的结果，也就是常说的曲线拟合。这个参数组合只对过去的行情有用，在未来中，它未必会是最佳的参数。所以说，这样的参数组合，除了拿来做广告之外，没有其他用处。

其他的三维图我们也画几张来看看，请注意两个问题：第一，这些都说明了系统的各统计指标都是稳定的；第二，在系统稳定的基础上，选最佳参数的时候不能选在顶峰，而应该选在山坡或者山谷。

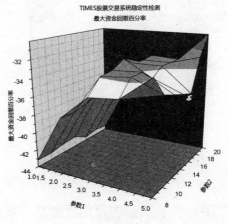

图11-7

　　图11-7是资金回撤的分布图。你会发现，2和14的参数组合还是位于山坡上。

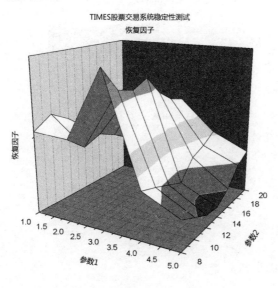

图11-8

　　图11-8是恢复因子的图。2和14的参数组合位于山谷里了。

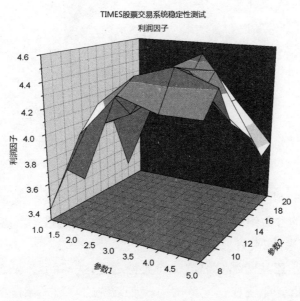

图11-9

图11-9是利润因子图。2和14的参数组合位于山坡上。

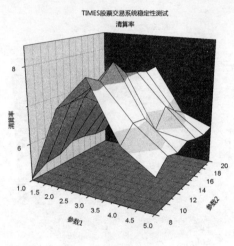

11-10

图11-10是清算率图。

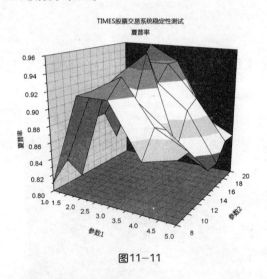

图11-11

图11-11是夏普率分布图。

我们的参数组合基本都位于山坡上，比较不错。当然参数1修改成3比原来的2要好一点。

最后，还是回到我们测试参数稳定性这一话题。从测试中我们可以看出，即使在一定范围内改变系统的参数，系统的交易绩效仍然还算是稳定的。

第十二章

Chapter 12

不同股票间的测试

以下是TIMES股票交易系统在个股的日线图上交易，挑战买入持有策略的测试结果。为什么我们要挑战买入持有策略呢？因为，如果不考虑心理因素的话（其实不能不考虑），如果某种交易方法战胜不了买入持有策略，那还不如干脆上升第一天就买入不动，一直持有好了。

结果显示，共有54只股票打败买入持有策略，占60%，可见，该交易系统对大多数股票都适用，尽管适用的标准不是战胜买入持有策略。

测试条件与前面的测试大体相同。

测试时期：1995年1月1日到2009年12月31日。

测试样本：上证50加深圳成分指数40，共90只股票。

初始资金：最初资金为10万。

交易佣金：手续费单边为0.4‰。

资金管理：我们使用98%的资金买入，2%的资金留有交手续费的余地。当然这种资金管理方式实际上是不提倡的。

过户费：深圳上海都算1‰。实际上，深圳交易所是不收过户费的。

印花税：单边1‰。这里其实多算了，实际目前是双边1‰。当然，这段时间内也有过比较高的时候，但是我们下面的滑价设置得不小，所以应该可以找回来。

滑价：0.5%。

交易规则：信号出现后，按照第二天的开盘价成交（实际上是按照开盘价向我们不利的方向移动0.5%成交）。

我们有两个问题需要说明：第一，这其中有些股票1995年初的时候没有上市，则从上市之日开始计算。比如600048保利地产，2006年7月31日才上市，所以我们也就从这一天开始测试。

另一个问题对我们的测试非常不利，我称之为系统测试的尴尬效应。这也是为什么我们只有60%的股票战胜买入持有策略的主要原因，尽管这个数字已经不低，但是我在直觉上感觉应该高于70%，甚至更高。

对于买入持有策略，上市的第一天就开始买入了，这个一点问题都没有。对于600048，买入的价格只有3元多一点（也许经过了除权）。

但是由于我们使用的是交易系统，交易系统中，难免会用到一些指标。指标是需要参数的。比如我们使用均线交叉的法则（TIMES股价交易系统并没有使用这个规则，这里只是举例说明）。当10日均线与20日均线发生黄金交叉时买入。但是股票上市的第一天是无法画出10日均线和20日均线的，起码要等20天。而这20天如果股价上升，画出来的10日均线天生就在20日均线上方，根本没有黄金交叉。这样一来，系统的信号没办法满足，交易系统就不认为这里应该发生交易。

所以你看对于保利地产图12-1这只股票，系统第一次发出买入信号的日期已经标在图上了，有20多块钱，而买入持有策略从3元多就开始计算了。怎么样，很尴尬是不是？所以，按照我们顺势交易的理念，一个股票如果一开始上市就下跌，那我们本来就不应该进场买入，如果一个股票一开始就上涨，那我们应该买入

图12-1

却无法买入。

所以说，这种测试对交易系统来说是不公平的。所以你必须知道，在个股上能战胜买入持有策略的交易系统，远比战胜大盘要难。而且不要忘记，我们的测试条件是依然考虑滑价、手续费之类对交易系统不利的东西。

请大家仔细看看表12-1这些数据。很多股票，比如000002、000039，等等，即使没有战胜买入持有策略，在年复合收益率上，也相差不多。这也算相当不错了。

表12-1

股票代码	TIMES系统利润	买入持有利润	TIMES系统年复合收益率（%）	买入持有年复合收益率（%）
000001	2,072,747.75	1,691,688.88	22.78	21.21
000002	4,656,172.63	6,252,202.00	29.36	31.88
000024	4,229,112.95	2,256,394.00	28.55	23.44
000027	490,764.07	2,458,158.75	12.57	24.12
000039	1,824,317.80	2,686,869.25	21.79	24.83
000060	4,490,401.35	3,696,592.25	34.28	32.33
000063	265,535.10	1,114,970.38	11.28	22.87
000069	1,788,906.04	3,079,301.50	26.95	32.43
000157	2,009,041.29	1,486,370.38	39.17	34.94
000338	42,103.04	58,357.07	14.04	18.76
000402	487,375.15	6,975,656.50	13.93	36.85
000488	76,909.36	61,045.18	6.46	5.37
000527	3,353,427.12	5,294,973.50	26.63	30.45
000562	1,631,762.69	1,486,445.13	20.93	20.23
000568	3,178,083.65	7,265,700.00	26.19	33.19
000623	6,845,252.23	2,232,973.25	38	27.02
000629	177,616.94	796,154.38	8.07	18.13
000630	384,677.76	726,306.81	12.78	17.46
000651	334,823.69	2,884,272.50	11.85	29.53

000652	1,654,796.97	1,405,139.00	24.45	23
000709	503,495.53	505,470.66	15.17	15.2
000729	201,913.79	732,792.13	9.22	18.44
000768	1,123,342.00	694,272.25	22.03	17.91
000783	982,146.91	468,595.03	21.02	14.94
000792	1,937,031.32	2,854,188.50	27.69	31.6
000800	930,517.01	617,325.94	20.34	16.93
000825	1,446,830.55	1,206,569.63	27.7	25.79
000839	451,534.42	420,465.72	15.06	14.51
000858	1,284,279.45	917,180.56	25.21	21.95
000878	1,063,718.13	515,893.69	21.42	15.46
000895	1,135,090.27	2,069,601.88	25.5	32.06
000898	1,162,699.64	733,136.56	23.48	19.28
000932	254,252.87	135,828.22	12.91	8.58
000933	1,943,855.35	931,086.56	33.88	25.31
000937	841,464.88	1,390,493.25	24.27	29.93
000960	1,275,980.97	805,683.75	30.44	25.03
000983	3,244,568.95	1,509,073.25	45.05	34.23
002024	1,577,785.36	3,363,013.25	67.78	91.65
002142	34,773.14	−14,978.84	12.93	−6.4
002202	27,177.00	−41,464.75	12.66	−23.32
600000	371,623.45	114,337.20	16.51	7.8
600001	251,506.99	109,739.46	11.14	6.42
600005	460,161.48	884,258.44	17.98	24.54
600009	315,953.77	445,128.31	12.75	15.35
600010	326,996.81	158,136.97	17.89	11.35
600015	297,828.32	204,475.05	24.48	19.31
600016	666,707.14	434,924.84	25.28	20.39
600018	373,394.36	281,371.16	17.87	15.2
600019	311,690.91	195,315.00	16.91	12.7
600028	392,915.59	381,389.06	20.91	20.57

股票代码	TIMES系统利润	买入持有利润	TIMES系统年复合收益率（%）	买入持有年复合收益率（%）
600029	553,788.05	174,925.78	33.84	17
600030	1,596,530.52	1,685,737.25	49.94	51.05
600036	498,333.91	335,817.97	26.02	20.96
600048	32,120.38	482,206.72	8.48	67.33
600050	138,673.19	263,990.16	12.78	19.56
600104	252,883.87	835,658.56	10.98	20.29
600177	1,783,555.27	743,981.88	30.2	21.14
600320	1,144,312.33	534,762.81	32.2	22.7
600362	888,928.19	1,084,805.63	33.27	36.32
600497	4,408,795.37	884,193.88	95.04	49.34
600519	1,572,022.25	2,276,489.25	40.11	46.14
600642	249,789.77	1,072,944.63	8.7	17.83
600739	5,309,287.19	5,762,781.50	34.81	35.63
600795	73,869.04	2,538,787.50	4.42	29.14
600837	1,265,501.11	3,043,948.25	19.03	25.84
600900	30,658.58	212,949.80	4.46	20.48
601006	−3,496.70	99,449.26	−1.04	22.37
601088	34,886.63	−50,604.03	14.36	−27.11
601111	51,064.07	250,364.84	13.01	45.03
601166	94,268.30	86,231.21	25.69	23.88
601168	33,686.33	−45,803.89	12.45	−21.93
601169	40,599.94	−19,500.77	16.08	−9.06
601186	−13,785.46	−19,834.92	−7.86	−11.49
601318	30,233.16	19,520.81	9.75	6.48
601328	36,145.17	−26,215.84	12.43	−10.91
601333	−13,452.94	−14,921.02	−4.66	−5.2
601390	−11,247.44	−23,762.02	−5.58	−12.23
601398	7,830.73	77,351.63	2.4	19.74
601588	74,130.70	70,870.58	18.85	18.16

601600	105,284.12	−20,352.35	30.86	−8.16
601601	34,245.84	−46,024.64	15.7	−26.32
601628	309.08	−18,685.58	0.1	−6.71
601857	−663.53	−61,824.45	−0.31	−36.02
601898	39,956.68	−41,177.75	19.19	−24.2
601899	60,851.34	−19,427.04	32.59	−12.03
601919	42,418.00	−15,830.32	15.08	−6.62
601939	16,900.83	−24,906.84	7.13	−11.86
601988	15,116.43	21,961.86	4.11	5.85
601991	2,906.13	65,486.00	0.95	18.07
601998	40,557.32	−17,006.82	13.53	−6.71

　　表12-2是把日线变为周线，再测试我们的TIMES交易系统。有个问题我想说明一下。按照我的经验，是低时间框架好用的交易系统，高时间框架应该也好用。比如日线的交易系统，用在周线上，问题都不大，只是增加了一个风险控制的问题，因为周线通常比日线要长。一旦亏损，金额通常会比日线多。

　　但是很多交易系统声称可以用在5分钟线、15分钟线、60分钟线、日线、周线。我就有点怀疑了。因为时间间隔越小，市场的杂讯就越多。能过滤掉日线杂讯的交易系统很容易过滤掉周线的杂讯，但却很难过滤掉5分钟线的。

表12-2

股票代码	TIMES系统利润	买入持有利润	TIMES系统年复合收益率（%）	买入持有年复合收益率（%）
000001	1,150,062.46	1,629,555.75	18.34	20.93
000002	2,575,777.85	5,910,417.50	24.51	31.41
000024	1,295,701.31	2,196,303.75	19.22	23.24
000027	326,126.54	2,414,492.50	10.15	23.99
000039	1,229,423.26	2,575,161.00	18.83	24.51
000060	2,553,509.49	3,696,592.25	28.75	32.36

股票代码	TIMES系统利润	买入持有利润	TIMES系统年复合收益率（%）	买入持有年复合收益率（%）
000063	268,278.80	1,075,489.25	11.36	22.55
000069	1,045,164.87	3,021,493.25	21.91	32.26
000157	1,303,679.18	1,526,024.00	33.19	35.33
000338	76,402.23	58,357.07	23.73	18.82
000402	934,456.63	6,975,656.50	18.79	36.87
000488	496,387.19	68,935.50	21.66	5.92
000527	1,724,451.79	5,059,639.00	21.37	30.08
000562	1,053,138.78	1,435,922.50	17.71	19.98
000568	1,957,900.77	7,129,297.50	22.35	33.04
000623	4,122,725.58	2,508,278.25	32.91	28.13
000629	273,765.53	796,154.38	10.54	18.14
000630	736,425.28	634,365.13	17.58	16.42
000651	333,754.07	2,977,384.25	11.84	29.85
000652	186,557.10	1,322,095.25	8.37	22.48
000709	1,026,951.85	505,470.66	20.96	15.2
000729	128,079.38	732,792.13	6.81	18.45
000768	1,006,433.43	694,272.25	21.07	17.92
000783	597,277.00	468,595.03	16.85	14.95
000792	1,107,937.67	2,791,663.00	22.41	31.39
000800	2,148,269.82	617,325.94	28.04	16.94
000825	961,420.99	1,224,713.25	23.49	25.96
000839	76,259.25	420,465.72	4.77	14.52
000858	743,811.58	914,926.63	20.03	21.95
000878	663,583.97	515,893.69	17.45	15.47
000895	639,672.13	2,094,845.13	19.84	32.22
000898	1,338,528.18	746,367.19	24.84	19.45
000932	133,322.33	113,201.61	8.48	7.54
000933	1,636,818.81	1,001,597.44	31.82	26.13
000937	1,172,659.00	1,369,408.75	27.98	29.78

000960	1,681,181.41	869,624.94	33.93	25.92
000983	2,701,625.04	1,535,453.13	42.39	34.49
002024	1,381,199.52	3,048,190.50	64.11	88.51
002142	70,222.38	−27,549.01	24.29	−12.34
002202	−7,317.85	−41,545.50	−3.71	−23.46
600000	375,452.89	110,872.70	16.62	7.64
600001	258,619.20	102,141.20	11.33	6.09
600005	320,633.82	726,758.56	14.8	22.49
600009	200,916.59	455,241.16	9.73	15.54
600010	347,124.30	158,136.97	18.53	11.36
600015	576,045.88	204,475.05	35.45	19.34
600016	695,048.41	460,775.56	25.81	21.04
600018	273,691.83	296,365.25	14.97	15.69
600019	283,078.88	219,690.56	16	13.7
600028	716,170.31	384,015.16	28.42	20.67
600029	532,515.96	174,925.78	33.21	17.02
600030	1,085,496.02	1,342,523.88	42.51	46.57
600036	352,514.43	338,995.84	21.58	21.1
600048	12,903.01	441,479.88	3.62	64.02
600050	148,916.95	252,719.13	13.45	19.06
600104	1,120,209.50	740,012.88	22.97	19.23
600177	1,528,643.92	785,157.88	28.54	21.68
600320	1,158,389.51	530,281.56	32.39	22.63
600362	736,126.35	1,084,511.13	30.53	36.36
600497	2,452,663.36	939,974.63	76.66	50.88
600519	2,157,535.43	2,178,639.25	45.3	45.46
600642	710,431.23	1,086,208.63	14.97	17.93
600739	713,207.20	5,947,316.50	17	35.98
600795	254,877.95	2,741,785.75	10.41	29.91
600837	2,036,789.69	2,994,854.00	22.65	25.72
600900	62,734.68	205,555.28	8.29	20.04
601006	−358.54	94,923.73	−0.11	21.61

股票代码	TIMES系统利润	买入持有利润	TIMES系统年复合收益率(%)	买入持有年复合收益率(%)
601088	40,437.93	−61,612.84	16.51	−35.01
601111	39,695.58	250,364.84	10.45	45.16
601166	116,737.01	73,324.95	30.62	20.92
601168	59,930.38	−50,772.89	20.98	−24.98
601169	65,591.26	−17,633.92	24.8	−8.17
601186	−8,360.56	−17,501.54	−4.73	−10.12
601318	42,031.56	21,883.07	13.2	7.24
601328	41,878.34	−25,219.40	14.26	−10.48
601333	−6,798.71	−14,921.02	−2.31	−5.21
601390	−7,446.81	−24,438.75	−3.67	−12.65
601398	12,716.38	77,351.63	3.85	19.79
601588	57,466.55	62,572.11	15.23	16.38
601600	53,822.64	−20,352.35	17.53	−8.18
601601	−18,715.00	−45,820.93	−9.79	−26.27
601628	15,442.74	−18,461.77	4.95	−6.64
601857	24,649.61	−59,611.14	10.8	−34.43
601898	−15,244.86	−41,177.75	−8.31	−24.29
601899	−10,953.00	−19,427.04	−6.68	−12.09
601919	47,639.12	−20,469.57	16.79	−8.72
601939	20,394.93	−32,813.14	8.56	−16.13
601988	2,388.84	24,614.66	0.68	6.52
601991	11,999.60	85,902.58	3.82	22.75
601998	35,116.43	−17,006.82	11.91	−6.73

上面的数据显示，在周线上，还是有47只股票战胜了买入持有策略，超过一半。其实，在周线上，系统测试的尴尬效应更明显。

在这一章中，从表中的数据可以看到，无论是周线也好，日线也好，系统在各股票上的绩效都是非常不错的。

第十三章
Chapter 13

蒙特卡洛模拟

在某一特定的时刻，符合条件的股票可能很多，但是由于资金限制，不可能全买。我们只能买某几只股票，而放弃了其他的。这就有一个问题，如果我们所买入的这些股票，其中一些或者全部，调换成其他股票会怎么样？

蒙特卡洛模拟可以用来测试当股票组合不同的时候，利润会有怎样的表现，因为可能形成的股票组合很多，所以我们要进行很多次测试。

其实TIMES股票交易系统是不适合做蒙特卡洛模拟的，因为当符合条件的股票太多时，系统内部有预设的排除机制，可以将某些股票排除出去，剩下的刚好可以全部买入，所以TIMES系统所选的股票组合是唯一的。

这种排除机制可以放松一些，但是如果要做蒙特卡洛模拟的话，那就要全放开了。因为那个排除条件是有效的，所以全部放开，会导致利润下降。

不过我们还是试一下，看看结果如何。

TIMES股票交易系统在这15年中，共有2905次交易机会。我们进行1000次模拟。由于测试结果显示的数据比较长，所以我们只把一些统计数据列出来。

1.总收益分析

在1000次的模拟测试中，利润的平均值为1699.25%，最大值为9577.36%，最小值为372.28%。表13-1中第一列为收益率，第二列为出现的次数，第三列为占该次测试的百分比。

比如，300%对应的次数为0，表示在1000次的模拟中，低于300%的收益是没有的。400%对应的是1次，表示低于400%出现过一次，占这次测试次数1000次的0.1%。其实这次就是最低值372.28%。之所以利润这么低，是因为这次的股票组合得相当不好，而且不是一次不好，是这15年来，每次都组合得相当差。一般人想做到也不容易。

最后一列是累计百分率，是第三列逐行相加的结果。它代表的意思是，比这个赢利水平高的概率是1-累计百分率。比如400%对应的是0.1%，1-0.1%=99.9%，它表示在实际使用这个系统时，赢利水平比400%高的概率是99.9%。依此类推。

表13-1

收益百分率(%)	出现次数	占该次测试的百分比(%)	累计百分率(%)
300.00	0	0.00	0.00
400.00	1	0.10	0.10
500.00	4	0.40	0.50
600.00	12	1.20	1.70
700.00	19	1.90	3.60
800.00	36	3.60	7.20
900.00	45	4.50	11.70
1000.00	52	5.20	16.90
1100.00	68	6.80	23.70
1200.00	73	7.30	31.00
1300.00	66	6.60	37.60
1400.00	54	5.40	43.00
1500.00	58	5.80	48.80
1600.00	48	4.80	53.60
1700.00	55	5.50	59.10
1800.00	45	4.50	63.60
1900.00	49	4.90	68.50
2000.00	33	3.30	71.80
2100.00	44	4.40	76.20
2200.00	24	2.40	78.60
2300.00	26	2.60	81.20
2400.00	22	2.20	83.40
2500.00	25	2.50	85.90
2600.00	14	1.40	87.30
2700.00	15	1.50	88.80
2800.00	15	1.50	90.30
2900.00	15	1.50	91.80
3000.00	11	1.10	92.90
3100.00	11	1.10	94.00

收益百分率(%)	出现次数	占该次测试的百分比(%)	累计百分率(%)
3200.00	7	0.70	94.70
3300.00	5	0.50	95.20
3400.00	7	0.70	95.90
3500.00	5	0.50	96.40
3600.00	6	0.60	97.00
3700.00	6	0.60	97.60
3800.00	2	0.20	97.80
3900.00	2	0.20	98.00
4000.00	7	0.70	98.70
4100.00	0	0.00	98.70
4200.00	3	0.30	99.00
4300.00	2	0.20	99.20
4400.00	1	0.10	99.30
4500.00	0	0.00	99.30
4600.00	0	0.00	99.30
4700.00	0	0.00	99.30
4800.00	1	0.10	99.40
4900.00	0	0.00	99.40
5000.00	1	0.10	99.50
5100.00	1	0.10	99.60
5200.00	0	0.00	99.60
5300.00	1	0.10	99.70
5400.00	0	0.00	99.70
5500.00	0	0.00	99.70
5600.00	1	0.10	99.80
5700.00	0	0.00	99.80
5800.00	0	0.00	99.80
5900.00	0	0.00	99.80
6000.00	1	0.10	99.90
6100.00	0	0.00	99.90
6200.00	0	0.00	99.90
6300.00	0	0.00	99.90

6400.00	0	0.00	99.90
6500.00	0	0.00	99.90
6600.00	0	0.00	99.90
6700.00	0	0.00	99.90
6800.00	0	0.00	99.90
6900.00	0	0.00	99.90
7000.00	0	0.00	99.90
7100.00	0	0.00	99.90
7200.00	0	0.00	99.90
7300.00	0	0.00	99.90
7400.00	0	0.00	99.90
7500.00	0	0.00	99.90
7600.00	0	0.00	99.90
7700.00	0	0.00	99.90
7800.00	0	0.00	99.90
7900.00	0	0.00	99.90
8000.00	0	0.00	99.90
8100.00	0	0.00	99.90
8200.00	0	0.00	99.90
8300.00	0	0.00	99.90
8400.00	0	0.00	99.90
8500.00	0	0.00	99.90
8600.00	0	0.00	99.90
8700.00	0	0.00	99.90
8800.00	0	0.00	99.90
8900.00	0	0.00	99.90
9000.00	0	0.00	99.90
9100.00	0	0.00	99.90
9200.00	0	0.00	99.90
9300.00	0	0.00	99.90
9400.00	0	0.00	99.90
9500.00	0	0.00	99.90
9600.00	1	0.10	100.00

请注意收益率为1500%的那一行，累计概率是48.8%，1-48.8%=51.2%，它表示执行我们的交易系统，在15年的操作中，有51.2%的概率会超过15倍。

这与我们原来的测试结果31.75倍相差得比较远。注意原因我们已经说过了，是因为在做蒙特卡洛模拟时，我们不得不放弃TIMES股票交易系统内置的排除机制。

这从另一个角度说明了我们的排除机制是有效的。

在实际使用中，退一万步讲，加入排除机制之后，15倍大概是我们的最差绩效。

2.年收益分析

年收益分析显示：平均值为21.38%，最大值为138.37%，最小值为-16.39%。

表13-2中的数据结构与表13-1相同。

表13-2

收益百分率(%)	出现次数	占该次测试的百分比(%)	累计百分率(%)
-16.00	1	0.01	0.01
-14.00	1	0.01	0.01
-12.00	1	0.01	0.02
-10.00	8	0.05	0.07
-8.00	11	0.07	0.15
-6.00	39	0.26	0.41
-4.00	93	0.62	1.03
-2.00	154	1.03	2.05
0.00	327	2.18	4.23
2.00	426	2.84	7.07
4.00	505	3.37	10.44
6.00	600	4.00	14.44
8.00	666	4.44	18.88
10.00	713	4.75	23.63
12.00	747	4.98	28.61
14.00	820	5.47	34.08

16.00	822	5.48	39.56
18.00	805	5.37	44.93
20.00	810	5.40	50.33
22.00	852	5.68	56.01
24.00	820	5.47	61.47
26.00	757	5.05	66.52
28.00	677	4.51	71.03
30.00	624	4.16	75.19
32.00	530	3.53	78.73
34.00	477	3.18	81.91
36.00	422	2.81	84.72
38.00	371	2.47	87.19
40.00	331	2.21	89.40
42.00	260	1.73	91.13
44.00	222	1.48	92.61
46.00	187	1.25	93.86
48.00	152	1.01	94.87
50.00	137	0.91	95.79
52.00	103	0.69	96.47
54.00	104	0.69	97.17
56.00	68	0.45	97.62
58.00	65	0.43	98.05
60.00	63	0.42	98.47
62.00	43	0.29	98.76
64.00	33	0.22	98.98
66.00	32	0.21	99.19
68.00	20	0.13	99.33
70.00	16	0.11	99.43
72.00	13	0.09	99.52
74.00	10	0.07	99.59
76.00	13	0.09	99.67
78.00	8	0.05	99.73

收益百分率(%)	出现次数	占该次测试的百分比(%)	累计百分率(%)
80.00	7	0.05	99.77
82.00	5	0.03	99.81
84.00	5	0.03	99.84
86.00	4	0.03	99.87
88.00	6	0.04	99.91
90.00	3	0.02	99.93
92.00	3	0.02	99.95
94.00	2	0.01	99.96
96.00	0	0.00	99.96
98.00	0	0.00	99.96
100.00	1	0.01	99.97
102.00	1	0.01	99.97
104.00	0	0.00	99.97
106.00	0	0.00	99.97
108.00	1	0.01	99.98
110.00	0	0.00	99.98
112.00	0	0.00	99.98
114.00	0	0.00	99.98
116.00	0	0.00	99.98
118.00	0	0.00	99.98
120.00	0	0.00	99.98
122.00	0	0.00	99.98
124.00	1	0.01	99.99
126.00	0	0.00	99.99
128.00	0	0.00	99.99
130.00	0	0.00	99.99
132.00	0	0.00	99.99
134.00	0	0.00	99.99
136.00	0	0.00	99.99
138.00	1	0.01	99.99
140.00	1	0.01	100.00

3．月收益分析

月收益分析显示：平均值为1.46%，最大值82.77%，最小值−10.97%。

表13−3中的数据结构与表13−2相同。

表13−3

收益百分率(%)	出现次数	占该次测试的百分比(%)	累计百分率(%)
−10.00	6	0.00	0.00
−9.00	13	0.01	0.01
−8.00	37	0.02	0.03
−7.00	91	0.05	0.07
−6.00	256	0.13	0.20
−5.00	693	0.35	0.55
−4.00	1,586	0.80	1.35
−3.00	3,554	1.79	3.15
−2.00	7,660	3.87	7.02
−1.00	14,550	7.35	14.37
0.00	45,753	23.11	37.47
1.00	28,989	14.64	52.12
2.00	25,418	12.84	64.95
3.00	20,540	10.37	75.33
4.00	15,493	7.82	83.15
5.00	11,168	5.64	88.79
6.00	7,924	4.00	92.79
7.00	5,264	2.66	95.45
8.00	3,457	1.75	97.20
9.00	2,178	1.10	98.30
10.00	1,247	0.63	98.93
11.00	794	0.40	99.33
12.00	524	0.26	99.59
13.00	257	0.13	99.72
14.00	180	0.09	99.81
15.00	107	0.05	99.87
16.00	55	0.03	99.90

收益百分率(%)	出现次数	占该次测试的百分比(%)	累计百分率(%)
17.00	51	0.03	99.92
18.00	22	0.01	99.93
19.00	20	0.01	99.94
20.00	16	0.01	99.95
21.00	12	0.01	99.96
22.00	15	0.01	99.96
23.00	10	0.01	99.97
24.00	8	0.00	99.97
25.00	10	0.01	99.98
26.00	8	0.00	99.98
27.00	4	0.00	99.98
28.00	4	0.00	99.99
29.00	4	0.00	99.99
30.00	1	0.00	99.99
31.00	2	0.00	99.99
32.00	2	0.00	99.99
33.00	1	0.00	99.99
34.00	3	0.00	99.99
35.00	1	0.00	99.99
36.00	1	0.00	99.99
37.00	3	0.00	100.00
38.00	1	0.00	100.00
39.00	1	0.00	100.00
40.00	2	0.00	100.00
41.00	1	0.00	100.00
42.00	1	0.00	100.00
43.00	0	0.00	100.00
44.00	0	0.00	100.00
45.00	0	0.00	100.00
46.00	0	0.00	100.00

47.00	0	0.00	100.00
48.00	0	0.00	100.00
49.00	0	0.00	100.00
50.00	0	0.00	100.00
51.00	0	0.00	100.00
52.00	0	0.00	100.00
53.00	0	0.00	100.00
54.00	0	0.00	100.00
55.00	0	0.00	100.00
56.00	0	0.00	100.00
57.00	1	0.00	100.00
58.00	0	0.00	100.00
59.00	0	0.00	100.00
60.00	0	0.00	100.00
61.00	0	0.00	100.00
62.00	0	0.00	100.00
63.00	0	0.00	100.00
64.00	0	0.00	100.00
65.00	0	0.00	100.00
66.00	0	0.00	100.00
67.00	0	0.00	100.00
68.00	0	0.00	100.00
69.00	0	0.00	100.00
70.00	0	0.00	100.00
71.00	0	0.00	100.00
72.00	0	0.00	100.00
73.00	0	0.00	100.00
74.00	0	0.00	100.00
75.00	0	0.00	100.00
76.00	0	0.00	100.00
77.00	0	0.00	100.00

收益百分率(%)	出现次数	占该次测试的百分比(%)	累计百分率(%)
78.00	0	0.00	100.00
79.00	0	0.00	100.00
80.00	0	0.00	100.00
81.00	0	0.00	100.00
82.00	0	0.00	100.00
83.00	1	0.00	100.00

　　这些表格中的统计数据请千万不要略过，它们说明着一些非常重要的特征。在实际交易中，一般情况下，系统的表现不太会超出这些数据的统计范围。在交易不顺的时候，它可以帮助你调整心理，增强对系统的信心。

第三编
——Part 3——
13–50均线交易系统

第十四章
Chapter 14

战胜指数

　　每个人都有自己的交易方法，但是大多数人都是根据自己的感觉操作，我们前面称之为自由心证的交易方法，即主观交易方法。这种方法最大的优点是非常灵活，最大缺点则是太灵活，所以不稳定。我从来不反对这种交易方法，事实上我弟弟是职业交易者，交易绩效非常不错，但是他就不太喜欢机械交易系统。当我告诉他我在写书的时候，你猜他跟我说什么。他说"少写两本啊，不要害人"。天地良心，我没有害大家的意思。当然他也不是指我会害人，他是怕关注机械交易系统的人多了以后，会有人利用这个东西行骗，因为在绩效数据上造假实在太容易了。国外就有很多这样的系统，从一百多美元到几万美元的都有。其中相当数量的交易系统为了达到销售的目的，都有夸大交易绩效的嫌疑。所以根据他的建议，我写了"交易系统的骗局"这一章。

　　其实，如果把很多人的交易绩效排名的话，排第一的人一定是采用主观交易方法，而不是采用机械交易系统的。但是我要说，这种主观的交易方法也许不太适合大多数人，它只适合极其少数有天分的人。

　　什么算是有天分呢？比如贝多芬，我觉得他到这个世界就是来作曲的。在音乐方面，比他努力的人多了，但是都无法超越他的高度。交易上也是一样，有些人就是因为交易而生的。

　　我知道最厉害的一个股票交易者叫Dan Zanger。到目前为止，在股票交易中，他是12个月和18个月收益百分率最高记录的保持者。他12个月的最高收益是29233%，当然他使用了保证金，就是我们所说的融资。

　　还有就是《金融怪杰》中提到的Mark Weinstein。这个人几乎没发生过亏损交易。他的访谈录让我看得目瞪口呆。以下是部分摘录：

　　Schwager：……1980年以来，你所遭逢的最大亏损比例是多少？

　　Mark Weinstein：从1980年至今，我的交易很少亏损，因此我也不记得还有这类数字。

　　Schwager：换种说法好了，你最糟糕的单月亏损是发生在什么时候？

Mark Weinstein：我的单月交易不曾亏损过。

Schwager：你是说1980年以后，每一个月的交易都获利？

Mark Weinstein：是的，当然，如果我不那么谨慎的话，我赚得会更多。

Schwager：那么你还记得最糟的单周交易吗？

Mark Weinstein：我的单周交易也不曾亏损过。不过，我曾有数个交易遭逢亏损。

Schwager：这实在是惊人。你怎么能够如此肯定自己不曾忘记有几周的交易遭逢亏损？

Mark Weinstein：因为我确定自己记得每一笔亏损交易。利润，我记得自己在过去的两年中，只遭逢3天的亏损。另外，我也记得，我至今从事过数千笔交易，遭逢亏损的有17笔，而其中又有9笔是因为我的报价机坏掉了。通常在这种情况下，我都是赶快出清手中的部位。

如果这些话不是来自Schwager的书，我一定以为这个人是骗子。

我觉得，这两个高手，尤其是后一个，其交易方法是无法学习和复制的。

我不知道你有没有天分，反正我发现我自己没有。不过，没有天分就不能在这个市场中生存吗？有天分的人毕竟是少数。我们完全可以依靠后天的努力，弥补先天的不足。所以，我最终选择了机械交易系统。

但是这条路也不是那么好走的。首先我们要有一个交易方法，一个具有统计优势的交易方法。可是你看到了，要测试一个方法是多么的不容易。测试成功的没几个，测试失败的不计其数。

我认为，一般的散户不是很适合交易股票。原因有三点。

第一，散户一般不具备测试交易系统的能力。学习这些知识就要花很多很多时间，实现它又很不容易。就算你熟悉这些知识，能够自己进行测试，你知道要经历过多少次失败吗？在国外，很多人都走机械交易系统这条路的（在国内还很陌生），但是很多人最终也没修成正果。购买一个交易系统可能是一个办法，但是如果有人想骗你，拿出漂亮的统计数据实在太容易了，最简单的办法就是造假，这个我们后面再谈。

第二，你有买基金的选择。基金的收益实际上是你的机会成本。在经济学里，机会成本是指你放弃的选择中最好的一个。比如100万，你自己去买股票，实际上也就相当于放弃了买基金，这时，基金的收益就是你的机会成本。如果你自己操作的绩效没有超过基金，那就表示实际收益小于了机会成本。这是一件不合算的事情。请注意，我说的不是一天超过基金，也不是一年超过基金。我说的是长期里持续超过基金。其实在美国很多个人投资者都不投资股票（他们更愿意去投资期货），他们都去买基金。他们为什么这么做？就是因为这三点。

第三，股票需要做投资组合。这需要一笔很大的资金才能实现。而且，就算你有自己的投资组合，同时要操作很多股票也许不是一件很容易的事情。交易ETF基金则不同，一笔买下去，相当于一次买入了一篮子股票，比如深100ETF，相当于一次性地买入了100种股票，投资组合马上就做好。

我们一听说期货，首先是感觉那是个风险比股票大的东西。其实不是这样。期货自有一套风险控制机制。

股票和期货是两种不同的东西，外汇更不一样。你如果按照股票的方式去操作期货，那当然会觉得风险大了，其实我还有个TIMES期货交易系统，和TIMES股票交易系统一样，也是日线交易，但它比股票交易系统更为优秀，最大资金回撤只大一点点，但是年复合收益率可以稳定在40%以上。现在我考考你，你知道这个数字意味着什么吗？10年的收益会是多少？你可以拿计算器算一下。

期货的事情我们后面再找机会谈一谈，这里先假设你只想交易股票，不想交易期货。有没有好办法可以克服上面的三个缺点呢？

当然有。

方法还是不交易股票，而是去交易基金，ETF基金。

我不是说，让你买入基金就一直放着，做买入持有。尽管这也是一种方法，别忘记，买入持有策略在长期中是非常难以战胜的。但是这种方法会带来巨大的资金回撤幅度，承受的心理压力非常大。

我是说，让你交易基金。相当于，不去炒股票，而去炒ETF基金。不要在股票上做波段，而在基金上做波段。

理由如下：ETF基金是跟踪指数的。而一般的开放型基金是很难持续战胜指数的。如果能在ETF基金上做出波段，打败ETF基金的买入持有策略，那你就能打赢指数。如你能战胜指数，其实你就战胜了所有的基金。你觉得这样的收益怎样？

为什么做ETF基金而不做其他基金呢？

封闭性基金不合适，因为它有严重的折价问题。

一般开放型基金不合适，因为赎回需要的时间太长。比如你昨天赎回（卖掉），结果今天又出现了买入信号，资金还在赎回的路上，没有到位，结果今天就没办法买入了。另外还有个原因是申购和赎回的费率都比较高，导致成本上升。

还有一种基金称为LOF基金，它也可以在场内交易，似乎很合适的，但是当大盘不好时，这种基金的交易量很小，资金稍微大一点点，就会发现想买买不进来，想卖卖不出去。而且还有个问题，就是它如果出现溢价或折价的时候，不会马上拉回到净值附近，因为没有套利机制。

所以我们只能选ETF基金。

如果你想切实了解ETF基金是怎么样的，可以自己到网上查一下。我不想把书弄得太理论化，在这里，你只要知道ETF基金是一种可以在盘中即时交易的指数基金就可以了。

在我国，目前ETF基金种类不多，只有9只（后面马上会多出几只）。它们分别是深100ETF（159901）、中小板ETF（159902）、深成ETF（159903）、180治理ETF（510010）、超大盘ETF（510020）、上证50ETF（510050）、上证央企50ETF（510060）、上证180ETF（510080）、红利ETF（510880）。

ETF这种基金起源于加拿大，但是在美国得到迅速的发展。美国的ETF种类非常多，分成很多行业，而且有做多的ETF，也有做空的ETF（因为能融券），有单倍的ETF，还有双倍的ETF和三倍的ETF（因为能融资）。

当然这也是我们国家ETF基金的发展方向。

ETF具有以下优势：

1.ETF一般采用指数化投资策略。同其他指数基金相比，ETF与标的指数偏离度小，投资ETF能获得与标的指数相近的收益。

2.手续费便宜，可以降低交易者的交易成本。

3.交易方便，跟买卖股票一样。如果你实在搞不清楚，就把它当股票买好了，但是别指望它会10送10。

4.在交易时间段内，ETF与其他股票一样，可以持续地交易。不用像买一般开放基金那样，按照当天的净值交易。

还有一个我没列在上面的，就是ETF可以套利。我不列在上面是因为不想让你动ETF套利的脑筋，如果你是一般散户或机构的话。

下面我们讨论一个机械交易系统，基本上可以战胜指数。

但是在这之前，我希望你能再看一下我们去做ETF基金的理由：ETF基金是跟踪指数的，而一般的开放型基金是很难持续战胜指数的。如果能在ETF基金上做出波段，打败ETF基金的买入持有策略，那你就能打赢指数。如你能战胜指数，其实你就战胜了所有的基金，又不用承受与大盘一样大的资金回撤。

第十五章
Chapter 15

13-50均线交易系统

均线交易系统大家都很熟悉，但是未必敢用，更未必能持续一致地使用。我相信很多人接触股票或者期货，最先学会的不是K线，就是移动平均线。可是大多数人只是时不时地把均线当做一种确认信号或者闲谈的话题，而没有认真地把它当做交易信号。

有时候，看看某一段行情，均线交易系统确实表现很好，但是在盘整时期，反复交易的均线不断出现错误信号，实在让人没有信心。当我们只能凭借视觉观察或者主观的感受去考虑问题时，很难把握全局。

现在我们看看均线交易系统的测试结果。在给出测试结果之前，我先强调三点。

第一，我国的ETF基金出现得比较晚。最早的是上证50ETF（510050），出现在2005年。大家都知道，2005年6月，恰逢上证指数最低点998点，之后就是2006年和2007年的大牛市。所以，我们如果只测试50ETF的数据，其实只观察了最好的一段时期。2008年市场大跌，2009年上涨。市场结构都很简单。如果测试结果显示获利能力很强的话，则不足以说明问题。

为了考察系统在复杂环境下的生存能力，我们就需要有更多的测试数据，但是事实是没有。所以这里我们使用上证指数和深圳成分指数作为测试对象。虽然指数不能买卖，但是我们这里假设它可以买卖。因为这里我们要看的只是测试结果，如果真的按照系统进行操作的话，可以买入上海的180ETF（或者上证50ETF）和深圳的深成ETF100，而且我相信沪深300ETF很快就可以出来。

第二，由于我们不像基金一样，在任何时候都至少保留60%的仓位。由于我们采用的是顺势交易系统，要等到趋势确立时，才会进场，这会延误一些进场时机。而出场时，要等待趋势结束时才出场，这也会退回一部分利润，有时还不少。所以，我说战胜指数不代表每波行情或者每一年都能战胜指数，而是说长期内总体上能战胜指数。

第三，我无法保证这个交易系统在未来一定可以获利，或者说在你能接受的未来时间长度里一定可以获利。我没有要求你按照这个系统进行交易，所以也无法对你的交易结果负责。

其实我一直很避讳公布交易系统，因为一个好的方法如果公开之后，采用的人多了，反倒会成为主力机构利用的目标。最典型的就是突破策略和20天高点突破。这两种方法在30年前非常有效，现在可差远了。主力机构会人为地突破这些高点，引人进场，然后出货。而在期货里，好处更多，不但可以引人进场，还可触发大量止损单，从而反向建仓。而交易ETF基金则不同，机构很难控制它，因为它有套利机制，详情请见第四编。

其实移动平均线有太多的种类和使用方法，把它们全都列出来没什么意义。尤其是现在，大多数这些复杂的计算方法都被抛弃了（比如Maxwell的"累积修正"和"平均修正"移动平均线）。三大类移动平均线则经受住了时间的考验，它们是：简单移动平均线、加权移动平均线以及指数移动平均线。而我们就使用简单移动平均线。

不管我们使用什么样的指标和技术，都要先对其有个大概的了解，尤其是要知道它的缺点和优点。移动平均线的优点是可以平滑掉市场波动和短期变化，使交易者对市场的趋势有个概念。缺点是它们不能提供超买和超卖信息。不过它们还不能测量趋势的强度，而且移动平均线只滞后指标。

移动平均线真正的妙处在于，谁都会，但是一般的投资者谁都不敢持续地使用。而专业投资者不是这样的，它是专业投资者最有力的武器。之所以会这样，是由于专业投资者可以看到移动平均线的全貌，知道它在某些时候表现不佳，但是它是一套具有统计优势的策略，长期稳定一致地使用，一定可以赢利。而普通投资者只能以管窥豹。

1.测试条件

测试系统：13-50移动平均线交易系统

测试时期：1995年1月1日到2009年12月31日。

初始资金：最初资金为10万。

测试标的：上证指数和深圳成分指数。

期初资金：10万。

交易佣金：手续费单边为1‰。（因为大多数散户都是这个佣金）。

过户费：基金不收过户费，所以设为0。

印花税：交易基金，交易所不收印花税，所以也设为0。

滑价问题：0.5%。同前，无论是买入价还是卖出价，都向不利的方向移动0.5%，除非遇到当天的最高价或者最低价。

资金管理：我一直认为，交易基金可以把资金管理看得轻一点，所以我们全仓介入。上证指数和深圳成分指数各分配资金50%，但是要留出交手续费的钱，所以我们就假设某个指数出现买入信号时，使用48%的资金买入，如果两个指数都出现交易信号，则一共使用了96%的资金。

交易规则：13日均线为短期均线，50日均线为长期均线。信号出现后，按照第二天开盘价成交。出现黄金交叉时，第二天开盘买入，出现死亡交叉之后，按照第二天开盘价卖出。由于我们考虑了滑价，所以买入的时候至少比开盘价高0.5%，卖出时，比开盘价低0.5%。

需要说明的问题：我们把指数当做基金买卖，主要的目的是增加测试数据。由于指数的数字都比较大，实际上指数只买1股的钱，基金上至少够买1手了。所以，我们测试的时候，购买的数量就不设定为至少100股了。

2．交易记录

表15—1和表15—2分别是13—50均线交易系统的逐笔交易记录和重要数据数据表。

其中最后一笔在测试期内没有卖出信号，所以计算时按照2009年12月31日的收盘价计算出收益和收益率。

净利润和收益率的计算都是扣除滑价和手续费之后才计算的。

表15-1 13－50均线交易系统逐笔交易记录表

交易编号	交易品种	股数	进场日期	进场价格	出场日期	出场价格
1	上证指数	53	1995－5－23	795.699	1995－6－30	638.392
2	深圳成分指数	40	1995－6－1	1,134.40	1995－6－9	1,104.59
3	上证指数	62	1995－7－31	702.44	1995－10－5	715.64
4	深圳成分指数	39	1995－8－3	1,079.05	1995－10－6	1,152.81
5	深圳成分指数	38	1995－11－6	1,172.76	1995－11－14	1,122.64
6	深圳成分指数	42	1996－3－8	1,033.60	1996－9－23	2,590.42
7	上证指数	76	1996－3－12	566.3	1996－8－30	791.39
8	深圳成分指数	29	1996－10－7	2,837.92	1996－12－26	3,020.45
9	上证指数	97	1996－10－8	873.425	1996－12－27	921.171
10	深圳成分指数	24	1997－2－25	3,636.58	1997－6－9	4,814.30
11	上证指数	87	1997－2－28	1,028.49	1997－6－2	1,302.16
12	上证指数	91	1997－9－4	1,252.01	1997－9－25	1,112.78
13	深圳成分指数	25	1997－9－12	4,475.39	1997－9－16	4,233.12
14	深圳成分指数	22	1997－10－24	4,597.90	1997－12－5	4,221.79
15	上证指数	87	1997－10－31	1,170.74	1997－12－4	1,119.20
16	上证指数	82	1997－12－30	1,192.07	1998－3－11	1,195.25
17	上证指数	75	1998－4－6	1,298.07	1998－7－3	1,329.16
18	深圳成分指数	23	1998－4－9	4,266.67	1998－6－8	4,155.62
19	上证指数	79	1998－9－28	1,230.39	1998－12－10	1,218.03
20	深圳成分指数	29	1998－11－19	3,343.55	1998－12－10	3,119.80
21	上证指数	81	1999－3－19	1,156.36	1999－4－30	1,114.18
22	深圳成分指数	32	1999－3－26	2,883.24	1999－4－2	2,876.25
23	深圳成分指数	32	1999－4－6	2,948.04	1999－4－28	2,760.00

交易编号	交易品种	股数	进场日期	进场价格	出场日期	出场价格
24	上证指数	69	1999-5-31	1,293.51	1999-10-11	1,521.57
25	深圳成分指数	26	1999-6-2	3,420.71	1999-8-17	3,887.52
26	深圳成分指数	25	1999-9-6	3,999.08	1999-10-11	3,846.92
27	深圳成分指数	27	2000-1-18	3,619.89	2000-5-18	4,341.51
28	上证指数	69	2000-1-19	1,433.00	2000-5-23	1,825.27
29	上证指数	64	2000-5-30	1,908.31	2000-9-13	1,975.12
30	深圳成分指数	26	2000-5-31	4,652.46	2000-9-8	4,673.93
31	上证指数	62	2000-11-7	1,997.08	2001-2-7	1,985.62
32	深圳成分指数	25	2000-11-13	4,865.74	2000-12-22	4,721.56
33	深圳成分指数	25	2001-3-16	4,809.24	2001-5-16	4,880.71
34	上证指数	59	2001-3-23	2,093.95	2001-7-16	2,165.46
35	深圳成分指数	34	2001-12-4	3,576.57	2001-12-27	3,313.32
36	上证指数	70	2001-12-4	1,770.36	2001-12-27	1,627.28
37	深圳成分指数	34	2002-3-12	3,393.44	2002-4-26	3,125.47
38	上证指数	69	2002-3-12	1,672.04	2002-5-17	1,541.34
39	深圳成分指数	30	2002-6-27	3,524.49	2002-8-26	3,460.73
40	上证指数	61	2002-7-1	1,740.38	2002-8-19	1,641.40
41	深圳成分指数	30	2002-9-6	3,399.44	2002-9-9	3,349.11
42	深圳成分指数	34	2003-1-22	2,962.76	2003-3-27	2,954.08
43	上证指数	69	2003-1-22	1,456.07	2003-3-26	1,454.01
44	深圳成分指数	32	2003-4-2	3,132.47	2003-6-25	3,259.29
45	上证指数	66	2003-4-7	1,529.51	2003-6-24	1,504.72
46	深圳成分指数	31	2003-10-29	3,214.33	2004-4-26	3,751.72
47	上证指数	72	2003-12-3	1,441.87	2004-4-26	1,625.10

48	上证指数	80	2004-9-27	1,459.77	2004-10-26	1,303.07
49	深圳成分指数	33	2004-9-27	3,557.23	2004-11-4	3,186.22
50	上证指数	76	2004-11-26	1,362.49	2004-11-30	1,332.29
51	深圳成分指数	31	2005-2-18	3,271.46	2005-4-5	3,230.93
52	上证指数	79	2005-2-28	1,315.14	2005-3-25	1,201.16
53	深圳成分指数	29	2005-4-15	3,318.95	2005-4-25	3,148.56
54	深圳成分指数	32	2005-8-3	2,961.10	2005-9-30	2,883.97
55	上证指数	86	2005-8-5	1,108.13	2005-10-14	1,146.61
56	深圳成分指数	34	2005-12-20	2,804.48	2006-6-26	4,120.10
57	上证指数	83	2005-12-21	1,141.66	2006-8-7	1,553.99
58	深圳成分指数	32	2006-6-30	4,341.63	2006-7-31	4,048.17
59	深圳成分指数	31	2006-9-8	4,136.20	2007-7-17	12,206.70
60	上证指数	76	2006-9-11	1,675.09	2007-7-6	3,581.82
61	深圳成分指数	22	2007-7-25	14,273.45	2007-11-13	17,113.03
62	上证指数	73	2007-7-27	4,336.95	2007-11-16	5,246.72
63	深圳成分指数	20	2008-1-7	18,213.75	2008-2-4	16,211.66
64	上证指数	70	2008-1-9	5,392.05	2008-1-29	4,404.14
65	深圳成分指数	24	2008-5-19	13,303.88	2008-5-27	11,812.14
66	上证指数	89	2008-5-19	3,624.84	2008-6-2	3,409.06
67	深圳成分指数	44	2008-11-28	6,639.13	2009-1-14	6,518.85
68	上证指数	151	2008-12-9	2,100.80	2009-1-9	1,875.16
69	上证指数	138	2009-2-3	2,021.83	2009-8-24	2,967.28
70	深圳成分指数	38	2009-2-4	7,336.69	2009-8-25	11,949.51
71	上证指数	136	2009-10-26	3,123.36	2009-12-29	3,174.22
72	深圳成分指数	33	2009-10-26	12,916.80	持仓	持仓

表15-2 13-50均线交易系统重要数据数据表

交易编号	交易品种	收益率(%)	净利润	持仓天数	资金曲线
1	上证指数	-19.95	-8,413.26	28	91,586.738
2	深圳成分指数	-2.83	-1,282.11	6	90,304.625
3	上证指数	1.68	730.48	46	91,035.104
4	深圳成分指数	6.63	2,789.54	44	93,824.646
5	深圳成分指数	-4.47	-1,991.79	6	91,832.860
6	深圳成分指数	150.27	65,234.35	140	157,067.211
7	上证指数	39.51	17,003.66	122	174,070.867
8	深圳成分指数	6.23	5,123.56	58	179,194.422
9	上证指数	5.26	4,457.24	58	183,651.664
10	深圳成分指数	32.15	28,062.35	72	211,714.016
11	上证指数	26.38	23,606.80	64	235,320.813
12	上证指数	-11.31	-12,885.19	15	222,435.625
13	深圳成分指数	-5.61	-6,274.51	2	216,161.109
14	深圳成分指数	-8.37	-8,468.34	30	207,692.766
15	上证指数	-4.6	-4,682.74	24	203,010.023
16	上证指数	0.07	65.244	39	203,075.266
17	上证指数	2.19	2,134.92	63	205,210.180
18	深圳成分指数	-2.8	-2,747.91	41	202,462.266
19	上证指数	-1.2	-1,170.03	51	201,292.234
20	深圳成分指数	-6.89	-6,676.12	15	194,616.117
21	上证指数	-3.84	-3,600.74	30	191,015.383
22	深圳成分指数	-0.44	-408.124	5	190,607.258
23	深圳成分指数	-6.57	-6,199.92	16	184,407.344
24	上证指数	17.41	15,542.49	90	199,949.836

25	深圳成分指数	13.43	11,947.09	54	211,896.922
26	深圳成分指数	-4	-4,000.18	20	207,896.734
27	深圳成分指数	19.71	19,268.80	72	227,165.531
28	上证指数	27.15	26,841.69	74	254,007.219
29	上证指数	3.3	4,027.30	76	258,034.516
30	深圳成分指数	0.26	315.828	72	258,350.344
31	上证指数	-0.77	-957.324	55	257,393.016
32	深圳成分指数	-3.16	-3,844.03	29	253,548.984
33	深圳成分指数	1.28	1,544.49	38	255,093.484
34	上证指数	3.21	3,967.70	76	259,061.188
35	深圳成分指数	-7.55	-9,184.89	17	249,876.297
36	上证指数	-8.27	-10,253.24	17	239,623.047
37	深圳成分指数	-8.09	-9,332.62	33	230,290.422
38	上证指数	-8.01	-9,240.40	43	221,050.023
39	深圳成分指数	-2.01	-2,122.21	42	218,927.813
40	上证指数	-5.88	-6,244.07	35	212,683.742
41	深圳成分指数	-1.68	-1,712.34	1	210,971.398
42	深圳成分指数	-0.49	-496.29	39	210,475.109
43	上证指数	-0.34	-342.991	38	210,132.117
44	深圳成分指数	3.84	3,853.61	53	213,985.727
45	上证指数	-1.82	-1,836.37	49	212,149.359
46	深圳成分指数	16.5	16,443.00	119	228,592.359
47	上证指数	12.5	12,971.75	94	241,564.109
48	上证指数	-10.92	-12,757.08	16	228,807.031
49	深圳成分指数	-10.62	-12,465.83	23	216,341.203
50	上证指数	-2.41	-2,500.00	2	213,841.203

交易编号	交易品种	收益率(%)	净利润	持仓天数	资金曲线
51	深圳成分指数	−1.44	−1,458.01	32	212,383.195
52	上证指数	−8.86	−9,202.90	19	203,180.297
53	深圳成分指数	−5.33	−5,128.92	6	198,051.375
54	深圳成分指数	−2.8	−2,655.27	42	195,396.109
55	上证指数	3.27	3,114.95	45	198,511.063
56	深圳成分指数	46.66	44,495.39	120	243,006.453
57	上证指数	35.88	33,999.83	149	277,006.281
58	深圳成分指数	−6.95	−9,659.11	21	267,347.172
59	深圳成分指数	194.72	249,678.78	204	517,025.938
60	上证指数	113.51	144,511.66	196	661,537.625
61	深圳成分指数	19.67	61,780.28	74	723,317.875
62	上证指数	20.76	65,713.39	75	789,031.250
63	深圳成分指数	−11.18	−40,730.23	20	748,301.000
64	上证指数	−18.5	−69,839.55	14	678,461.438
65	深圳成分指数	−11.4	−36,404.55	6	642,056.875
66	上证指数	−6.15	−19,830.33	10	622,226.531
67	深圳成分指数	−2.01	−5,871.07	31	616,355.469
68	上证指数	−10.93	−34,672.16	21	581,683.313
69	上证指数	46.52	129,783.77	140	711,467.063
70	深圳成分指数	62.61	174,554.42	140	886,021.500
71	上证指数	1.43	6,060.10	46	892,081.625
72	深圳成分指数	5.96	25,418.35	49	917,500.000

大家可以在自己的软件上设定好两根移动平均线，然后观察这两条均线的交叉信号。

你会发现3月14日，13日均线上穿50日均线，就是说，3月15日开盘时我们应该去买入。这笔交易在5月4日（5月3日，13日均线下穿50日均线）退出，以一点点微小的亏损告终。

图15—1

这笔交易本来有过百分之十几的赢利，但是又全部退了回去。以后我们再解释这些赢利退回去的必要性。现在我想说明的是，你会发现我们的交易记录里根本没有这笔交易。这是为什么呢？因为我们的测试期从1995年1月1日算起。要生成50日均线，就必须有50天的数据，而到3月14日只有40多个交易日，所以从严谨角度讲，这个信号无法交易。一直到3月21日，50日均线才能计算出第一个点。这时，你会发现，13日均线已经在50日均线的上方了，由于没有交易信号，所以只能眼睁睁地看着这段行情走过去。

你可能会想，我们反正有1994年的数据，利用1994年的数据我们就可以交易这次信号。在指数上的确可以，但是在个股上就不行了，很多新股上市的当天，前面是没有数据的。所以，从严谨的角度讲，我们必须放过这个信号。

3.交易绩效

表15—3

整体绩效	交易绩效	大盘绩效
期初资金	￥100,000.00	￥100,000.00
期末资金	￥917,500.07	￥510,956.06
净利润	￥817,500.07	￥410,956.06
净利润(%)	817.50	410.96
年复合收益率(%)	15.92	11.49
市场暴露时间(%)	53.87	100.00
最大资金回撤(%)	−36.46	−72.00
利润因子	3.11	—
恢复因子	2.49	0.6
清算率	4.89	—
夏普率	0.73	0.49
交易次数	72	1
平均利润	￥11,354.17	￥410,956.06
平均利润率(%)	9.72	410.40
平均持仓天数	51.56	3,638.00

这些数据你应该知道如何分析了，如果还是不明白的话，请参考前面的章节。

我们看到，15年，净利润有8倍多。换算成年复合收益率，为15.92%。我不知道你对这个收益满意不满意。但这就是所有基金梦寐以求却无法长期实现的目标。我们可以简单地分析问题，15年8倍，30年64倍，45年就有512倍，而且还是在不增加资金投入的情况下。

我知道有些人会看不上这点收益率，但是其中确实有很多人连这点收益率也赚不到。我的经验是，每年都想着翻一倍的人

（以前我也是其中之一），实际的收益一般高不到哪里去，基本很难战胜大盘，因为他这么想，就意味着缺乏风险控制机制。千万不要总想着2006年、2007年。这种行情以后还会有，但是不会总有。

以上证指数为例，这15年中的复合收益率为11.49%。最大资金回撤为72%。我们系统的收益比上证指数要高，但资金回撤为36.46%，显然好于大盘。

我没有单独列出深圳成分指数的统计数据。因为我不想误导你。其实深圳成分指数在这15年的复合收益率为17.11%，最大资金回撤幅度为70.92%，我们的系统单独用在深圳指数交易上，15年的复合收益率为20.05%（考虑了手续费和滑价），最大资金回撤为42.98%。13-50均线交易系统还是可以战胜它。我没有单独列出来是因为怕你觉得这个交易系统在深圳指数上表现好，你就只拿它交易深圳指数。也许以后真的会是这样，但是也许不是这样。要知道，上海计算的是综合指数，考虑到了所有的股票，而深圳计算的是成分指数，只考虑了40只股票。我们没有任何理由，说系统过去在深圳指数上表现好，未来的表现也一定会好。所以我们系统设计的是上证指数和深圳成分指数都去交易。当然如果你只交易沪深300的话，就没这么多问题。不过到现在为止，还没有ETF300。

利润因子、恢复因子之类的都没有问题，还不错。清算率为4.89，胜率（见15-4表）为44.44%，查表15-4时，我们又查不到了。但大致可以估计到，我们的破产概率小于1。不要忘记，破产概率不是真的破产，而是说，在赢利1倍之前，我们出现亏损50%的概率小于1。想小于0吗？其实表15-4中的0不是真正的0，而是非常接近0的数字。所以别想那么多，我认为这种问题，1%和0%的区别不大。

表15—4

破产概率矩阵										
清算率	胜率									
	25	30	35	40	45	50	55	60	65	70
750：1000	100	100	100	100	100	98	77	15	1	0
1000：1000	100	100	100	99	92	50	7	1	0	0
1500：1000	100	99	90	50	12	2	0	0	0	0
2000：1000	97	79	35	9	2	1	0	0	0	0
2500：1000	79	38	12	4	1	0	0	0	0	0
3000：1000	50	19	6	2	1	0	0	0	0	0
3500：1000	31	12	5	2	1	0	0	0	0	0
4000：1000	21	9	4	2	1	0	0	0	0	0

夏普率偏低了一点，但问题不大，因为我们的是顺势交易系统。某次巨大的赢利就会让夏普率降低很多。

平均持仓天数也还可以接受。不过要注意赢利交易的持仓和亏损交易的持仓天数差异是很大的。

表15—5

赢利交易绩效	交易绩效
赢利交易	32
胜率(%)	44.44
全部利润	￥1,205,042.82
平均利润	￥37,657.59
平均利润率(%)	29.37
平均持有天数	86.31
最大连续赢利	6

表15-6

亏损交易绩效	交易绩效
亏损交易	40
负率(%)	55.56
全部亏损	¥ −387,542.75
平均亏损	¥ −9,688.57
平均亏损率(%)	−6.01
平均持仓天数	23.75
最大连续亏损	9

表15-5和表15-6是单独对赢利交易和亏损交易的统计。大家可以自己体会。

4. 资金曲线

图15-2为线性的资金曲线。

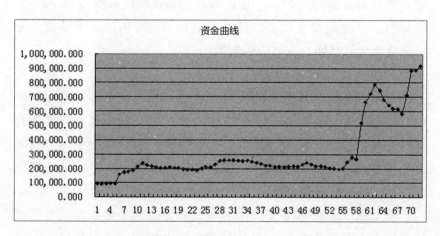

图15-2

图15-3为对数资金曲线。

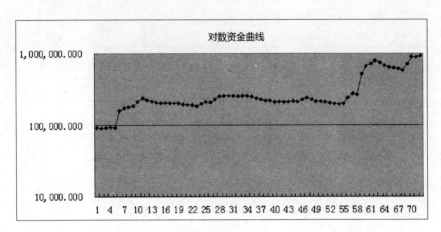

图15—3

这两张图上，你可以看出，资金曲线中间相当长的一段时间里，基本是走平的。其实这个走平是相对的。因为后面的资金曲线太高，所以前面看起来就比较平。其实中间这一段的最高点，出现在1997年，账户的资金是280716.23元。最低点出现在1999年，账户资金是183340元。从最高点到最低点的亏损为34.69%。这个幅度已经是很要命了。只是图上看不出来而已。所以说，为什么我要你好好体会表格中的数据。

这里说个题外话，你可以把上面的资金曲线图想象为股票走势图。现在我说，这么长的横盘，之后当天应该有大行情，突破的时候当时是非常漂亮的买点。你会怎么想？我在很多书里都看到有这样的说法，但是，前面看起来像横盘的股票，是因为后面上涨了，使得前面的数据被挤压，所以才像横盘。当你身处其中的时候，那段一点都不像。

所以说，陷阱太多了。面对着已经走出的历史数据，谁都能分析出一套制胜的办法，但是在未来的走势中，绝大多数的方法都是行不通的。至少这是我的经验。

第十六章

13-50均线交易系统
的收益和资金回撤分析

1.年收益和资金回撤

表16-1

年份	净收益	收益率(%)	资金回撤	资金回撤率(%)
1995	−8167.14	−8.17	−10716.05	−10.45
1996	91818.8	99.98	−83019.22	−32.12
1997	19427.03	10.58	−79882.53	−28.34
1998	−8462.56	−4.17	−15815.88	−7.52
1999	13280.61	6.82	−48953.03	−19.42
2000	51222.58	24.64	−21800.47	−7.89
2001	−19496.3	−7.52	−27826.19	−10.52
2002	−28651.7	−11.96	−30151.38	−12.58
2003	13175.7	6.25	−18562.88	−8.18
2004	−10305.9	−4.6	−51691.81	−19.47
2005	−11804.2	−5.52	−23494.67	−10.69
2006	218922.1	108.36	−29815.5	−7.08
2007	368072.1	87.44	−128814.75	−14.3
2008	−216453	−27.43	−241668.38	−29.68
2009	344921.8	60.24	−197044.31	−19.12

表16-2

测试期	15年
赢利	8年
未赢利	7年
胜率(%)	53.33
平均收益率(%)	22.33
连续赢利	2年
连续未赢利	2年

表16-1和表16-2中的数据请自己分析。下面列出几张图,从图中可以清楚地看到资金曲线的收益率变化和资金回撤率变化。

从图16-1中可以看出年收益非常不均衡。这是顺势交易系统

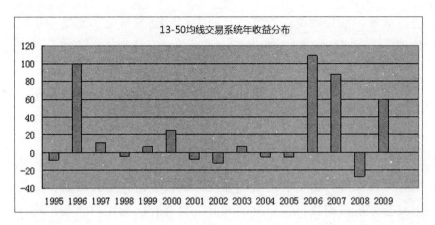

图16-1

的典型特征。因为并不是每年都有大行情，所以这非常正常。这里
还要说点题外话。我们非常希望每年的柱状体都和最高的年份一样
高。矮点也行，但不要矮这么多，因为中间的年份实在不好过。

　　有一个办法就是交易期货。我不是说股票指数期货，而是说
商品期货。很多商品期货所需的持仓资金只要几千块钱。你可以
通过控制好持仓量来控制风险。而且期货做空的时候，没有股票
做空那么多限制。你做空，就意味着希望这个公司完蛋，换谁谁
高兴啊。但是做空商品的性质就不一样。

　　不过话说回来了，期货需要更严格的风险控制机制，也需要
更好的交易系统，所以千万不要没有准备就进入期货市场，这就
同没有武器就去打仗一样，只凭一腔热血是不够的。在后面，我

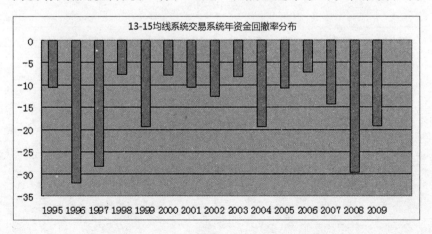

图16-2

会用单独一章稍微谈谈期货，我们的TIMES期货交易系统的年收益可以维持在40%以上。但是交易期货之前，你要考虑清楚，千万别说是我把你教坏了。

图16-2是13-50均线交易系统15年来的资金回撤率分布图。最大的资金回撤出现在1996年，2008年的回撤也很要命，将近30%。但是同大盘比，应该可以欣慰了。

因为一般的交易方法，都不能买入以后立即就赚钱。尤其是顺势交易系统，由于有追高的倾向，所以经常在买入以后，又马上被套。所以即使行情很顺的时候，也会有被套住的问题，所以我请你注意2006年、2007年这两年的最大资金回撤率。2006年是7.08%，2007年是14.3%。

中间的一些年份的资金回撤率都不太大，因为行情不大。如果你要认为这是应该的，那就错了。考察一个顺势交易系统，最应该看的就是这里。因为当有行情的时候，顺势交易一定不会错过任何一波行情。所以收益有多大，跟行情有多大相关。顺势交易系统最怕的是盘整阶段。当行情不大时，一些信号经常会造成我们买得高，卖得低。而且很多时候亏损是连续的，这一方面使我们成为别人的笑话，另一方面也会亏损资金。所以，如何度过这段时期是顺势交易系统至关重要的问题。不过幸运的是，我们的13-50均线交易系统在这方面处理得还可以，没有让我们费心。

表16-3

年份	指数	变化率(%)	13-50均线交易系统收益（%）
1994	647.87		
1995	555.29	−14.29	−8.17
1996	917.02	65.1425	99.98
1997	1194.1	30.2153	10.58
1998	1146.7	−3.9695	−4.17
1999	1366.58	19.175	6.82
2000	2073.48	51.7277	24.64
2001	1645.97	−20.618	−7.52

2002	1357.65	−17.517	−11.96
2003	1497.04	10.267	6.25
2004	1266.5	−15.4	−4.6
2005	1161.06	−8.3253	−5.52
2006	2675.47	130.433	108.36
2007	5261.56	96.6593	87.44
2008	1820.8	−65.394	−27.43
2009	3277.14	79.9835	60.24

表16-3是该系统历年的收益率与大盘收益的对比情况。我一再强调，我们不能每年都指望打赢大盘，差不多就可以了。你可以看出，尽管有些年份我们的收益没有大盘好，但是在大盘下跌的时候，我们基本上都能规避风险，亏得比大盘少，而且我们要算的是总账。这15年来，上证指数的年复合收益率为11.49%，绝对收益为4倍多，而我们的交易系统年复合收益为15.92%，绝对收益为8倍多。不要忘记，我们承受的资金回撒远远低于指数。这中间既不需要动脑筋选股，也不需要做什么投资组合，只是看看两天均线，买买ETF基金而已。

2.月收益和资金回撒

表16-4

月份	净收益	收益率(%)	资金回撒	资金回撒率(%)
1995-1-3	0	0	0	0
1995-2-6	0	0	0	0
1995-3-1	0	0	0	0
1995-4-3	0	0	0	0
1995-5-2	−5087.17	−5.09	−5281.16	−5.28
1995-6-1	−4608.2	−4.86	−5392.7	−5.64
1995-7-3	−470.73	−0.52	−470.73	−0.52

月份	净收益	收益率(%)	资金回撤	资金回撤率(%)
1995-8-1	5331.84	5.94	-8285.64	-8.08
1995-9-1	-356.81	-0.37	-5729.97	-5.79
1995-10-4	-984.28	-1.04	-404.48	-0.43
1995-11-1	-1991.78	-2.12	-1991.78	-2.12
1995-12-1	0	0	0	0
1996-1-2	0	0	0	0
1996-2-1	0	0	0	0
1996-3-4	-1620.38	-1.76	-2020.8	-2.2
1996-4-1	30924.77	34.28	-6634.53	-5.19
1996-5-2	5962.52	4.92	-11291.59	-8.63
1996-6-3	25803.09	20.3	-3591.05	-2.3
1996-7-1	23590.05	15.43	-7862.66	-4.26
1996-8-1	2790.48	1.58	-20511.66	-10.95
1996-9-2	-5212.52	-2.91	-12862.08	-7
1996-10-3	31702.23	18.21	-8029.81	-3.84
1996-11-1	19579.44	9.52	-15761.47	-6.97
1996-12-2	-41700.89	-18.5	-83019.22	-32.12
1997-1-2	0	0	0	0
1997-2-17	4031.45	2.2	-69.59	-0.04
1997-3-3	35485.89	18.91	-5727.94	-2.57
1997-4-1	29863.59	13.38	-5600.61	-2.21
1997-5-5	-18242.31	-7.21	-52782.67	-18.72
1997-6-2	530.53	0.23	-7817.91	-3.22
1997-7-2	0	0	0	0

1997-8-1	0	0	0	0
1997-9-1	-19159.7	-8.14	-25755.81	-10.93
1997-10-6	-1003.86	-0.46	-4260.94	-1.96
1997-11-3	-9152.16	-4.25	-16914.47	-7.7
1997-12-1	-2926.41	-1.42	-2013.23	-0.99
1998-1-5	2362.41	1.16	-6266.44	-3.02
1998-2-9	-1343.16	-0.65	-4556.73	-2.19
1998-3-2	-1022.67	-0.5	-1573.7	-0.77
1998-4-1	1236.61	0.61	-6828.75	-3.33
1998-5-4	5176.75	2.53	-4809.7	-2.3
1998-6-1	-6173.72	-2.95	-6940.47	-3.3
1998-7-1	-852.64	-0.42	-286.39	-0.14
1998-8-3	0	0	0	0
1998-9-1	890.98	0.44	-111.53	-0.05
1998-10-5	-2020.83	-0.99	-3712.22	-1.82
1998-11-2	-1862.86	-0.93	-8226.72	-3.97
1998-12-1	-4853.44	-2.43	-4226.25	-2.13
1999-1-4	0	0	0	0
1999-2-1	0	0	0	0
1999-3-1	-404.31	-0.21	-2205.56	-1.12
1999-4-1	-9804.47	-5.05	-16272.95	-8.18
1999-5-4	-1067.34	-0.58	-1067.34	-0.58
1999-6-1	61541.56	33.57	-7253.28	-2.88
1999-7-1	-23162.84	-9.46	-30849.25	-13.18
1999-8-2	-2434.81	-1.1	-13481.84	-5.91

月份	净收益	收益率(%)	资金回撤	资金回撤率(%)
1999–9–1	–4773.27	–2.18	–14573.48	–6.36
1999–10–8	–6613.91	–3.08	–1716.23	–0.82
1999–11–1	0	0	0	0
1999–12–1	0	0	0	0
2000–1–4	15819.48	7.61	–1391.55	–0.62
2000–2–14	26748.28	11.96	–17167.81	–6.85
2000–3–1	7209.22	2.88	–19874.94	–7.65
2000–4–3	6564.09	2.55	–5328.31	–2.02
2000–5–8	–11596.3	–4.39	–18689.19	–7.1
2000–6–1	7022.7	2.78	–4938.28	–1.89
2000–7–3	7757.88	2.99	–1966.22	–0.74
2000–8–1	–1913.09	–0.72	–10668.06	–3.86
2000–9–1	–7158.66	–2.7	–10236.66	–3.87
2000–10–9	0	0	0	0
2000–11–1	3419.73	1.32	–8400	–3.13
2000–12–1	–2650.77	–1.01	–7555.23	–2.86
2001–1–2	–488.56	–0.19	–5776.56	–2.2
2001–2–5	–5081.75	–1.96	–1512.41	–0.59
2001–3–1	4785.09	1.89	–5622.98	–2.17
2001–4–2	–3706.56	–1.43	–11617.16	–4.39
2001–5–8	7440.72	2.92	–1999.52	–0.76
2001–6–1	222.44	0.08	–4678.69	–1.77
2001–7–2	–3229.5	–1.23	–2978.91	–1.14
2001–8–1	0	0	0	0

2001-9-3	0	0	0	0
2001-10-8	0	0	0	0
2001-11-1	0	0	0	0
2001-12-3	-19438.13	-7.5	-22299.84	-8.61
2002-1-4	0	0	0	0
2002-2-1	0	0	0	0
2002-3-1	-12396.09	-5.17	-12396.09	-5.17
2002-4-1	2652.08	1.17	-10147.63	-4.31
2002-5-8	-8829.02	-3.84	-7767.8	-3.39
2002-6-3	699.63	0.32	-152.08	-0.07
2002-7-1	-9891.25	-4.46	-9708.44	-4.38
2002-8-1	825.34	0.39	-4459.84	-2.08
2002-9-2	-1712.34	-0.81	-1712.34	-0.81
2002-10-8	0	0	0	0
2002-11-1	0	0	0	0
2002-12-2	0	0	0	0
2003-1-2	5824.22	2.76	-1355.3	-0.63
2003-2-10	1040.97	0.48	-4676.53	-2.15
2003-3-3	-7704.47	-3.54	-9229.5	-4.21
2003-4-1	3371.03	1.6	-18562.88	-8.2
2003-5-12	11392.22	5.34	-5816.31	-2.59
2003-6-2	-12746	-5.67	-12608.94	-5.61
2003-7-1	0	0	0	0
2003-8-1	0	0	0	0
2003-9-1	0	0	0	0

月份	净收益	收益率(%)	资金回撤	资金回撤率(%)
2003–10–8	–1556.39	–0.73	–1690.31	–0.8
2003–11–3	3118.59	1.48	–5761.66	–2.68
2003–12–1	10435.53	4.88	–2878.31	–1.27
2004–1–2	14095.16	6.29	–5844.23	–2.39
2004–2–2	12367.02	5.19	–10116.55	–3.95
2004–3–1	9138.44	3.65	–8302.95	–3.18
2004–4–1	–18183.59	–7	–23968.91	–9.03
2004–5–10	0	0	0	0
2004–6–1	0	0	0	0
2004–7–1	0	0	0	0
2004–8–2	0	0	0	0
2004–9–1	–8689.47	–3.6	–8689.47	–3.6
2004–10–8	–15433.97	–6.63	–20650.88	–8.67
2004–11–1	–3599.47	–1.66	–2904.16	–1.34
2004–12–1	0	0	0	0
2005–1–4	0	0	0	0
2005–2–1	2343.13	1.1	–1276	–0.59
2005–3–1	–14781.84	–6.84	–19372.53	–8.82
2005–4–1	–3351.13	–1.66	–6903.72	–3.37
2005–5–9	0	0	0	0
2005–6–1	0	0	0	0
2005–7–1	0	0	0	0
2005–8–1	4169.81	2.11	–10193.84	–4.86
2005–9–1	–2837.34	–1.4	–14584.45	–6.92

2005-10-10	-872.78	-0.44	-1409.41	-0.7
2005-11-1	0	0	0	0
2005-12-1	3525.97	1.78	-1632.44	-0.8
2006-1-4	20831.22	10.31	-5340.23	-2.4
2006-2-6	7117.61	3.19	-5258.94	-2.28
2006-3-1	5540.84	2.41	-11668.36	-4.94
2006-4-3	23058.11	9.79	-6386.09	-2.47
2006-5-8	31784.75	12.29	-13618.47	-4.62
2006-6-1	-4840	-1.67	-27025.44	-9.12
2006-7-3	-13177.88	-4.62	-20423.59	-6.98
2006-8-1	-5004.5	-1.84	-4035.38	-1.49
2006-9-1	11529.03	4.31	-4382.19	-1.57
2006-10-9	15654.5	5.61	-5207.13	-1.77
2006-11-1	52254.38	17.74	-8878.75	-2.56
2006-12-1	74174.06	21.39	-14935.94	-3.55
2007-1-4	38985.47	9.26	-37091.09	-7.46
2007-2-1	19623.56	4.27	-45163.78	-8.87
2007-3-1	39001.69	8.13	-7857.53	-1.51
2007-4-2	121771.25	23.48	-29293.69	-4.57
2007-5-8	84825.5	13.25	-47132.31	-6.22
2007-6-1	-34291.38	-4.73	-89599	-11.48
2007-7-2	194.13	0.03	-51874.63	-7.37
2007-8-1	113384.88	16.41	-30366.88	-3.77
2007-9-3	46177	5.74	-41194.19	-4.84
2007-10-8	44045.56	5.18	-64694.25	-7.18

月份	净收益	收益率（%）	资金回撤	资金回撤率（%）
2007-11-1	-105645.56	-11.81	-100271.63	-11.35
2007-12-3	0	0	0	0
2008-1-2	-117324.5	-14.87	-142539.88	-17.51
2008-2-1	6754.75	1.01	0	0
2008-3-3	0	0	0	0
2008-4-1	0	0	0	0
2008-5-5	-53769.75	-7.93	-58927.13	-8.69
2008-6-2	-2465.13	-0.39	0	0
2008-7-1	0	0	0	0
2008-8-1	0	0	0	0
2008-9-1	0	0	0	0
2008-10-6	0	0	0	0
2008-11-3	560.88	0.09	0	0
2008-12-1	-50209.25	-8.06	-88494.13	-13.39
2009-1-5	9105.13	1.59	-22094.63	-3.66
2009-2-2	18181.63	3.13	-86488.75	-12.6
2009-3-2	92270.94	15.38	-26656.5	-3.85
2009-4-1	34183	4.94	-48025.75	-6.42
2009-5-4	45204.94	6.22	-27436.75	-3.48
2009-6-1	99718.38	12.92	-21274.38	-2.43
2009-7-1	142428.75	16.35	-52838.44	-5.16
2009-8-3	-127649.5	-12.59	-197044.31	-19.12
2009-9-1	0	0	0	0
2009-10-9	-38641.38	-4.36	-46885.25	-5.29
2009-11-2	66382.81	7.83	-65338.25	-6.91
2009-12-1	3737.06	0.41	-84599.63	-8.9

表16-5

测试期	180个月
赢利	71个月
未赢利	109个月
胜率(%)	39.44
平均收益率(%)	1.47
连续赢利	9个月
连续未赢利	10个月

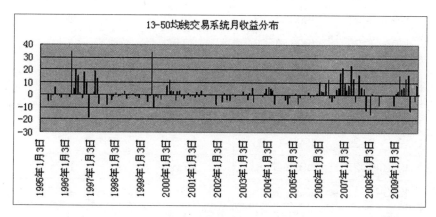

图16-3

　　注意有一个月，我们的亏损将近20%。一般来讲，月亏损10%左右已经算多了。

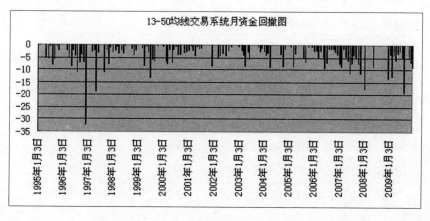

图16-4

有一个月份的最大资金回撤为30%多。这并不表示我们实际上亏损了那么多。而是说，我们的账面上曾经最大亏损过这么多。

3.资金恢复

表16—6

开始日期	得到恢复日期	资金回撤率(%)	恢复时间（天数）
1995-5-23	1995-8-14	-10.17	83
1995-8-15	1995-8-17	-2.74	2
1995-8-21	1996-4-23	-12.27	246
1996-4-25	1996-4-26	-2.97	1
1996-4-30	1996-5-17	-8.26	17
1996-5-20	1996-6-4	-8.63	15
1996-6-14	1996-6-18	-2.4	4
1996-6-25	1996-6-26	-1.39	1
1996-6-27	1996-7-8	-7.36	11
1996-7-11	1996-7-15	-3.04	4
1996-7-17	1996-7-18	-2.03	1
1996-7-25	1996-8-7	-4.26	13
1996-8-9	1996-8-13	-0.84	4
1996-8-14	1996-10-14	-10.95	61
1996-10-16	1996-10-17	-0.37	1
1996-10-18	1996-10-21	-2.26	3
1996-10-22	1996-10-23	-0.91	1
1996-10-24	1996-10-25	-0.04	1
1996-10-30	1996-11-14	-6.97	15
1996-11-21	1996-12-2	-6.97	11
1996-12-10	1997-5-5	-32.12	146
1997-5-8	1997-5-12	-6.09	4

1997−5−13	2006−5−12	−36.46	3286
2006−5−16	2006−6−1	−4.62	16
2006−6−2	2006−11−1	−10.06	152
2006−11−8	2006−11−9	−1.1	1
2006−11−10	2006−11−15	−2.9	5
2006−11−24	2006−11−27	−0.22	3
2006−11−28	2006−11−29	−0.4	1
2006−12−6	2006−12−11	−4.14	5
2006−12−21	2006−12−25	−2.14	4
2007−1−5	2007−1−8	−1.32	3
2007−1−11	2007−1−15	−3.72	4
2007−1−17	2007−1−19	−2.41	2
2007−1−25	2007−2−15	−12.24	21
2007−2−27	2007−3−26	−8.87	27
2007−3−30	2007−4−2	−0.38	3
2007−4−19	2007−4−23	−4.81	4
2007−4−27	2007−4−30	−1.06	3
2007−5−11	2007−5−14	−0.7	3
2007−5−15	2007−5−17	−3.08	2
2007−5−24	2007−5−25	−0.71	1
2007−5−30	2007−6−18	−14.79	19
2007−6−20	2007−8−23	−16.5	64
2007−8−29	2007−8−31	−1.81	2
2007−9−4	2007−9−6	−0.55	2
2007−9−7	2007−9−17	−5.01	10
2007−9−18	2007−9−24	−1.34	6
2007−9−25	2007−9−28	−2.4	3
2007−10−12	2007−10−15	−0.6	3
2007−10−17	2009−7−3	−36.44	625

开始日期	得到恢复日期	资金回撤率(%)	恢复时间（天数）
2009-7-7	2009-7-9	-1.04	2
2009-7-13	2009-7-14	-0.68	1
2009-7-16	2009-7-17	-0.06	1
2009-7-21	2009-7-22	-1.54	1
2009-7-29	2009-8-3	-5.16	5
2009-8-5	2009-12-31	-19.12	148

请注意，最后一列我用的是天数，而不是交易日。也就是说，我们的痛苦在周末的时候还在延续。

请注意1997年5月那行，恢复时间为3286天，9年才恢复。它表示在1997年5月，账户的资金达到过280716.23元，之后遇到回档，在9年左右的时间里，我们的账户才超越过这个最高点。这是该系统最不利的地方。

但是我们也要仔细分析这个问题。首先，我们发现，这次恢复的时间虽然很长，但并没有造成很深的资金回撤，就是说，即使是我们的账面资金，也没有亏到过分的地步。其次，1997年5月，账户的资金最高资金为280716.23元，在2000年末时，账户达到过276177.63元，在2004年5月，账户达到过263601元。这三个数字其实在百分率上并没有相差太多。如果当时这三个数字是倒过来出现的话，那恢复时间这个指标就好看多了。

再次说明，在我国的股票交易中，因为只能做多而不能做空，所以这是难免的。但在期货交易中，要好很多很多。如果一个系统2年到3年也突破不了前期账户的高点，即资金曲线没有创出新高的话，那这个系统的问题就大了。还是那句话，期货的问题我们稍后再说。

第十七章

Chapter 17

13-50均线交易系统的稳定性分析

我们按照前面的模式测试一下13-50均线交易系统的稳定性。

1.参数稳定性测试

参数稳定性测试，考察的是如果参数发生了一定幅度的变化，系统的收益是不是会受到很大影响。如果是，表示我们参数组合的选择取得的收益是偶然的，则该交易系统是不稳定的。我们希望看到的是，参数在一定范围内变化，且收益的变化不大，这才是稳定的系统，可以运用于未来的交易系统。

我们只有两个变量，一个是短期均线的周期13，另一个是长期均线的周期50。你可能会觉得我们的交易系统太简单。其实如果你有建立交易系统的经验就会知道，系统越简单，生命力就越强。系统如果过于复杂，比如使用的变量太多，或者考虑的条件太多，万一其中一个条件变化大了，整个系统就会崩溃。

你也许想加入止损或者过滤条件，其实这些东西的加入，表面上看起来很合理，可是实际上，它们并不会提供交易系统的利润。因为加入止损或者过滤条件之后，会把很多可以变成赢利的交易都过滤掉。其实这类的东西我都试过，但是结果并不理想。遗憾的是，在书里，我无法详细列出各种测试过程和结果，因为这样会增加相当大的篇幅，而结果又是负面的，意义不大。

总之，如果你希望系统能在各种环境下生存，就必须尽可能地减少变量，这样的系统才是稳定的。

短期均线我们考虑从5～20的各种可能，长期均线我们考虑从30～60的各种可能。步长为5。这样一共有112种参数组合。顺便说一句，这里我们除了要分析参数是否稳定之外，还有个任务就是选择较优的参数组合。

为了分析方便，我先把得出的测试结果按照年复合收益率的大小排序。

表17-1

编号	短期均线	长期均线	利润	年复合收益率（%）	交易笔数	胜率（%）
1	13	55	1,190,155.50	18.58	63	49.21
2	15	55	1,095,040.38	17.98	62	43.55

3	14	55	1,081,683.50	17.89	61	45.9
4	14	60	1,081,144.63	17.89	58	41.38
5	12	55	1,074,781.50	17.85	66	45.45
6	13	60	1,054,517.00	17.71	59	42.37
7	15	60	1,043,886.25	17.64	57	40.35
8	12	60	1,018,844.94	17.46	59	42.37
9	15	45	986,761.94	17.24	72	47.22
10	5	45	971,604.31	17.13	96	39.58
11	14	45	968,564.75	17.1	70	50
12	17	55	965,236.44	17.08	61	40.98
13	8	55	944,872.75	16.93	67	41.79
14	11	60	942,611.63	16.91	58	41.38
15	16	55	937,378.13	16.87	63	39.68
16	11	55	933,096.75	16.84	66	45.45
17	12	45	928,459.19	16.81	74	45.95
18	14	50	913,133.63	16.69	69	43.48
19	8	60	913,105.56	16.69	67	41.79
20	17	50	899,057.44	16.58	67	43.28
21	10	60	888,846.00	16.5	61	40.98
22	16	60	883,193.44	16.46	55	40
23	6	60	868,941.81	16.34	71	38.03
24	9	45	865,028.13	16.31	81	40.74
25	13	45	863,023.56	16.3	71	49.3
26	16	45	858,515.31	16.26	71	43.66
27	15	50	856,797.06	16.25	66	45.45
28	12	50	849,438.50	16.19	72	44.44
29	16	50	847,356.25	16.17	67	44.78
30	9	55	845,978.63	16.16	65	41.54
31	9	60	842,031.75	16.13	62	41.94
32	11	45	831,947.06	16.04	76	43.42
33	5	60	831,597.63	16.04	77	37.66

编号	短期均线	长期均线	利润	年复合收益率（%）	交易笔数	胜率（%）
34	10	55	821,153.31	15.95	64	43.75
35	13	50	817,500.06	15.92	72	44.44
36	8	50	812,238.00	15.88	77	38.96
37	19	55	809,912.50	15.86	59	35.59
38	18	55	802,058.13	15.79	59	35.59
39	17	60	801,585.56	15.79	55	40
40	18	60	776,071.13	15.56	55	40
41	10	45	761,113.56	15.43	78	41.03
42	17	40	760,174.00	15.42	82	46.34
43	17	45	757,367.69	15.4	72	40.28
44	10	40	754,376.88	15.37	91	39.56
45	9	50	751,216.81	15.34	76	40.79
46	7	55	738,658.75	15.23	76	40.79
47	8	45	738,333.94	15.23	84	40.48
48	11	50	737,482.31	15.22	74	40.54
49	20	55	729,262.81	15.14	58	36.21
50	7	60	724,384.50	15.1	70	38.57
51	5	40	722,700.63	15.08	107	35.51
52	18	50	722,554.38	15.08	67	43.28
53	19	60	711,079.69	14.97	56	37.5
54	5	50	701,971.88	14.89	101	31.68
55	18	40	701,056.13	14.88	85	45.88
56	11	40	697,554.44	14.84	91	41.76
57	8	40	684,732.50	14.72	91	39.56
58	6	45	683,675.31	14.71	91	38.46
59	18	45	677,360.63	14.65	73	39.73
60	12	40	672,827.44	14.6	88	44.32
61	7	45	659,439.19	14.47	85	41.18
62	5	55	659,337.13	14.47	81	34.57

63	20	50	655,174.50	14.43	67	40.3
64	14	40	649,663.81	14.37	85	47.06
65	13	40	649,032.81	14.36	85	43.53
66	9	40	646,167.63	14.33	91	39.56
67	20	60	641,788.25	14.29	54	38.89
68	19	50	639,538.69	14.27	67	38.81
69	7	50	634,308.19	14.21	85	36.47
70	10	50	629,989.69	14.17	77	41.56
71	19	45	621,032.31	14.07	73	38.36
72	6	50	617,207.94	14.03	94	35.11
73	16	40	616,610.94	14.03	85	48.24
74	20	45	610,876.31	13.97	72	41.67
75	15	40	610,188.31	13.96	85	45.88
76	6	40	602,393.25	13.87	102	36.27
77	7	40	591,403.75	13.76	95	38.95
78	6	55	568,160.88	13.5	76	35.53
79	14	30	562,505.81	13.43	109	44.04
80	12	35	556,144.75	13.36	102	42.16
81	19	35	536,171.31	13.13	101	41.58
82	15	35	517,046.06	12.9	101	44.55
83	17	30	511,455.50	12.83	114	42.98
84	16	30	510,712.75	12.82	110	42.73
85	13	35	509,547.06	12.8	99	45.45
86	11	35	509,371.59	12.8	101	38.61
87	19	40	508,094.59	12.79	88	36.36
88	15	30	500,660.09	12.69	110	43.64
89	5	35	500,265.00	12.69	125	33.6
90	14	35	493,619.09	12.61	99	46.46
91	13	30	479,808.06	12.43	110	41.82
92	20	35	461,046.50	12.18	102	40.2
93	20	40	451,940.28	12.06	88	35.23

编号	短期均线	长期均线	利润	年复合收益率（%）	交易笔数	胜率（%）
94	12	30	442,031.41	11.92	113	40.71
95	16	35	418,945.66	11.6	97	48.45
96	17	35	406,992.41	11.43	94	44.68
97	6	35	395,500.69	11.26	121	36.36
98	18	30	385,306.94	11.1	112	41.07
99	10	35	384,895.09	11.1	100	38
100	18	35	384,168.00	11.09	96	42.71
101	20	30	380,764.34	11.03	116	39.66
102	19	30	374,954.28	10.94	118	41.53
103	8	35	349,271.88	10.53	107	36.45
104	9	35	347,852.41	10.51	100	37
105	7	35	339,767.16	10.38	110	36.36
106	11	30	339,099.22	10.36	117	40.17
107	5	30	289,184.88	9.48	144	33.33
108	6	30	267,513.25	9.06	137	35.04
109	8	30	262,793.16	8.97	129	38.76
110	9	30	252,169.78	8.75	119	37.82
111	10	30	243,475.86	8.57	115	38.26
112	7	30	221,755.45	8.1	135	34.81

从表17-1中，我们可以看出，均线交易系统如果用于指数交易的话，其绩效是稳定的，只是有一半的参数组合（第56行之前）可以取得年复合收益率在14.84%之上。

我们再倒着看，从112行看到57行。可以看到，表17-1的后半段，要么是短期参数小，要么是长期参数小，要么两者都小。所以可以说，短期均线的参数小，长期均线的参数也小，收益率就会比较低。

因为表17-1是排序过的，所以图形自然也把年复合收益率从高到低排序。请记住，我们一共有112种情况，一半就是56，

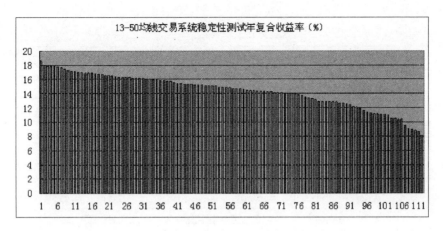

图17-1

80%就是90种。从图17-1中我们可以看出，80%左右的参数组合取得的年复合收益率都在12%之上，50%左右的参数组合的年复合收益率都在15%之上。而且我们已经知道，如果参数组合中，选择的参数值太小，收益就会很差。所以，对于短期参数，我们排除掉10以下的数值；对于长期参数，我们排除掉45以下的数值。这样选择的话，我们不管选择剩下参数组合中的哪一个，得到的年复合收益率的差别都是不大的。所以说，系统的绩效是稳定的。

千万不要眼红收益排在前面的参数组合，那多半是因为偶然。我们时刻要记得，在未来的交易中，我们取得的结果不一定与测试的结果完全一样。我敢说，十年之后再测试，收益排在第一的参数组合一定不会再处于第一位。

我们选择的参数组合位于第35位，差不多排在表17-1的前四分之一的位置上。你要是问我为什么选择这两个参数作为默认值，我也不知道。多半是根据经验。反正在做参数稳定性测试之前，我是不知道这些统计结果的。

表17-2其实是接着表17-1的，其编号所代表的参数组合与表17-1（排序过的）相同。在这张表里，我们最关心的就是资金回撤率了。

表17—2

编号	利润因子	清算率	恢复因子	资金回撤率(%)	夏普率	暴露时间(%)
1	4.55	4.9	3.82	−36.48	0.83	55.33
2	4.47	5.96	3.67	−40.73	0.8	55.49
3	4.29	5.37	3.49	−36.81	0.8	55.21
4	4.61	6.89	4.35	−39.36	0.82	53.31
5	4.3	5.36	3.74	−37.18	0.8	55
6	4.45	6.62	4.29	−36.68	0.81	53.4
7	4.26	7.01	4.16	−38.93	0.81	53.08
8	4.13	6.37	4.25	−37.39	0.8	53.33
9	3.63	4.72	3.13	−33.33	0.78	54.04
10	3.87	6.02	3.95	−33.69	0.78	53.94
11	3.48	4.27	2.87	−34.14	0.78	54.12
12	4.08	6.47	3.22	−39.09	0.78	54.45
13	4.16	6.15	3.59	−34.01	0.77	53.45
14	3.96	6.26	4.05	−36.12	0.77	53.35
15	4.01	6.56	3.28	−41.15	0.77	54.81
16	4.17	4.91	3.82	−34.94	0.75	55.12
17	3.55	4.98	3.01	−35.45	0.76	54.19
18	3.28	5.34	2.61	−36.23	0.76	53.98
19	3.98	5.96	4.12	−39.57	0.76	53.58
20	3.47	5.57	2.74	−35.33	0.76	54.27
21	3.88	6.12	4.12	−38.16	0.76	53.31
22	3.97	6.76	3.78	−40.22	0.76	53.02
23	3.93	6.67	3.35	−41.09	0.76	53.07
24	3.49	5.79	2.74	−36.54	0.75	53.72
25	3.13	4.17	2.47	−36.59	0.74	53.88
26	3.24	5.2	2.76	−33.73	0.75	53.7
27	3.18	4.87	2.47	−36.35	0.74	53.98
28	3.25	4.93	2.65	−39.05	0.74	53.81
29	3.27	4.91	2.68	−36.42	0.74	54.07
30	4.4	5.98	3.59	−37.4	0.74	52.81

31	3.92	5.89	4.09	-38.73	0.75	53.38
32	3.49	5.17	3.04	-37.41	0.73	53.75
33	3.89	6.46	3.55	-38	0.76	53.03
34	4.37	5.4	4.02	-38.37	0.73	53.08
35	3.11	4.89	2.49	-36.46	0.73	53.87
36	3.1	5.86	2.48	-36.25	0.73	53.53
37	3.54	7.99	3.41	-39.43	0.73	52.14
38	3.58	8.06	3.33	-39.96	0.73	52.52
39	3.72	6.55	3.56	-41.16	0.74	52.61
40	3.52	6.51	3.24	-41.3	0.72	52.55
41	3.3	5.42	2.85	-35.94	0.71	53.1
42	3.01	4.16	2.8	-39.61	0.71	53.58
43	2.91	5.64	2.37	-36.37	0.71	53.75
44	3.07	5.34	2.61	-41.83	0.72	53.47
45	3.01	5.33	2.51	-37.96	0.7	53.53
46	3.57	5.49	3.22	-38.74	0.7	53.15
47	3.21	5.41	2.57	-36.48	0.71	53.72
48	3.14	5.36	2.67	-37.69	0.7	53.55
49	3.42	7.58	3.34	-41.99	0.7	52.11
50	3.54	6.07	3.45	-42.03	0.71	53.33
51	3.02	5.81	3.21	-37.56	0.71	52.65
52	3	5.07	2.22	-38.99	0.7	53.89
53	3.42	7.03	2.73	-41.32	0.7	52.4
54	3.09	7.29	2.92	-39.26	0.71	53.68
55	2.74	3.95	2.58	-40.21	0.69	53.69
56	2.89	4.71	2.58	-37.93	0.69	53.47
57	3.24	5.3	3.02	-37.84	0.7	52.76
58	3.16	5.46	2.8	-34.63	0.69	53.52
59	2.67	5.32	2.09	-38.97	0.68	53.68
60	2.8	4.28	2.48	-38.54	0.68	53.17
61	3.3	5	3.18	-39.05	0.68	53.73

编号	利润因子	清算率	恢复因子	资金回撤率（%）	夏普率	暴露时间(%)
62	3.28	6.81	4.2	−38.13	0.71	48.42
63	2.72	5.24	2.17	−39.34	0.67	53.83
64	2.59	3.69	2.19	−38.74	0.67	52.96
65	2.7	4.27	2.43	−39.66	0.67	53.06
66	3.08	5.04	2.91	−40.14	0.68	53.14
67	3.36	6.3	2.71	−43.23	0.67	52.24
68	2.78	5.6	2.07	−39.95	0.67	54.14
69	2.95	5.92	2.38	−36.58	0.67	53.19
70	2.93	4.75	2.63	−40.12	0.66	53.38
71	2.69	5.39	2.34	−41.56	0.66	53.61
72	2.81	6.03	2.37	−40.33	0.67	53.31
73	2.69	3.51	2.45	−38.6	0.67	53.12
74	2.62	4.69	2.23	−43.95	0.66	53.5
75	2.52	3.73	2.18	−39.34	0.66	53.1
76	2.84	5.41	2.54	−38.26	0.66	52.81
77	3.09	5.03	3.02	−38.52	0.66	52.64
78	3	6.37	2.8	−38.07	0.66	48.6
79	2.22	3.26	2.27	−43.33	0.66	52.09
80	2.46	3.89	2.35	−46.02	0.65	52.71
81	2.26	3.75	1.97	−45.72	0.65	52.43
82	2.21	3.42	2.05	−46.17	0.63	52.21
83	2.16	3.22	2.09	−48.18	0.63	51.8
84	2.1	3.27	1.95	−44.95	0.63	51.8
85	2.2	3.32	2.01	−41.24	0.63	49.85
86	2.27	4.31	2.08	−43.4	0.62	52.52
87	2.32	5.05	2.18	−47.35	0.62	51.87
88	2.08	3.17	1.92	−42.49	0.63	52.04
89	2.29	4.82	2.72	−46.15	0.62	51.91
90	2.13	3.1	1.83	−40.24	0.62	50.05
91	2.2	3.64	2.1	−45.97	0.62	51.75

92	2.02	3.72	1.66	−49.38	0.61	52.04
93	2.15	5.09	1.88	−49.89	0.59	51.59
94	2.17	3.65	2.26	−47.17	0.61	51.62
95	2.01	2.75	1.55	−46.9	0.59	49.84
96	2	3.17	1.64	−45.56	0.58	51
97	2.11	4.07	2.47	−40.86	0.56	52.22
98	2.01	3.24	1.92	−48.82	0.57	51.15
99	2.06	4.06	2.15	−43.81	0.58	48.16
100	2.04	3.4	1.81	−48.95	0.58	50.92
101	1.94	3.38	1.79	−50.23	0.57	50.13
102	1.93	3.14	1.7	−48.47	0.57	50.99
103	2.11	4.18	2.12	−41.25	0.55	50.87
104	1.99	4.15	1.8	−40.54	0.55	48.06
105	2.05	3.9	1.92	−41.13	0.54	50.75
106	1.86	3.25	1.91	−51.02	0.54	51.76
107	1.7	3.9	1.96	−52.66	0.51	50.56
108	1.69	3.6	1.83	−53.08	0.49	50.75
109	1.81	3.07	2.31	−55.19	0.48	50.94
110	1.74	3.25	2	−55.55	0.48	50.98
111	1.76	3.23	1.92	−54.55	0.47	51.25
112	1.59	3.44	1.69	−55.06	0.45	50.7

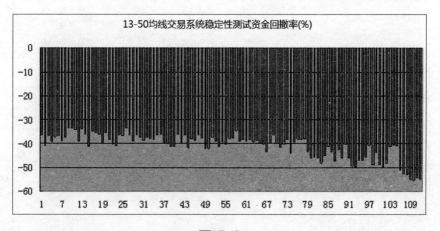

图17-2

　　最大资金回撤率的分布如图17-2。我们可以看到，在前80种参数组合（也就是收益率最好的前80种参数组合）中，最大的资金回撤率多半在40%附近。同时我们也知道，如果我们选择的参数太小，不仅收益率会变小，最大资金回撤的幅度也会变大。这就更说明了参数选择中的问题：在均线交易系统中，如果要交易ETF基金的话，就不能选择太小的参数。

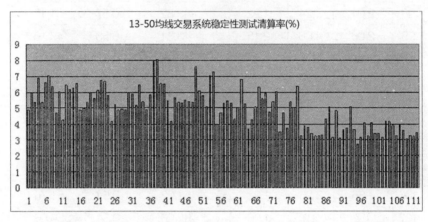

图17-3

　　清算率和胜率决定了破产概率，所以也是很重要的指标。你会看到，参数太小，还是不行。

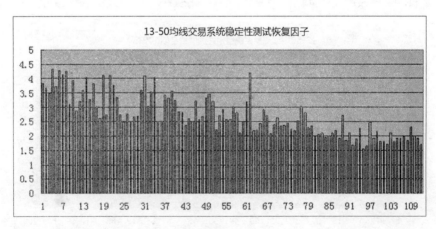

图17-4

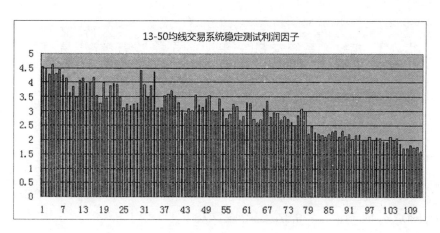

图17-5

图17-4和图17-5进一步说明了同样的问题。

请不要忘记，我们最主要的目的是要看我们的交易系统是否稳定。从以上的图表和统计数据中，可以看出，如果选择的参数相当大的话，交易系统的绩效基本上是稳定的。

所以你真的要使用这个系统交易ETF基金的话，不一定选择我所指定的13和50这两个参数，可以自己做一点变化。

说到这里，我也不免担心，因为如果采用这个交易系统的人太多的话，那在发出买入信号的第二天，会有很多资金在集合竞价时买入，这样会拉高开盘价。最糟糕的是出现卖出信号的第二天，会有很多人在集合竞价时卖出，又会打低开盘价。而开盘的最初一段时间里，报单的人不多，价格向上或者向下的波动阻力都比较小，很容易被人利用。所以，万万不能打市价。不过好在ETF基金毕竟不是股票，一来成交量还可以，二来也不可能拉得太高，否则会遭遇套利盘。

2.其他品种的测试

由于我们测试的是指数，所以其他同类的品种不多。但是还是可以做做看。我选了一些常用的指数。按照与13-50均线交易系统基本相同的规则交易，看看结果如何。

这里的测试与前面不同的是，我们的13-50均线交易系统交易的对象是两个指数，而下面的测试是只交易一个指数。为了便于比较，我们每次交易使用的资金量都相同，都是96%。

指数代码	指数名称	系统交易利润	买入持有利润	年复合收益率(%)	买入持有策略收益率(%)	交易笔数	胜率(%)
1A0001	上证指数	389,520.69	410,997.13	11.167	11.486	34	50
1A0002	A股指数	343,530.15	419,018.81	10.438	11.602	35	45.71
1A0003	B股指数	775,089.98	308,318.31	15.556	9.831	35	37.14
1B0001	工业指数	524,918.08	458,606.84	12.991	12.15	34	52.94
1B0002	商业指数	456,209.15	538,650.94	12.118	13.155	35	42.86
1B0004	地产指数	379,379.22	246,173.80	11.012	8.629	36	33.33
1B0005	公用指数	584,985.65	803,917.56	13.685	15.806	39	41.03
1B0006	综合指数	273,660.79	298,419.34	9.184	9.652	38	42.11
1B0007	上证180	365,816.78	288,046.19	12.05	10.547	33	39.39
1B0008	基金指数	530,328.50	382,214.78	21.022	17.708	19	42.11
1B0009	国债指数	19,714.84	21,427.28	2.66	2.873	13	53.85
1B0010	企债指数	38,107.59	27,935.97	5.039	3.823	11	45.45
1B0015	红利指数	304,349.63	184,331.77	32.42	23.372	9	55.56
1B0016	上证50	276,120.01	140,398.48	24.744	15.765	13	38.46
399001	深圳成指	1,450,459.98	969,591.63	20.047	17.112	38	39.47
399002	成分A指	1,582,799.90	974,247.06	20.704	17.146	37	35.14
399003	成分B指	616,484.86	470,578.25	14.026	12.308	39	35.9
399004	深证100	677,070.73	380,091.41	34.032	25.122	13	69.23
399005	中小板指	486,269.73	418,763.56	24.269	22.416	5	60
399300	沪深300	436,055.23	254,509.22	42.57	30.646	10	70
399908	300能源	7,054.20	9,855.63	2.763	3.829	5	40
399909	300材料	33,288.96	−8,699.29	12.174	−3.573	5	40
399910	300工业	29,681.84	−20,275.91	10.95	−8.661	4	50
399911	300可选	70,186.06	5,301.20	23.686	2.087	4	50
399912	300消费	5,117.21	15,603.34	2.015	5.968	7	28.57
399913	300医药	38,203.67	40,301.79	13.809	14.497	5	40
399914	300金融	8,794.78	−1,896.82	3.427	−0.763	6	33.33
399915	300信息	18,398.33	−23,933.08	6.985	−10.359	5	60

399916	300电信	2,693.20	30,990.46	1.068	11.396	6	66.67
399917	300公用	−12,277.74	−18,360.16	−5.102	−7.79	4	25
399918	300成长	51,458.53	−25,128.78	23.79	−13.824	4	75
399919	300价值	34,701.94	−28,202.71	16.549	−15.661	5	60

表17-3中，先请看如果单独交易上证指数或者深圳成分指数，13-50均线交易系统的年复合收益率是怎样的。而买入持有策略的绩效又是怎样的。

以上一共是32个指数。13-50均线交易系统可以战胜买入持有策略的一共有21个，超过50%，另有11个输给了买入持有策略。但是也输得不多，而且不要忘记，我们给自己设置过一些不利条件，高额的手续费，买入卖出时0.5%的滑价。也不要忘记，即使我们的收益小了一点点，我们的最大资金回撤也远远小于买入持有策略。所以，可以说，这个测试也通过了。

请注意交易笔数那一列。有些指数由于推出的时间不长，所以交易笔数偏少。严格来讲，不够30笔的，都不该认为其有统计意义。但是鉴于我们前面的测试，我们可以对这些数据稍微认真一点点。

还请注意沪深300那一行，共10笔交易，胜率70%，年复合收益率为42.57%，超过了买入持有策略的30.646%。买入持有策略的收益很高，主要是因为这个指数是2005年颁布的，之后刚好是2006年和2007年的大牛市，所以才会这样。我们的收益超过了它，这点没什么好奇怪的。但是胜率是70%就奇怪了，如果你以后用这个交易系统交易沪深300ETF，这个胜率不可以作为期望的目标，顺势交易系统的胜率能在40%左右，就已经很满意了。超过50%几乎不太可能。不过话又说回来了，书读到这里，你应该知道，胜率有重要的一面，也有不重要的一面。

由于我们测试的只是两个指数，所以没有必要做蒙特卡洛模拟。

系统的稳定性测试结果我们基本上满意，所以我们可以得出结论，这个交易系统应该可以用于指数基金的交易。

但是，你认为现在就可以使用这个系统去赚钱了吗？

问题远远没有这么简单。

你还没有适应这个交易系统。

所以下面还有一个工作要做。我们要逐笔考察13-50均线交易系统生成的72笔交易。在这个过程中，你会发现，其获利的过程根本就不是你所想象的那样。这里简直是另外一个世界，其中充满了痛苦：买得太高的痛苦，卖得太低的痛苦，买完就跌的痛苦，卖完就涨的痛苦，被套后坚持的痛苦，获利后忍住不卖的痛苦，到手的收益一点点退回去的痛苦，连续很长时间不获利的痛苦，别人赚钱可你却没有信号而无法交易的痛苦。

其实不管你使用什么样的机械交易系统，即使是我们的TIMES股票交易系统，这些也都是你要承受的。在很多时候，你会被人当作傻瓜，会变成别人的笑话。但是经过一段时间之后，你会发现结果很神奇，那些总是赚钱的人最后却没赚到多少，而总是亏损被当作傻瓜的你，赚到的钱可以比电话号码还多。

我称这段为天路历程。

第十八章
Chapter 18

天路历程

请注意，下面的所有图形中，买入和卖出位置都是箭头标示的那天的开盘价，而不是箭头所在的位置。

我们以下交易的排列顺序是按照进场的先后排序的，都考虑了手续费和滑价。

1. 第1笔交易

表18-1

编号	代码	股数	进场日期	进场价格	出场日期	出场价格	收益率(%)
1	上证指数	53	1995-5-23	795.699	1995-6-30	638.392	-19.95

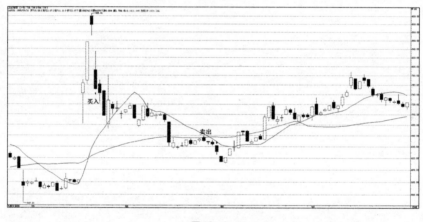

图18-1

注解：

均线系统的缺点之一是滞后性。总是价格先变化，而后均线才跟上。使用这个交易系统时，有两种情况会让我们非常倒霉：其一是当行情不大的时候，会使我们买在高位，卖在低位；其二就是行情突然爆发，但持续的时间很短。

我们的第一笔交易就碰到了第二种情况。

这段行情是1995年的5·18行情。当时还没有涨跌停板，利好突发，价格井喷。可惜的是，真正上涨的行情只维持了3天。我们尽量不管基本面。

我们采用13-50均线交易系统，买在了高位，卖在了低位。这笔交易持续了28个交易日，让我们亏损了8413.26元，账户资产从最初的10万元亏损到了91586.738元，损失了−19.95%。

还好在上证指数上，我们只使用一半的资金建仓。

其实，这笔交易，如果很多人采用主观交易方法，也不会做得如此糟糕。但是，我们不能指望交易系统每笔交易都比我们自己做得好，是不是？绝对不能因为某笔交易出奇的不好，就放弃系统。这是系统交易的大忌。

所以这里我要强调，以后也还会强调，一定要接受系统的亏损，只有这样，你才能接受系统带给你的利润。

还要提醒你的是，这笔交易持续了一个月多一点点。这是你痛苦的时间。

2．第2笔交易

表18-2

编号	代码	股数	进场日期	进场价格	出场日期	出场价格	收益率(%)
2	深成指数	40	1995-6-1	1,134.40	1995-6-9	1,104.59	-2.83

图18-2

注解：

你会认为，如果上证指数的13日均线与50日均线交易时，深圳成分指数在同一天也会发生交叉现象，这是错误的。请打开你的看盘软件，简单看看，对比一下就知道了。

在1995年之前的股市里，经常是上海股票强，深圳股票弱，以至于当时很多人只开立了上海账户而没开深圳账户。而且我们交易的不是深圳综合指数，而是深圳成分指数。

我们看图18-2，深圳成分指数的交叉点晚了几天，救了我们一命。这笔交易，进场晚，出场早，亏损了1282.11元，损失了-2.83%。

这笔交易进场晚，但是比上一笔交易出场早，所以这笔的亏损，加上第一笔交易的亏损，使得我们的账户资产只有90304.63元了。也就是说，一个月亏损了将近10%。

3.第3笔交易

表18-3

编号	代码	股数	进场日期	进场价格	出场日期	出场价格	收益率(%)
3	上证指数	62	1995-7-31	702.44	1995-10-5	715.64	1.68

图18-3

注解：

还是上证指数先出现买入信号。这笔交易持续了将近2个月。

请注意中间的两次上冲，我们曾经在账面上赢利不少，但是最终都退了回去，这笔交易我们赢利1.68%，共730.48元，账户资产为91035.10元。

利润退回不只是操作均线交易系统，也是任何机械交易的难点。我们谁都不愿意看到账面利润一点点地亏损回去。但是，事实上，如果我们不接受震荡，也就无法取得震荡之后的利润。这一点非常重要。我们把到手的利润吐了回去，就说明，这段行情不是我们交易系统应该赢利的最佳时机，我们还需要等待。

也许你很难相信，相当多交易系统退回去的利润都比到手的利润多。如果是短线交易系统的话，你的手续费甚至都超过你的利润，如果最后还有利润的话。

4．第4笔交易

表18—4

编号	代码	股数	进场日期	进场价格	出场日期	出场价格	收益率(%)
4	深成指数	39	1995—8—3	1,079.05	1995—10—6	1,152.81	6.63

图18—4

注解：

对应的大致时段，深圳指数上也出现了一笔交易，这笔收益率要好一些。收益率为6.63%，赚了2789.54元，账户资产为93824.65元。

请注意，我们又把很多利润退了回去。

5.第5笔交易

表18-5

编号	代码	股数	进场日期	进场价格	出场日期	出场价格	收益率(%)
5	深成指数	38	1995-11-6	1,172.76	1995-11-14	1,122.64	-4.47

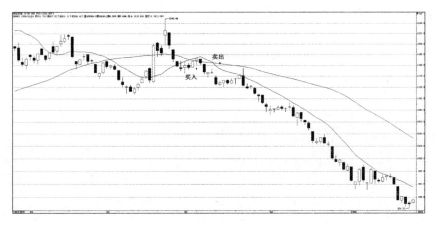

图18-5

注解:

这笔交易维持的时间很短,只有几天,而且只是在深圳的指数上出现,上证指数上没有对应的交易。

结果很不幸,又是买在了高位,卖在了低位。亏损4.47%,共1991.79元。

这个时候,已经到了1995年年末了,我们的账户资产为91832.86元。

如果你能采用13-50均线交易系统,交易这么一年之后,对交易系统还有信心,并不想修改交易系统的话,那我要恭喜你了,因为你属于非常有潜力的机械交易系统交易者。

我相信到这里为止,大多数人会放弃这个交易策略,或者对退回去的利润念念不忘,设法去修改交易系统。根据我的经验,短期里你可以因为买得低卖得高而沾沾自喜,但是长期来看,这样一定会吃大亏的。因为使用机械交易系统的另一个大忌就是根据自己的判断筛选交易信号。顺势交易系统有时一年中的赢利就靠那么1、2笔交易,万一把这样的交易过滤掉了,后果比你想象的还要严重。

6．第6笔交易

表18-6

编号	代码	股数	进场日期	进场价格	出场日期	出场价格	收益率(%)
6	深成指数	42	1996-3-8	1,033.60	1996-9-23	2,590.42	150.27

图18-6

注解：

这笔交易深圳先有信号。看到了吗？这才是13-50均线交易系统的赚钱机会。这笔交易赢利150.27%，计65234.35元。我们的账户资产因这笔交易而上升到157067.21元。

前面的阴霾一扫而空。

请注意买入之后，有个为期不短的横盘时间。上升途中，有过很多次震荡，但是我们都能把仓位留住。现在，请停下来想一想，为什么我前面说，有些账面利润必须退回去。

因为顺势交易策略不会去预测后面的行情。事实上，没人知道后面的行情到底大不大。使得我们把利润退回去的行情其实不是我们这种交易系统要抓的行情，那种钱也不是我们这种系统要赚的钱。

再设想，如果你总是想买在底部，卖在顶部，即使你在1995年的几次行情中成功过几回（其实这不是什么好事），如果在这种行情中间的震荡阶段处理不好，最终的收益肯定没有13-50均线交易系统那么好。

我相信我们都有这样的经历，在某一个阶段，连续高抛低吸，感觉非常好。结果一个不小心，就因为某一笔交易处理不当，错过了大行情，结果得不偿失。

要知道，如果我们能保护好自己的资金，就可以在股市里玩得足够长。只要能玩得足够长，每一笔交易的赢亏对我们所有交易来说，就只是大海里的一滴水而已，没有必要太计较。而且要相信，我们退回去的东西，市场一定在某一天会加倍还给我们的。

7．第7笔交易

表18-7

编号	代码	股数	进场日期	进场价格	出场日期	出场价格	收益率(%)
7	上证指数	76	1996-3-12	566.3	1996-8-30	791.39	39.51

图18-7

注解：

这是对应时间段上证指数的交易。这个的收益就差多了。不过好歹也将近40%，赢利17003.66元。加上上一笔深圳成分指数的交易，我们的账户资产是174070.87元。

以后我们应该注意保护这些利润。事实上，即使在今后十年里最困难的时期，我们也没把这些利润退回去多少。但是，要做到这一点，需要你对系统有着坚定的信心，能一直执行下去。

8．第8笔交易

表18-8

编号	代码	股数	进场日期	进场价格	出场日期	出场价格	收益率(%)
8	深成指数	29	1996-10-7	2,837.92	1996-12-26	3,020.45	6.23

图18-8

注解：

这笔交易又是让人很郁闷。本来赢利很多，但是卖在了低位，共赢利6.23%，计5123.56元。

再次说明，我们必须心甘情愿地退回这些利润。如果不是这样，就无法赚到前面所说的第6笔交易那样的利润。

9．第9笔交易

表18—9

编号	代码	股数	进场日期	进场价格	出场日期	出场价格	收益率(%)
9	上证指数	97	1996-10-8	873.425	1996-12-27	921.171	5.26

图18—9

注解：

上海这笔交易几乎一样惨，大部分利润都退了回去，共收益5.26%，赢利4457.24元。

这样到了1996年的年末，我们的账户上一共有了183651.66元。这两年的收益率一共是80%多。

不知道你会怎么想，反正我对这样的收益已经很满意了。虽然很多笔交易不完美，但是13-50日均线很好地完成了自己的使命——捕获大的波段。

不过，话说回来了。亏损的时候，我们心里很难过；赢利的时候，其实也不好过。你可能总是会担心到手的利润会飞走。事实上，很多时候的确会飞走，不过你如果接受这样的现实，飞走的利润就不可惜了。要知道，这是我们付出的代价，只有这样，我们才能赚到大额的利润。

10．第10笔交易

表18-10

编号	代码	股数	进场日期	进场价格	出场日期	出场价格	收益率(%)
10	深成指数	24	1997-2-25	3,636.58	1997-6-9	4,814.30	32.15

图18-10

注解：

1997年的第一笔交易，共赢利32.15%，由于我们使用的是48%的资金，所以收益为28062.35元。持仓时间3个月。

这次卖的位置还算将就，至少比上次好看。其实这种卖出位置是这类交易系统很典型的了结位置。很多人口口声声说不指望买在最低，卖在最高，但是实际操作中却不是那么做的。我想问的是，如果对这样的位置不满意，你希望在什么位置进场出场呢？那样做能稳定吗？

11．第11笔交易

表18—11

编号	代码	股数	进场日期	进场价格	出场日期	出场价格	收益率(%)
11	上证指数	87	1997-2-28	1,028.49	1997-6-2	1,302.16	26.38

图18—11

注解：

上证指数上的收益要少一点点。赢利26.38%，共23606.80元。

请注意，下跌的时候不要恐慌，一定要等待出场信号的出现。由于均线系统反应慢，有时你会卖在更低的位置，有时又会像这笔交易一样，卖在了相对高一点的位置。谁知道呢？所以，千万不要着急，机械交易系统就是要做到完全机械。

这两笔交易过后，我们的账户资产一共是235320.81，赢利了135%。

当这样的行情出现时，很多人都梦想着翻倍，甚至翻很多倍。的确有些人做到了，可问题是毕竟是少数。如果能计算这个百分率的话，我相信一定低得让人吃惊。而且，最主要的问题是，他们的交易方法在行情好的时候会让他们翻倍，也会使他们在行情不好的时候亏损很多。

我们不想这样，哪怕赚的时候少一点，但尽量不要有太多亏损。这样的交易策略才是稳定的。而且，如果亏损不大的话，下次交易很容易赚得很多，别忘记股票投资赚的是复利而不是单利。

到这里，我希望你已经看出来，不过如果你没有看出来的话，可以一边看，一边思考，那就是，在交易中，好的策略固然非常重要，但比它还重要的就是心理控制。如果心理控制做得好，一个一般的策略也会让你赚很多钱，可是倒过来就不灵了，策略再好，心理控制上火候不够的话，还是会亏钱。当然，最好是好的心理控制再加上第一流的策略。

不过我要提醒诸位的是，我们现在谈的不是股票，因为股票上还有资金管理和组合分配的问题。我们现在只讲交易ETF基金。我们拿上证指数和深圳成分指数做例子，是没办法的办法，因为ETF基金可供测试的数据不够多。其实，在真实的交易中，我们做的不是指数，而是基金。基金其实比指数要稳定，尤其是沪深300。这就是股票指数期货为什么用它当标的的道理，也就是说，如果用13-50均线交易系统交易沪深300的话，其交易绩效会比我们所列的这72笔交易还要稳定。

12．第12笔交易

表18—12

编号	代码	股数	进场日期	进场价格	出场日期	出场价格	收益率(%)
12	上证指数	91	1997-9-4	1,252.01	1997-9-25	1,112.78	-11.31

图18—12

注解：

又是一笔很傻的交易，亏损了11.31%。

不过我们欣然接受。

13．第13笔交易

表18-13

编号	代码	股数	进场日期	进场价格	出场日期	出场价格	收益率(%)
13	深成指数	25	1997-9-12	4,475.39	1997-9-16	4,233.12	-5.61

图18-13

注解：

跟上笔交易同一时期的深圳成分指数的交易。

其结果要好一点点，因为13日均线上穿的幅度不高，很快就跌下来了，我们得以快一步出局。

其实说实话，这个交易系统在深圳指数上的表现比在上证指数上的表现要好很多。不知道大家有没有留意到，这么多年里，深圳成分指数比上证指数要强。你可以抽空打开自己的看盘软件计算一下，结果一定会让你吃惊的。所以我说，太多人过分关注上证指数了。我们不一定要这样，我们应该更多地关注自己的口袋和皮夹才对。

14．第14笔交易

表18—14

编号	代码	股数	进场日期	进场价格	出场日期	出场价格	收益率(%)
14	深成指数	22	1997-10-24	4,597.90	1997-12-5	4,221.79	-8.37

图18—14

注解：

跟上一交易差不多。

在横盘震荡时，这是均线系统很典型的亏损交易。

15．第15笔交易

表18—15

编号	代码	股数	进场日期	进场价格	出场日期	出场价格	收益率(%)
15	上证指数	87	1997-10-31	1,170.74	1997-12-4	1,119.20	-4.6

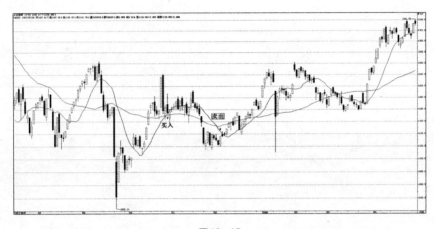

图18—15

注解：

上证指数的这笔要好一点点。

到了这里，已经将近1997年年末了。在这笔交易之后，我们账户的资产是216161.11元。

16．第16笔交易

表18-15

编号	代码	股数	进场日期	进场价格	出场日期	出场价格	收益率(%)
16	上证指数	82	1997-12-30	1,192.07	1998-3-11	1,195.25	0.07

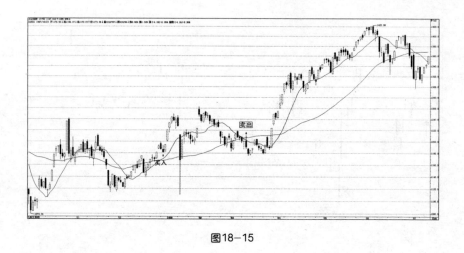

图18-15

注解：

这笔交易只有上证指数有，这一段时间里，深圳指数没有强到使两条均线交叉的地步，所以这笔交易，我们只是使用了一半的资金。

结果只赢利0.07%，共65.24元。

不过还是要注意其中的两次拉高，它们曾经给我们带来不少希望。中间的那个大阴线其实很吓人的。

17．第17笔交易

表18—17

编号	代码	股数	进场日期	进场价格	出场日期	出场价格	收益率(%)
17	上证指数	75	1998-4-6	1,298.07	1998-7-3	1,329.16	2.19

图18—17

注解：

这笔交易维持了3个月，赢利2.19%。

进场是晚了一点，出场看似也晚了，但是看看后面的跌势，应该很欣慰了。所以，希望大家不要总关注赚钱的阶段，也要关注一下出场后的走势。因为这种交易方法除了能让我们稳定地赚到不少钱之外，还救过我们很多次。

18．第18笔交易

表18—18

编号	代码	股数	进场日期	进场价格	出场日期	出场价格	收益率(%)
18	深成指数	23	1998-4-9	4,266.67	1998-6-8	4,155.62	-2.8

图18—18

注解：

同期深圳指数的交易，亏损了2.8%，加上上一笔交易，这两个月里基本上真的是白忙了。

不过也要看到，下跌之后，给我们带来的新机会。

19．第i9笔交易

表18—19

编号	代码	股数	进场日期	进场价格	出场日期	出场价格	收益率(%)
19	上证指数	79	1998－9－28	1,230.39	1998－12－10	1,218.03	－1.2

图18—19

注解：

又被耍了一次。

20. 第20笔交易

表18—20

编号	代码	股数	进场日期	进场价格	出场日期	出场价格	收益率(%)
20	深成指数	29	1998—11—19	3,343.55	1998—12—10	3,119.80	-6.89

图18—20

注解：

深圳的交易上亏损得多了一点，还好指数又跌了很多。

现在到了1998年的年末，我们账户的资产是194616.12元。不知道你怎么想，我觉得这一年的交易完全可以接受。看看这段时间指数的走势，就会知道，我们又逃过了很多劫难。是不是有一种幸灾乐祸的感觉？

21．第21笔交易

表18-21

编号	代码	股数	进场日期	进场价格	出场日期	出场价格	收益率(%)
21	上证指数	81	1999-3-19	1,156.36	1999-4-30	1,114.18	-3.84

图18-21

注解：

又被耍了一次，还好没亏太多。

我们被耍的次数越多，后面的机会就越大。

22．第22笔交易

表18—22

编号	代码	股数	进场日期	进场价格	出场日期	出场价格	收益率(%)
22	深成指数	32	1999-3-26	2,883.24	1999-4-2	2,876.25	-0.44

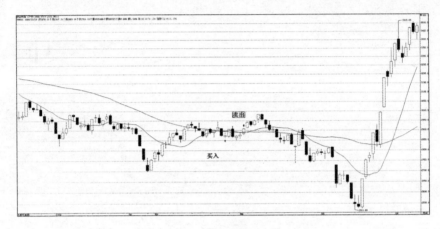

图18—22

注解：

同期深圳的交易。但是中间13日均线在4月1日下穿过50日均线一次。所以虽然同一时期上海我们还持仓，但是这次交叉害得我们在4月2日出局一次。

23．第23笔交易

表18-23

编号	代码	股数	进场日期	进场价格	出场日期	出场价格	收益率(%)
23	深成指数	32	1999-4-6	2,948.04	1999-4-28	2,760.00	-6.57

图18-23

注解：

很快13日均线又上穿50日均线，我们还得进场，出场日期和上海的差不多。

请不要关注图形右侧的上升走势。在我们卖出的时候，市场肯定非常的悲观。

24．第24笔交易

表18—24

编号	代码	股数	进场日期	进场价格	出场日期	出场价格	收益率(%)
24	上证指数	69	1999-5-31	1,293.51	1999-10-11	1,521.57	17.41

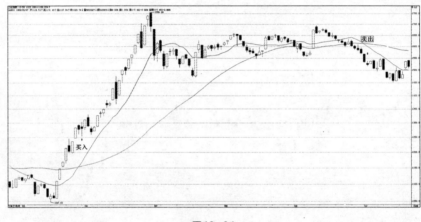

图18—24

注解：

连续亏损几次之后，出现了赢利交易。

这笔交易中，我们进场的确晚了一些。那些等待均线发生金叉的日子肯定不好受。但是不要忘记，我们的规矩就是这样，系统没信号，就是不应该进场交易。

25．第25笔交易

表18-25

编号	代码	股数	进场日期	进场价格	出场日期	出场价格	收益率(%)
25	深成指数	26	1999-6-2	3,420.71	1999-8-17	3,887.52	13.43

图18-25

注解:

深圳的这笔交易，害得我们中间出场了一次。

26．第26笔交易

表18—26

编号	代码	股数	进场日期	进场价格	出场日期	出场价格	收益率(%)
26	深成指数	25	1999-9-6	3,999.08	1999-10-11	3,846.92	-4

图18—26

注解：

出场之后，又一次金叉，我们还得进场，最终这笔交易以亏损告终。

到了这里，已经是1999年年末了，这笔交易完成后，我们账户上的资产为207896.73元。资金曲线一直没突破1997年的新高，总的来说，我们还在等待，在等待的过程中把握机会，却又成功地保护了资金。

27．第27笔交易

表18-17

编号	代码	股数	进场日期	进场价格	出场日期	出场价格	收益率(%)
27	深成指数	27	2000-1-18	3,619.89	2000-5-18	4,341.51	19.71

图18-17

注解：

深圳指数早一天发出了买入信号。这笔交易，赢利了19.71%，因为是半仓，所以获利金额为19268.80元，还算不错。

注意，买入信号出现之前的一段上涨行情，这时千万不要着急。谁知道出现信号的时候，价格是怎么样的呢？你看，这笔交易中，买入的位置非常不错，虽然这个机会是偶然出现的，但是它能给我们信心，一定要严格按照信号交易。

28．第28笔交易

表18-28

编号	代码	股数	进场日期	进场价格	出场日期	出场价格	收益率(%)
28	上证指数	69	2000-1-19	1,433.00	2000-5-23	1,825.27	27.15

图18-28

注解：

深圳指数的交易和上海差不多，也请多注意买点。

均线系统的滞后性，并不是总给我们带来坏处的。

其实，在这笔交易结束之后，我们的账户资产是254007.22元。资金曲线已经创出新高。从1997年到2000年，我们等待了3年。我虽然不知道有多少人，但是也能猜到一定有很多人在这三年内亏得很惨。翻本是他们的梦想。而我们呢，我们的资金曲线创出了新高。请注意，这么简单的策略，就可以让你笑到最后。

29．第29笔交易

表18—17

编号	代码	股数	进场日期	进场价格	出场日期	出场价格	收益率(%)
29	上证指数	64	2000-5-30	1,908.31	2000-9-13	1,975.12	3.3

图18—17

注解：

出场之后，很快又出现了买入信号。我们还得进场。

这笔交易只赢利3.3%。

30．第30笔交易

表18—30

编号	代码	股数	进场日期	进场价格	出场日期	出场价格	收益率(%)
30	深成指数	26	2000-5-31	4,652.46	2000-9-8	4,673.93	0.26

图18—30

注解：

深圳指数上的交易基本一样，不同的是赢利更少。

所以，我想说，中间被震出来那一次，对我们的交易绩效影响很大。它迫使我们卖在了低位，买在了高位。里外的损失不少。这也是我为什么不提倡波段交易的一个原因。我们这里遇到这种情况，是没有办法，因为系统的信号就是这么发出的，我们不得不按照系统操作。而且这种信号不带有普遍性，偶然经历一下也好。但是在波动交易中，这可是常有的事情。所以很多行情看似很漂亮，其实做不出来那么好，除非你一动不动，就是不卖。但是，万一遇到大幅度的下跌行情，就完蛋了。

31．第31笔交易

表18-31

编号	代码	股数	进场日期	进场价格	出场日期	出场价格	收益率(%)
31	上证指数	62	2000-11-7	1,997.08	2001-2-7	1,985.62	-0.77

图18-31

注解：

煮熟的鸭子又飞了。让它飞好了。

32．第32笔交易

表18-32

编号	代码	股数	进场日期	进场价格	出场日期	出场价格	收益率(%)
32	深成指数	25	2000-11-13	4,865.74	2000-12-22	4,721.56	-3.16

图18-32

注解：

深圳的交易出场早了一点，也多亏了一点。

33．第33笔交易

表18-33

编号	代码	股数	进场日期	进场价格	出场日期	出场价格	收益率(%)
33	深成指数	25	2001-3-16	4,809.24	2001-5-16	4,880.71	1.28

图18-33

注解：

还是放走了一些利润。

34．第34笔交易

表18—34

编号	代码	股数	进场日期	进场价格	出场日期	出场价格	收益率(%)
34	上证指数	59	2001-3-23	2,093.95	2001-7-16	2,165.46	3.21

图18-34

注解：

上海这笔还赚了一些。

到此时，我们账户的资产是259061.19元。这个数字是按照平仓之后算出来的。其实在持仓不动的时候，账户资产每天都会变化。不过我们为了计算方便，这里都观察平仓后的资产。

我们现在知道，但当时是无法知道的。从这里开始，股市走了4年多的熊市。我们也开始了为期4年的艰苦时期。我们资金曲线的这一高点，在2003年曾经接近过，但是没有被超越。突破这一高点实际上是2006年（按照交易平仓时间计算）的事情了。在这期间，我们经历的资金曲线最低金额为195396.11元，时间是2005年9月。

35. 第35笔交易

表18-35

编号	代码	股数	进场日期	进场价格	出场日期	出场价格	收益率(%)
35	深成指数	34	2001-12-4	3,576.57	2001-12-27	3,313.32	-7.55

图18-35

注解：

下跌中途的一次反弹，我们被骗了进去。

36．第36笔交易

表18-36

编号	代码	股数	进场日期	进场价格	出场日期	出场价格	收益率(%)
36	上证指数	70	2001-12-4	1,770.36	2001-12-27	1,627.28	-8.27

图18-36

注解：

与上一笔交易出现在同一时期。

还好逃得快。

到2001年年末，我们的账户资产为239623.05元。

37. 第37笔交易

表18—37

编号	代码	股数	进场日期	进场价格	出场日期	出场价格	收益率(%)
37	深成指数	34	2002-3-12	3,393.44	2002-4-26	3,125.47	-8.09

图18—37

注解:

再次接受震荡。

38．第38笔交易

表18—38

编号	代码	股数	进场日期	进场价格	出场日期	出场价格	收益率(%)
38	上证指数	69	2002-3-12	1,672.04	2002-5-17	1,541.34	-8.01

图18—38

注解：

接受震荡，接受命运的安排。

39．第39笔交易

表18—39

编号	代码	股数	进场日期	进场价格	出场日期	出场价格	收益率(%)
39	深成指数	30	2002-6-27	3,524.49	2002-8-26	3,460.73	-2.01

图18—39

注解：

又是一次高开害了我们，不过比第一笔交易可好多了。那笔亏了将近20%。

40．第40笔交易

表18—40

编号	代码	股数	进场日期	进场价格	出场日期	出场价格	收益率(%)
40	上证指数	61	2002-7-1	1,740.38	2002-8-19	1,641.40	-5.88

图18—40

注解：

与第39笔类似的交易。

41．第41笔交易

表18—41

编号	代码	股数	进场日期	进场价格	出场日期	出场价格	收益率(%)
41	深成指数	30	2002-9-6	3,399.44	2002-9-9	3,349.11	-1.68

图18—41

注解：

小小的震荡，害得我们亏损了1.68%，亏得冤枉，也亏得无奈。

这笔交易结束之后，2002年就没有交易了，此时账户资产为210971.40。怎么样，虽然亏了不少钱，但同当时的行情相比，还可以满意吧。

42．第42笔交易

表18—42

编号	代码	股数	进场日期	进场价格	出场日期	出场价格	收益率(%)
42	深成指数	34	2003-1-22	2,962.76	2003-3-27	2,954.08	-0.49

图18—42

注解：

这笔交易的出场可真够倒霉的。别忘记，我们是在开盘的时候卖出的。结果当天大涨，以后几天也大涨。

谁让均线在前一天出现死叉呢，这是没办法的事情。

43．第43笔交易

表18—43

编号	代码	股数	进场日期	进场价格	出场日期	出场价格	收益率(%)
43	上证指数	69	2003-1-22	1,456.07	2003-3-26	1,454.01	-0.34

图18—43

注解：

跟上一笔交易一样不幸。

但是，要时刻记得，只要我们能保护好资金，那么每一笔交易对我们来说，都像大海里的一滴水，森林里的一棵树。

44．第44笔交易

表18—44

编号	代码	股数	进场日期	进场价格	出场日期	出场价格	收益率(%)
44	深成指数	32	2003-4-2	3,132.47	2003-6-25	3,259.29	3.84

图18—44

注解：

很快出现再次进场信号，由于行情不大，没赚多少，中间还被吓得不轻。

45．第45笔交易

表18—45

编号	代码	股数	进场日期	进场价格	出场日期	出场价格	收益率(%)
45	上证指数	66	2003-4-7	1,529.51	2003-6-24	1,504.72	−1.82

图18—45

注解：

上海的这笔亏了一点点。

但是逃命成功就好。

请注意买入之后的震荡。

46．第46笔交易

表18—46

编号	代码	股数	进场日期	进场价格	出场日期	出场价格	收益率(%)
46	深成指数	31	2003-10-29	3,214.33	2004-4-26	3,751.72	16.5

图18—46

注解：

这笔交易横跨2003年到2004年，是比较成功的一笔交易。

我希望看到这里，你能不计较卖出的位置。

还是提醒大家注意买入之后的震荡。

47．第47笔交易

表18—47

编号	代码	股数	进场日期	进场价格	出场日期	出场价格	收益率(%)
47	上证指数	72	2003-12-3	1,441.87	2004-4-26	1,625.10	12.5

图18—47

注解：

同期上海指数的交易情况。

这笔交易平仓之后，我们的账户资产是241564.11元，比较接近资金曲线的最高点。

48．第48笔交易

表18—48

编号	代码	股数	进场日期	进场价格	出场日期	出场价格	收益率(%)
48	上证指数	80	2004-9-27	1,459.77	2004-10-26	1,303.07	-10.92

图18-48

注解：

比较严重的亏损。主要是由于一次力度不强的反弹引发的。

请注意，我们这次买入的位置比上次卖出的位置低了很多。

49．第49笔交易

表18—49

编号	代码	股数	进场日期	进场价格	出场日期	出场价格	收益率(%)
49	深成指数	33	2004-9-27	3,557.23	2004-11-4	3,186.22	-10.62

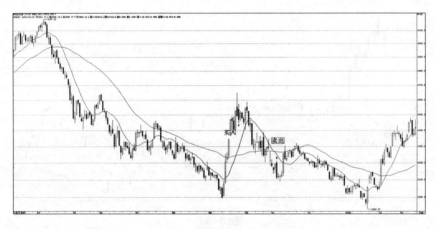

图18—49

注解：

同期深圳指数的交易。

到此时，我们的账户资产为216341.20元。同前期的跌势相比，已经可以满意了。

50．第50笔交易

表18-50

编号	代码	股数	进场日期	进场价格	出场日期	出场价格	收益率(%)
50	上证指数	76	2004-11-26	1,362.49	2004-11-30	1,332.29	-2.41

图18-50

注解：

上证指数在11月末有一个反弹，使得13日均线向上穿过50日均线，但是由于反弹的力度不大，所以13日均线很快又下穿50日均线。

这笔交易我们亏损了2.41%。

此后，2004年末没有交易。我们看一下此时的账户资产，为213841.20元。

51．第51笔交易

表18—51

编号	代码	股数	进场日期	进场价格	出场日期	出场价格	收益率(%)
51	深成指数	31	2005-2-18	3,271.46	2005-4-5	3,230.93	-1.44

图18—51

注解：

为期两个月的交易，我们再次放弃了一些账面利润，亏损1.44%。

52．第52笔交易

表18-52

编号	代码	股数	进场日期	进场价格	出场日期	出场价格	收益率(%)
52	上证指数	79	2005-2-28	1,315.14	2005-3-25	1,201.16	-8.86

图18-52

注解：

同一时期上海的交易，亏得多了一点点。

53．第53笔交易

表18—53

编号	代码	股数	进场日期	进场价格	出场日期	出场价格	收益率(%)
53	深成指数	29	2005-4-15	3,318.95	2005-4-25	3,148.56	-5.33

图18—53

注解：

一次反弹，害我们亏损5.33%。

之后，行情大跌，一点点代价换取更低的指数，可以接受。

54．第54笔交易

表18—54

编号	代码	股数	进场日期	进场价格	出场日期	出场价格	收益率(%)
54	深成指数	32	2005-8-3	2,961.10	2005-9-30	2,883.97	-2.8

图18—54

注解：

比较强劲的反弹，但是并不适合我们的13—50均线交易系统。

深圳这笔亏损了2.8%。

55．第55笔交易

表18—55

编号	代码	股数	进场日期	进场价格	出场日期	出场价格	收益率(%)
55	上证指数	86	2005-8-5	1,108.13	2005-10-14	1,146.61	3.27

图18—55

注解：

同期上证指数的交易，赢利3.27%，可以抵消第54笔交易的亏损。

在第54笔交易平仓时，我们的账户资产为195396.11元，是我们这些年来账户的最低点。这笔交易平仓之后，我们的账户资产为198511.06元。

从2000年开始到此时，我们奋战了5年。这5年中，多少人仍然想着翻倍，仍然想着波段操作。的确，有很多股票在这期间走出了自己的行情，但是，能抓住这种行情的交易方法，很难让你避开这么多次大跌，很难让你在赢利的时候留住股票不卖。偶然的几次成功，并不能保证一直的成功。而我们需要的是能保证我们以后也成功的方法。虽然很多时候，从一般人的角度，我们的买点和卖点都看起来比较糟糕，但是结果却是戏剧性的，你说是不是？在这5年中，如果你能保证自己不折不扣地执行这个简单的策略，你就是高手。现在回头看看，似乎很容易，但是日子是一天一天过的，不是像上面的图一样，一下子全都显示出来的。我们都不知道第二天会发生什么事情，我们也不可能不思考。所以，这期间，我们顶着了多少诱惑，忍受了多少痛苦和嘲笑。

没有人知道，最黑暗的5年已经过去了。之后的牛市使我们的交易系统一马平川，但是请回味这些交易，如果有必要的话，请多看几次这些交易记录。

56．第56笔交易

表18—56

编号	代码	股数	进场日期	进场价格	出场日期	出场价格	收益率(%)
56	深成指数	34	2005-12-20	2,804.48	2006-6-26	4,120.10	46.66

图18—56

注解：

这笔交易让我们赢利46.66%。

57．第57笔交易

表18—57

编号	代码	股数	进场日期	进场价格	出场日期	出场价格	收益率(%)
57	上证指数	83	2005-12-21	1,141.66	2006-8-7	1,553.99	35.88

图18--57

注解：

上海这笔交易让我们赢利35.88%。

此时我们的账户资产是277006.28元。

请注意这个数字，这一笔交易(其实是上海、深圳两笔)，让我们把这5年多全部的亏损都赚了回来，我们的账户资产创出了历史新高。

我相信，以后也会有很多这样的事情：连续亏损之后，在最没有信心的时候，出现了一笔非常漂亮的交易，可问题是你有没有参与这笔交易。采用机械交易系统，进行顺势交易，最要紧的是不能放过每一个信号。

58．第58笔交易

表18-58

编号	代码	股数	进场日期	进场价格	出场日期	出场价格	收益率(%)
58	深成指数	32	2006-6-30	4,341.63	2006-7-31	4,048.17	-6.95

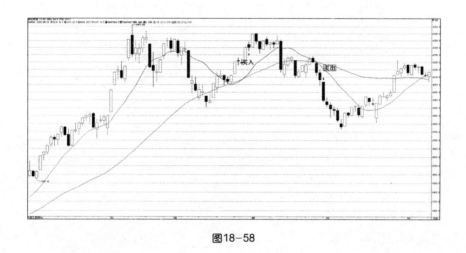

图18-58

注解：

深圳的指数在这里出现了一个小震荡，我们亏损了6.95%。

上证指数中没有这笔交易，因为均线没有出现交叉。

59. 第59笔交易

表18—59

编号	代码	股数	进场日期	进场价格	出场日期	出场价格	收益率(%)
59	深成指数	31	2006-9-8	4,136.20	2007-7-17	12,206.70	194.72

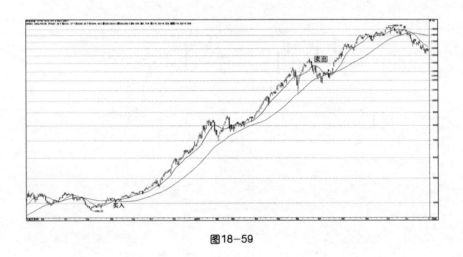

图18—59

注解：

大牛市中非常漂亮的一击，5·30也没震出去。

没什么可说的，只有一点，系统没有卖出信号的时候，坚决
不卖。

60．第60笔交易

表18-60

编号	代码	股数	进场日期	进场价格	出场日期	出场价格	收益率(%)
60	上证指数	76	2006-9-11	1,675.09	2007-7-6	3,581.82	113.51

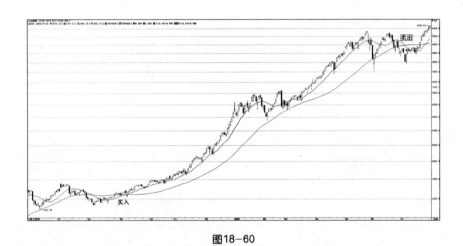

图18-60

注解：

上证指数的交易也算不错。

不要忘记有空看看你的看盘软件，仔细观察一下，上证指数和深圳成分指数在很多时候是不一样的。

此时，我们的账户资产是661537.63元。

61. 第61笔交易

表18—61

编号	代码	股数	进场日期	进场价格	出场日期	出场价格	收益率(%)
61	深成指数	22	2007-7-25	14,273.45	2007-11-13	17,113.03	19.67

图18—61

注解：

5·30没有被震出来，7月的时候却被震了出来。还好系统马上又发出买入信号。这笔获利19.67%。

62．第62笔交易

表18—62

编号	代码	股数	进场日期	进场价格	出场日期	出场价格	收益率(%)
62	上证指数	73	2007-7-27	4,336.95	2007-11-16	5,246.72	20.76

图18—62

注解：

上海这笔交易获利20.76%。

现在我们知道，这时是大牛市的顶峰。我们的账面资产是789031.25元。

63．第63笔交易

表18-63

编号	代码	股数	进场日期	进场价格	出场日期	出场价格	收益率(%)
63	深成指数	20	2008-1-7	18,213.75	2008-2-4	16,211.66	-11.18

图18-63

注解：

这是下跌之后的B浪反弹。当然我们使用13-50均线交易系统不考虑这个，很多不同的方法混在一起会乱套的。

我们该进场就进场，亏损了11.18%。

64．第64笔交易

表18—64

编号	代码	股数	进场日期	进场价格	出场日期	出场价格	收益率(%)
64	上证指数	70	2008-1-9	5,392.05	2008-1-29	4,404.14	-18.5

图18—64

注解：

上海这笔交易亏损得多，为18.5%。

65．第65笔交易

表18-65

编号	代码	股数	进场日期	进场价格	出场日期	出场价格	收益率(%)
65	深成指数	24	2008-5-19	13,303.88	2008-5-27	11,812.14	-11.4

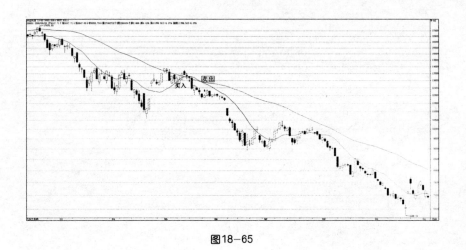

图18-65

注解：

中间的一次反弹，我们进场了10天左右，亏损11.4%。

66．第66笔交易

表18-66

编号	代码	股数	进场日期	进场价格	出场日期	出场价格	收益率(%)
66	上证指数	89	2008-5-19	3,624.84	2008-6-2	3,409.06	-6.15

图18-66

注解：

这次这笔交易上海亏损得少，只有6.15%。

67．第67笔交易

表18—67

编号	代码	股数	进场日期	进场价格	出场日期	出场价格	收益率(%)
67	深成指数	44	2008-11-28	6,639.13	2009-1-14	6,518.85	-2.01

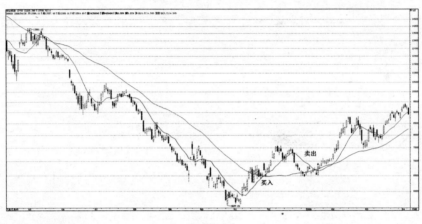

图18—67

注解：

又一次亏损，反弹的力度不够。

68．第68笔交易

表18—68

编号	代码	股数	进场日期	进场价格	出场日期	出场价格	收益率(%)
68	上证指数	151	2008-12-9	2,100.80	2009-1-9	1,875.16	-10.93

图18—68

注解：

同期上海指数的交易，亏得多了一些。

此时，我们正处于这次下跌行情中的最低点。我们的账户资产是581683.31元。同年初时候的789031.25元相比，的确亏了不少。但是我们要坚定信心。

69. 第69笔交易

表18—69

编号	代码	股数	进场日期	进场价格	出场日期	出场价格	收益率(%)
69	上证指数	138	2009-2-3	2,021.83	2009-8-24	2,967.28	46.52

图18—69

注解：

漂亮的一笔。

还是提醒你，震荡的时候，没信号就不出局。尽管有时这样做会让我们把利润还回去很多，甚至由赢利变成亏损，但是长期来看，这种操作方式带给我们的好处远远多于坏处。当然，前提是你的交易策略是有效的。

70．第70笔交易

表18-70

编号	代码	股数	进场日期	进场价格	出场日期	出场价格	收益率(%)
70	深成指数	38	2009-2-4	7,336.69	2009-8-25	11,949.51	62.61

图18-70

注解：

深圳这笔交易要好一点。

这两笔交易结束后，我们的账户资产为886021.50元。资金曲线创出新高。2008年下跌中的亏损全部赚了回来。

71．第71笔交易

表18—71

编号	代码	股数	进场日期	进场价格	出场日期	出场价格	收益率(%)
71	上证指数	136	2009-10-26	3,123.36	2009-12-29	3,174.22	1.43

图18—71

注解：

震荡中，我们又赢利了1.43%。

72．第72笔交易

表18—72

编号	代码	股数	进场日期	进场价格	出场日期	出场价格	收益率(%)
72	深成指数	33	2009–10–26	12,916.80	未平仓	未平仓	5.96

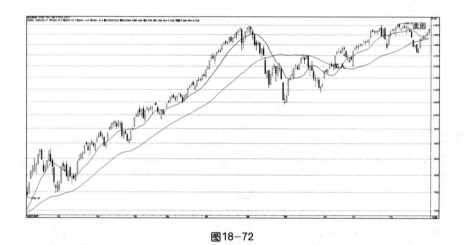

图18—72

注解：

这笔交易其实到2009年12月31日仍然在继续，所以我们使用12月31日的收盘价来计算，就当这笔交易在这一天结束，其收益率为5.96%。

此时，我们的账户资产为917500.00元。

第十九章

13-50均线交易系统的忠告

　　如果有人告诉你，用13-50均线的交易可以赚钱，我想，即使你相信，也很难按照这个方法操作下去，个中原因你现在应该懂了。当接触到一个新指标或者新策略时，你如果决定采用，势必是因为你看了某些能证明该指标或者策略有用的漂亮图形，问题是，即使它们是有效的，它们是如何把钱赚到手的？任何指标或者策略都有顺手和不顺手的时候，问题是在其不顺的时候，到底给我们带来的最糟糕的影响是怎样的？如果能度过这段困难时期的话，我们的心理和资金账户都要承受些什么？如果再详细一点的话，你有可能也应该会问到我们测试中的每一个指标。

　　把13-50日均线系统用于指数或者说是ETF基金上会怎样，我们已经说得非常清楚了。这里还要补充和强调几点。

　　1.这个交易系统只能用于操作ETF基金，千万别用它买卖股票

　　的确，如果你测试所有股票的话，这个交易系统在有些股票上的表现会非常好，而在某些股票上表现会很差。这就带来另外一个问题——你要把股票选对，等于又绕了回去。

　　选择股票是一件非常不容易的事情。我从来就不相信在长期中，谁选的股票会比其他人好。换句话说，我认为，做股票赚钱的人，不是因为他或者她选股票选得准。再聪明的人也会选错一些股票，而且为数不会少；再笨的人也会选对股票，对的次数比一般人认为的要多。我们所说的高手往往是一些这样的人，当股票选对的时候，留得住；当股票选错的时候，会很快地卖出止损。所以你观察他的持仓时，都是好股票，因为不好的股票都被换了，或者正在换。所以这些好股票，不是说一开始就选对了的，而是经过了一系列的转换。大多数人的做法刚好相反，股票一上涨就抛，跌的时候却留得时间很长，导致亏损得多，赢利得少，长期下去，必然是亏损。

　　还有股票是讲究做投资组合的，所有的资金都买一只股票的方法绝对不值得提倡。满仓操作最大的优点就是赢利的时候可以赚很多，最大的缺点不是会不会完蛋的问题，而是什么时候完蛋。因为首先这会使资金曲线的震荡非常大，加大了我们的心理

压力。其次，当股票整理时，其他上涨股票的诱惑也会让我们容易做出错误的判断。最后，一旦这只股票出现问题，我们的亏损将会是灾难性的。这么做，短期里偶尔可能会赚到暴利，但长期来看，弊大于利。当然制度上的因素制约着共同基金不能把所有的资金都投资一只股票，但是如果设想没有这种约束，共同基金敢这么做吗？你敢买这样的基金吗？

股票的操作是个非常复杂的问题，而交易ETF就简单多了。我们把很多复杂的问题都简单化了。尽管赢利会少，但是风险也会少很多，尤其是当你资金量不是很大的时候。你想，如果用500块钱，能买300只股票吗？我估计一只都买不起。但是如果你买入了沪深300，其实就相当于用500元买了300只股票。

所以，我提供了这个ETF基金的交易系统。如果你真的用它来交易ETF基金的话，效果肯定应该比我们测试的指数要好。但是它的确不适合交易股票，我看过，即使它在某些股票上的表现非常不错，也经常会带来70%以上的资金回撤。这个幅度很多人在心理上和资金上都承受不了，而且也没有必要承受，因为其带来的利润并不是非常非常的可观。

所以，切记，千万别把13-50均线交易系统用在股票交易上。

2.不要用这个系统去做融资交易和融券交易

如果做融资交易，这个系统也会赢利的，但是你所承担的资金回撤会大很多。为了保证你不去做这种交易，其统计数据这里我就不提供了。我只能告诉你，如果你想多赚钱，资金回撤变大几乎是必然的事情。我们可以承受资金回撤变大，但是其收益一定要更具有诱惑性，否则意义不大。

关于融券交易，我想说，很多时候我们都用与买入信号相反的信号作为卖出信号。其实经过测试你就会知道，这样是不对的。很多买入信号，反过来未必灵验。你如果觉得灵验，那是你过分关注了某些交易而忽视了其他交易。所以，13-50均线交易系统只能用于做多，而且只能用于做多指数（ETF基金）。如果你把它用在股票上，已经不是我的本意了。如果你再用它做空股票，那就更不对劲了。要知道，无论你做空哪个国家的哪只股票，都是一种很不友善的行为。

我始终没搞明白的是，为什么这么多人等待融券交易推出去做空股票，而不去做空期货呢？为什么那么多人等待融资交易出台，去问券商借钱做股票呢？这些都是要交利息的啊。如果你不想投入太多资金，无法做股票指数期货，没关系，你可以做商品期货，玉米只要1700元左右的保证金就可以交易1手了。你要是嫌玉米不活跃，豆粕也只要3000多元就可以持有1手了。其他比较活跃的品种，只有铜的保证金比较高，要4万多元一手，其他比如橡胶、铝、锌都只要1万多就够了，塑料的保证金大概是7000多，PTA大概5000多。

要知道，交易商品期货是不用支付利息的。何苦要做融资融券呢？而且期货市场中的机会要比股票市场里多，股指涨了20%已经算是一波行情了。但是在期货市场中，这种"行情"有很多。可能你觉得期货的风险比较大。估计这都是听人家说的，其实我倒是觉得，期货的风险比股票要小。而且小账户在股票市场中想长大很不容易，在期货市场中机会却多得很，这个我后面再谈。总之，你应该自己去学习一下，体验一下，不要听人家说什么就是什么？还记得小马过河的故事吗？

3.坚定信念

这是机械交易系统面对的最大问题。

系统交易假设我们对行情没有一点自己的想法，能从头到尾地按照系统的信号进行交易。事实上，在相当多的时候，我们对行情不可能没有自己的想法，尤其是当某些信号与我们的看法相反时，我们会很尴尬。正确的选择是按照系统的信号交易，而不是按照我们的看法交易。但这时确实非常非常的难，尤其是我们的看法对了，系统却没有赚到钱时，我们会怪罪系统。

即使我们的看法和系统的信号一致，还有个问题会妨碍我们执行交易，那就是买入时，价格高于我们的心理预期，卖出时，价格低于我们的心理预期。这时，我们会萌生等一等的想法。这是人之常情，但在系统交易中，这样做是错误的。我们的13-50均线交易系统设计的是在开盘的时候买入卖出。对于这个价格，除非你的资金量非常大，会把价格打飞，否则就应该毫不犹豫地买入或者卖出。即使是刀山火海也得跳。你要相信，系统总有一天会让你的所得远远大于损失。问题是我们不知道是哪一次。所以，不管哪次只要有信号，我们都要跳。

即便你不断地执行系统的信号，还是有挑战。因为任何交易系统和策略都会遇到不顺的时候。当系统发生连续亏损的时候，你还能信任系统吗？大多数人一般能承受系统连续3次亏损。到第3次时就准备放弃系统了。其实这个时候是最好的时候，你要知道，前面的亏损是为后面的赢利做铺垫。前面的亏损越多，后面的赢利越大。这个时候放弃系统，那就前功尽弃了。

所以，在你决定选择一个交易系统的时候，一定要考虑清楚。我已经让你看到这个系统用于ETF基金交易的全貌，你有的是时间考虑。你要知道，当你选择这个系统的时候，如果不是全部资金的话，你至少也要把一部分资金在未来的十几年甚至几十年都交给它。

当然，我无法保证这个系统永远好用。在某些时候，系统的效果会变差，赢利会变少。而比这更糟糕的是系统彻底失效，我称之为系统死亡。越是复杂的系统，出现这些情况的概率越大。所以，我才提供这么一个人人都已经知道，人人都可以理解的交易系统。不要觉得这个交易系统平淡无奇，正是因为它简单，所以它的生命力更顽强。

坚定信念是个心理问题。而股票和期货的心理问题，是要经过一系列系统训练的。对于这类问题，完全可以再写一本书。所以这里我只能简单讲讲，如果你在实际的交易中遇到这类问题（我打赌每个人都会遇到），可以给我写信，我会尽可能给你帮助。我的邮箱是TIMESSTOCKS@163.COM，前面的TIMES是我的股票和期货交易系统的名字，既表示偏重选时，又表示翻倍的意思，STOCKS是股票的英文（复数）。如果是期货问题，你可以写信到TIMESFUTURES@163.COM这个邮箱里，TIMES的意思你已经知道了，FUTURE是未来的意思，最后加个S，就变成期货的意思了。

4.千万不要预测后面的行情

我已经强调过很多次了，不要去选择信号。

很多时候，你会觉得后面的行情不大，打算放过某个信号。这是千万千万不可以的。如果我们有办法知道后面行情的大小，那股票和期货交易这个游戏就变得太简单了。事实上，除了波浪理论，没有任何办法可以猜测到后面行情的大小，而波浪理论又不是每次都正确的。

从上面的例子中应该可以看到，有时候，整年的收益就靠那么一笔交易。万一错过了这样的交易，后果将不堪设想。

顺势交易不认为未来的行情是可以预测的。事实上，能不能赚到钱和能不能预测到未来的走势根本没关系。太多时候，你见到某个人预测得很准，但他却没买。而我们前面的72笔交易也是活生生的例子，你看我们对哪笔交易预测过了？均线交叉的第二天，我们就去交易，丝毫不理会后面行情的大小。某些交易可能会吃亏，但长期来看是赢利的。所以说，只要按照系统的信号交易，即使预测不准，仍然可以赚钱。

对于这一点，你完全可以持有不同观点，但是如果选择了顺势交易的方法，就不要去预测了。因为预测的理念和顺势交易系统不相容。事实上，我在波浪理论上下的功夫非常大，这是一种讲究预测的交易方式。不管别人怎么说，我认为这个交易方法完全可以赚钱，而且承担的风险非常小。但是赚钱的方法和大家想的又不一样。很多人都认为正确数浪才可以赚钱，但事实上很多行情的浪是没办法数的，至少事前数不出来，或者有很多种数法（跟数不出来的结果一样）。其实你想用波浪理论，根本不需要数清楚每一浪，只要去交易那种浪型非常清楚的股票就可以了。

我说这个不是让你学习波浪理论。而是想告诉你，当时我对顺势交易和波浪理论的研究都很深入。可是这两种截然不同的交易方法折磨死我了。其实选择任何一种都可以赚钱，但是如果两种都选择的话，肯定没有好果子吃。

所以，如果你选择了13-50均线交易系统，就应主动排斥一些与顺势交易不相容的交易方式。RSI、KD线之类的东西千万不要考虑。你所要做的就是按照系统的信号交易，同时做好心理准备，因为我们买入的时候，大多数会高于底部不少，卖出的时候，大多数会低于顶部不少。

5.13-50均线交易系统能不能交易得更好

你或许会问，有没有办法让这个系统交易得更好。

事实上是有的，但是我并不提倡。

上面的72笔交易中，如果买入之后，被套住7%以后，最终都以亏损告终，这被称为最大不利变动。这个7%不是按照收盘价计算的，而是按照盘中出现的最低价计算的。所以，你可以把7%作为最初的止损点。就是说，买入之后，只要价格比买入价低7%，我们就止损出局。事实上，我们的亏损交易有40笔，其中有14笔交易的跌幅超过7%，最终都以亏损告终，而且亏损幅度还不小。事实上，如果你这么做的话，我们的交易绩效会提升为年复合收益率为17.18%，这15年中，最后的净利润为978840.36元，赢利幅度为9.78倍，比原来的15.92%，817500.07元8.17倍要好不少。

但是我为什么不提倡这样做呢？

第一，未来的行情是未知的。我们无法保证未来的交易中，如果被套7%，我们的交易一定也以亏损告终。

第二，这14笔交易中，被套7%之后，虽然是亏损了，但是并不是说这些交易最终的亏损都大于7%。而如果你在7%的位置止损的话，亏损的幅度就被锁定在7%了。

第三，我们最终交易的不是股票指数，而是ETF基金。这些基金的测试数据不多，所以我提出来意义不大，更主要的是不要误导了大家。ETF基金的交易与股票指数的交易会不同，我们最好不用指数交易上的最大不利变动来代表基金交易上的最大不利变动。

第四，这个7%是事后看出来的，这样做，其实是一种优化，是一种曲线拟合。

所以，这个最大不利变动，我只是提出来供大家参考，用不用随你自己。

6.重视滑价和手续费的影响

我这么说不是告诉你价格高开就不买，低开就不卖。而是告诉你，要尽量降低交易成本。

交易成本我们平时感觉不到，赚钱的时候，手续费和滑价只占一点点，甚至可以忽略不计。亏钱的时候，似乎也不差多亏这么一点点。可事实上不是这样的。

我们的模拟中是考虑了手续费和滑价的。结果我们的成绩是年复合收益率为15.92%，赢利817500.07元，赚了8.17倍。如果我们把滑价去掉的话，年复合收益率为18.08%，赢利1110420.60元，赚了11.10倍。如果再可以不交手续费的话，年复合收益率为18.55%，赢利1185208.46元，赚了11.85倍。

不要忘记，这15年中，我们只交易了72笔，相当于一年5笔而已。就这么几笔交易，按照1‰的手续费，还没交印花税（因为假设交易的是ETF基金，基金不需要交印花税）计算，就会产生这么高的交易成本（当然赢利也是一个原因，如果我们亏得很惨的话，也用不着交这么多钱了）。

再看看TIMES股票交易系统，按照我们原来的条件，即考虑印花税、过户费、佣金、滑价，等等，最后的成绩是年复合收益率为26.18%，赢利3175460.93元，赚了31.75倍。如果我们把滑价去掉的话，年复合收益率为31.05%，赢利5676373.57元，赚了56.76倍。如果再可以不交手续费的话，年复合收益率为32.67%，赢利6847977.78元，赚了68.47倍。我猜你一定觉得我算错了，告诉你，没有算错。看到了吗？年复合收益率高一点点，经过数年的积累，最后的赢利居然可以差这么多。又一次让你体会到复利的厉害。不过，我们这里主要要讲的是滑价和手续费的问题。绝对的金额我就不算了，你可以拿个计算器算一下，算是留给大家的作业吧。

现在你能想象短线交易的成本会怎样吗？我说会超过你的利润，应该不是很过分吧。

所以，滑价和手续费是绝对不能忽略的东西。

关于手续费，你自己也许不知道交给他们多少钱，但是他们知道，证券公司里每个月都有对客户所缴纳佣金的统计。所以一定要和你的证券公司谈谈。如果谈不来就换地方，你放心，根据我自己和朋友的经验，只要你想走，他一定会留你。如果不留，那就真走，还怕没地方开户吗？

对于滑价，这个主要靠自己了。如果没有特殊利空利好出现，尽量按照开盘价成交。如果有把握能买得低，卖得高最好，但是不要太贪心。要知道，你能按照开盘价成交，没产生滑价，就已经战胜系统了。如果能买得比开盘价低，卖得比开盘价高，哪怕只是一点点，也非常不错了，千万不要过分贪心，最多10分钟之内，务必成交。

你也许会问，万一碰到停板怎么办？我们谈的是指数（ETF基金）交易，不是说没有可能，但是这么多年里，确实没见过开盘就涨停或者跌停，而且还能封住一天的情况，所以万一遇到这种事情，开盘就挂进去也是最好的选择，至少成交时，也排在前面。万一当天不能成交，第二天再追。交易ETF基金还能遇到这种事，简直太倒霉了。但是抱怨归抱怨，你不做准备，表示你的计划还是不完善的。

最后，还要强调，如果你选择了顺势交易，不代表按照这个系统交易几个月或者几年就可以了，而是要把你的全部或者部分资金，按照这个系统交易十几年或者几十年。这个心理准备是一定要有的。人的一生没有太多的十几年和几十年。所以，选择什么样的系统交易，是个非常慎重的问题。

13-50均线交易系统在15年中创造了8倍的利润，虽然不多，也许很多人看不上，但是也有很多人拿不到。你可能会觉得很多基金的绩效比这个好，但我却觉得主要是这些基金出生的时候比较好，赶上大牛市。事实上，如果我从2005年12月1日（原谅我不能错过年底的大行情，现在你知道了一种系统绩效造假的方法了）测试到2009年12月31日，我们的年复合收益率为43.11%，这4年的收益为3.55倍，最大资金回撤率为36.39%。

很多朋友可能交易股票不止4年了，我不知道，近4年中，面对这么大的一个牛市，他们的收益是否有3.55倍。即使是高于这个收益的朋友，也要面对之后交易稳定性的挑战。而机械交易系统最大的好处就在于它是稳定的，不过前提是你使用的系统是个好系统。

所以，对于业余投资者来说，如果不想花太多精力研究股票，如果没办法整天看盘，如果不具备测试交易系统能力的话，这个系统不失为一个好的选择。

第二十章
Chapter 20

交易系统的骗局

在当前的中国市场中，机械交易系统还不普及。而在美国，它是共同基金和对冲基金最有力的武器。使用机械交易系统交易期货的个人客户也不占少数。市场上有很多可以直接购买的机械交易系统，从几百美元到几万美元的都有。

而在我国，在投资大众中，比较普及的还是各种指标。主要还是停留在提供买入信号的基础上。前面我已经说过，这些指标在某个阶段看似神奇，但是实在经受不起全面的检验。我相信在不远的一天，我国商业化的股票和期货交易系统也会铺天盖地，让人目不暇接。但是，通过销售交易系统骗人实在太容易了。所以，我这里先写出来，以免大家今后上当。

1.系统参数过度优化

我相信炒股合作的短信大家都收到过，他们普遍撒网，只要找到几个上当的人就可以了。而且他们承诺每个月收益30%，我当时也是有空，就问了一句，如果你们真的有这个本事，5万块钱，交易3年的收益会是多少？他们说是10倍左右。正确答案是12646.22倍。也就是说，5万块钱，每个月收益30%，36个月之后，你的资金会有63231092.76元。6千万还多啊。如果他们有这样的本事，我不相信他们拿不出最初的5万块钱，我也不相信他们等不了3年，我还不相信他们觉得6千万是个小数字。所以我不相信会有这样的交易方法。

如果有人想卖给你一个交易系统，能诱惑你掏钱的首先就是系统的收益率。商业化的交易系统绝大多数都带着迷人的收益率和让人难以置信的各种统计指标。比如说，年收益500%，最大资金回撤10%，由某某专家研制开发，获得多少项专利，等等。这些特征非常吸引人，尤其是亏损很多而急于翻本的朋友，都会迫不及待地想要购买。如果你按照复利计算一下就知道，这是否现实。

如果有人要卖给你一个交易系统，他应该会提供给你系统的各个参数，首先这些参数很容易改动，因为你不可能自己再去计算一遍。其次，就算不修改参数，通过对参数的过度优化，也很容易造出一个绩效优异的系统，不过这个系统只能交易过去的数据，在未来的行情中是没有用的，但是对卖个好价钱却很有用。

我们在前面的参数稳定性测试中，已经提到过参数优化的问题。但是我们做优化的目的是观察系统的稳定性，而不是选择在过去的行情中表现最好的参数。但是这个办法如果用歪了，就可以拿来骗人。一般来说，得到一个不稳定的交易系统非常容易。而在一个不稳定的系统中，参数的选择对系统的绩效影响非常大。通过优化，我可以把收益率最好的参数组合的绩效数据拿来做销售广告。非常漂亮，但是在未来的交易中，能再重现这些表现的可能性几乎是零。

国外销售的交易系统，绝大多数是经过过度优化的。我们未来的国内也会是这样。

所以如果你看到某种绩效不像是真的，那它一定就不是真的。

交易还要踏踏实实地做，我个人认为，股票交易中，年复合收益在15%之上；期货交易中，年复合收益在30%之上，已经非常不错了。关键是系统要稳定。

2.增加特殊条件

要拿出一个漂亮的测试绩效，还有个办法，就是增加特殊条件。比如2007年5月29日收盘时卖出，2007年6月5日开盘后买入。这样就可以避开5·30的大跌，并且在底部买入了。这样的条件增加1、2个，系统的表现就会好很多，最大资金回撤也会少很多，最主要的是，它很隐蔽，非常难以发现。

因为商业交易系统一般来说，是不会清楚地告诉你买卖规则的。所以，你除了观察它的测试绩效数据，其他无从知晓，你自己根本没办法测试。

3.系统只测试某个特定的时间段和特殊的股票

很多交易方法只在某个时间段内有效，所以即便系统规则里没有任何猫腻，通过选择特定的时间段也可以使系统的测试绩效表现优异。比如，我只测试牛市的数据，或者比如我只测试某几只特定的股票。

牛市和熊市虽然是交替出现的，但是每个牛市和熊市都有不同的特点，上一个牛市好用的交易策略，这个牛市中未必表现也那么好。最近的某个股票走势适用于某个交易策略，不表示未来也适用。

但这样做，绩效的统计是非常诱人的。

4.更换测试账户

国外有些外汇交易系统，通过每天更新资金账户的交易数据来增加销售。这些新加入的交易通常看起来不错，获利很高。这也是可以作弊的。而且作弊的方法（我没有说所有这样操作的人都是作弊）很简单，就是使用多账户进行交易。每次总把成绩最好的账户拿出来。这同交易比赛作弊一样。我开20个账户或者100个账户，每个账户使用不同的参数，不管哪个账户的成绩优秀，我都有好处。

如果你要购买一个交易系统的话，可能会注意观察最近的实战记录。但是问题是，如果是一个长期交易系统，要观察它，至少要观察10年，你有这么多时间吗？如果是一个短线交易系统，现在表现好并不代表未来市场条件改变之后，它的表现还会同以前一样好，因为以前的表现可能来自于另外一个账户。

5.不提供绩效测试数据

这个是指标销售中最典型的方法。我一向认为，如果某个指标真的有效的话，那就应该把它做成交易系统来销售。因为交易系统的测试数据是最直观的。只是拿出几个漂亮的图形，是最最容易的事情。

如果你看到某个指标或者交易系统，发出信号之后，出现了一波大的行情。这个行情最终显示，我们买在了比较低的位置，卖在了比较高的位置，获利百分之几百。这种交易方法是很典型的顺势交易方法。它的优点是不错过任何行情。所以一旦某个股票出现这样的行情，它一定会买在低位。可是问题是，顺势交易的胜率不高，最难度过的是盘整阶段，因为这个时候，经常会出现假信号。这个阶段是你最需要观察的，但是问题是，销售方是不会给你看的。

如果你看到的是买在最低点附近，卖在最高点附近的指标或者交易系统的话，这多半是个逆市交易系统，比如RSI指标或者KD线指标的系统。这类逆市交易系统最大的优点是在盘整区获利丰厚，经常能做到高抛低吸，而且胜率高。但是一旦出现大行情，它会过早地卖出，但又无法再次进场。如果是大跌市，尽管指标超卖，回头看看，买入的位置还是很高，更糟糕的是，如果反弹力度不大，指标到不了超买区，你永远没有卖出信号。

所以，我们不仅要观察一个交易策略的买入位置，更重要的是观察它的卖出位置。我们不仅要看对我们有利的交易，更重要的是要看对我们不利的交易。如果只是贴几张图而已，那些不利于销售的交易早被删掉了。我们因此也遗漏了最重要的信息。

我写这些，目的并不是告诉你，所有商业化的交易系统都想骗你。从国外的经验看，有些人的确是想骗人，而另外一些人却真正相信自己的系统是有效的，他们主观上没想骗人，但是测试环节出了这样或者那样的问题（这很容易，但又非常难以察觉），导致客观上交易绩效很差。

我也没有说，所有商业化的交易系统都不能买。以后，我们肯定也会有确实能赢利的商业化交易系统。问题是，假的系统一定远远多于真的，这同国外是一样的，关键是怎么识别的问题。

　　使用机械交易系统进行交易，并不是获利的唯一方法。但对一般的人来讲，确实是一条捷径，它可以让一个对股票或者期货一无所知的人，马上交易得如同职业选手一样优秀。最关键的是日后也非常稳定。

　　交易系统的历史测试也不是可以解决所有问题的灵丹妙药。它在主观上和客观上都有可能会出现一些问题。最关键的是，你不能指望它在未来的表现与过去一模一样。测试不能解决所有问题，但是不测试，我们更无法知道，未来我们可以期待什么，我们应该承受什么。

第二十一章
Chapter 21

其他忠告

不管你是否使用机械交易系统，我最后还想提供给大家一些建议。这两个建议是我的个人意见，仅供参考。

1.不要借钱交易，至少不要过度借钱交易

这里我说的不是融资融券，而是向银行或者其他亲友借钱来交易股票或者期货。你在很多地方也能看到同样的建议。但是我想大多数人还是不能从本质上理解这一点。

即使我们拥有一个非常优秀的交易策略，离成功也还是具有相当长的一段距离。因为交易这种游戏，更像是心理游戏而不是技术游戏。你在未来要保证能按照策略的指示进行操作。任何心理压力都可能会使你与这个目标背道而驰。

很多人都有这样的经验，全仓买入一只股票之后被套住，慌慌张张地止损出局之后，股价却扶摇直上。你有没有想过，当时的交易数量少一些，少到你对它带来的亏损不在乎的地步，这只股票你就可以拿住不卖了，而后面的利润也就可以赚到手了。所以我说，有的时候，并不是资金量越大，你的赢利越多。在这种情况下，投入的资金量小，反而可以赚到更多的利润，而能赚到这些钱最主要的原因，是因为投入的资金少，所以你的心理压力也小。

所以任何能产生大的心理压力的事情，我们都应该回避。

除了全仓介入一只股票之外，另外一个能使压力变大的事情就是借钱交易了。要知道，再好的交易系统或交易策略，也会有不利的时候，这个阶段的资金回撤幅度会很大。尽管这次资金回撤是正常的，但是在使用不是自己的钱进行交易时，这里的压力就会放大很多倍。在这么大的压力下，很可能做出错误的选择。即便你没有做出错误的选择，如果这个时候刚刚到了快还贷款的时间呢？这些因素你必须考虑进去。

融资融券实际上也是借钱交易，所以也存在着相同的问题。这种高杠杆的操作方法代表止损要收得更紧。请仔细考虑清楚。

如果你向银行借了钱，投入到股市中，还敢去做融资融券的话，就如同没有任何保护措施站在珠穆朗玛峰顶上最危险的一块石头上，一阵风就可以把你吹下去。

2.刺激的短线交易

很多人都热衷于短线交易，似乎这种方法不会使到手的利润溜走。说实话，短线交易确实很有趣，很刺激，但是这同赚钱没什么关系。最可怕的是，这些有趣和刺激变成了赚钱的借口。

短线交易的确有有利的一面。但是缺点也是很大的。

它对技术的要求很高。你可以看到，如果中长线交易的话，最简单的两天均线就能赚钱。这在短线交易的系统中是无法办到的。市面上很多书都讲短线交易的进场点、出场点。我敢说，绝大部分方法甚至通不过最宽松的测试。短线交易系统的构建需要很多复杂的东西，而且对出场策略的要求更高。我接触国外的交易系统有成百上千个，到现在也没发现哪个短线方法可以稳定获利到让我满意的程度。我自己倒是有一个，可是获利能力出奇的高，高到我认为它不是真的。到现在还在观察中，可是我又找不到哪里出了问题。

短线交易难以成功的另外一个证据就是，如果你注意成功交易人士的访谈录就会发现，因短线交易而成功的人远远比因长线交易而成功的人少。短线交易需要更多的直觉和天赋，这些东西不是每个人都有的。不过话说回来了，即便没有这些，也并不妨碍我们赚钱。

但是的确有一种交易方法很容易获利，那就是超短线交易。国外称之为场内交易。有些人在交易所买到一个席位之后，所从事的就是这样的交易。交易所（注意不是证券公司）的行情速度要比我们快一些。所以场内交易员更容易捕捉到有利的价位，他们根本不需要看走势图，利用惯性赚几个价差之后就会抛出。这方面成功的人也比较多，可惜我们都不具备这样的条件。不过，还是那句话，没这些条件，也并不妨碍我们赚钱。

短线交易需要盯盘。由于短线交易持仓的时间很短，有时一个哪怕不太剧烈的波动也会让前面的赢利一笔勾销。有时加速上升的时候还要卖出。所以，最好不要离开电脑。尽管离开电脑的时候，多半不会有什么事情。但是只要有一次要命的行情就完蛋了。如果不是机械系统交易，你需要每时每刻判断行情，如果是机械交易系统，等待信号的出现又比较乏味。

短线交易需要承受的心理压力更大。一般的短线交易系统，都是赢利少，亏损大。能最终赢利是因为其胜率高，但是能高过60%的的确很少见。所以经常会有这样的事情，连续几个月的赢利，一个星期就被抹掉了，实在让人郁闷不已。

还有一个经常提到的，就是短线交易的交易成本非常高。高到让你吃惊的地步。前面我们已经说过了。

与其说是赚钱，我倒宁愿相信很多人做短线是为了追求刺激。我不是说短线交易不能做，但是你如果想做的话，首先要有特殊的技术、测试过的策略、充足的时间和强大的心脏。如果只是为了追求刺激的话，我的意思是，你还不如去蹦极，更刺激，更重要的是，还比较省钱。

3.深套之后

如果套住的幅度不深，止损的时候没有太多心理障碍，我建议诸位还是尽量及时止损的好。这是最正宗的交易策略。但是有时，因为套得太深，下不了手，这个时候该怎么办呢？

很多人建议该止损的时候还要割掉。但是我的看法不同，我建议留到解套为止。但是前提条件是你买入的时候要分散投资。如果你拿全部资金都买了一只股票，而且又被深套的话，那我也不知道该怎么办了。

为什么分散投资后，被深套的股票可以不割肉呢？

第一，由于分散投资，所以即使这只股票真的破产，被清牌，你也不必与之同归于尽。

第二，还记得我们说过的买入持有策略吗？事实上，这是一个非常难以战胜的策略。我们不解套不卖，实际上就相当于采用了买入持有策略。

第三，几乎任何交易系统，加入止损后，系统的表现都会变差，除非原来的系统就奇烂无比。这与一般人想的也许不一样。很多人以为加入止损后，好的系统会更好，其实不是这样的。止损会把赢利的交易也止损掉。

所以，如果个别股票真的被深套的话，如果它只占你投资总额的一小部分，那就让它去好了。毕竟，相当多时候，亏钱最多的人是那些不断折腾的人。其一部分钱交给了交易对手，另一部分钱交给了证券公司。

4.不要去琢磨庄家的想法

我想，这是具有中国特色的股票分析方法。中国股市经历过庄家时代，其影响一直延伸到今天。我们总是设想某些股票里有个特定的主力，他有能力影响股票的价格。能知道他的想法，是制胜最快捷的一招。

其实问题并没有这么简单。

首先，很多股票，尤其是大盘股，里面的主力是互相博弈的，并不能完全操纵。你如果拉得太高，会有人打，你如果打得太低会有人接。做得太过分，会有拿不回筹码的风险。所以，这种股票的走势，计划性没有大多数人想的那么强。

而小盘股的确是可以控制的。但是，庄家的意图却非常难以琢磨。我原来总是奇怪，为什么庄家总是能正确判断大势，跟得住指数。大盘涨的时候，他也涨；大盘跌的时候，他也跌。后来我明白了，其实不是他判断得准，而是他在按照大盘操作，大盘拉的时候，他也拉升。由于他买得早一步，所以有利可图。大盘跌的时候，他也会先卖一步。就是这样折腾，他也能把进货的成本打低。比如，本来是平均10元的进货成本。经过一段时间的低吸高抛，有可能会把成本变成9元。所以，不要去猜测庄家的成本，你是猜不到的。股票上市以来的最低价也许是9.5元，但是他的成本完全可能是9元。而9元的价格图上根本没出现过。

其实，庄家的拉升，洗盘虽然是有计划的，但是也经常会有变化。什么时候变，他自己都未必清楚。我们只是看看图，怎么可能会猜到呢？而且，他在短期里总会快我们一步，所以如果做得太短的话，跟着他做一定会吃亏。我们应该扬长避短。我们最大的长处就是说买就买，说卖就卖。而他进货和出货都没那么容易。所以，你如果做得长线一点，他就害不到你了。没有必要琢磨他的想法，而且我认为，很难琢磨到，即便琢磨到一两次，也对整体的交易影响不大。没意思。

5.关注卖点而不是买点

除非特殊情况，否则我不太相信指标，因为指标只带给你一个买点，如果没有卖出策略配合的话，单独一个买点的作用不大。我大胆地说一句，也不指望你能相信，但我确实相信这一点：从长期来看，我们的胜负输赢与买点的关系不大，是卖出策略决定了我们到底是赚是亏，赚多少，亏多少。

图21-1

如图21-1，我们在突破的时候买入。有几种卖出方式：第一种是被套住之后，止损认亏（卖出点1）。第二种是解套之后卖出（卖出点2）。第三种是冲高的时候卖出（卖出点3），第四种是发生突破之后，又回到了进场点，这个时候我们收支平衡，为了保证不让赢利变成亏损，我们卖出（卖出点4）。

这4种选择在这个行情下，卖出点1是最差的，卖出点3是最好的。但是，我们能说以后这样做也是对的吗？当然不能。所以这些卖出点，从长期来讲，无所谓好坏。即使有好坏，也要经过测试才能知道。

这里我是想让大家知道这么一个问题，你是赚还是亏，不是进场点决定的，而是出场点决定的。如果脱离开出场点去讨论那个突破时的买入点好不好，是没有意义的。

6.难以测试的交易方法

并不是说所有的交易方法都是可以测试的，也不是说，只有能测试的方法才是好方法。有些东西，比如形态分析、波浪理论，等等，就非常难以测试，但是它们也是可靠的。

对于形态分析，我无法发表意见。但是我认为能赢利的交易方法还有波浪理论、OX图。这么说，并不是想剑走偏锋，提些大家不熟悉的方法。而是经验告诉我，它们虽然不容易测试，但是确实可以赚钱。

至于不能赚钱的交易方法，实在太多了，这里我还是不说为好，怕被人骂。

7.破产的经历

股票交易确实可以当作事业来做，但是不是一定要当作事业来做。我遇到的很多人都把股票交易当作事业来做。这些人精神可嘉，但是在不明就里的情况下，往往反而会由于过于投入而亏损过大，甚至破产。

我也有过破产的经历，不但把自己的钱输光，还欠了人家很多钱（至少在当时对我来说是很多钱）。最有讽刺性的是，这段时间居然就是我在报纸上推荐股票，屡获第一的时候。当时我的存折上只有600块钱，加上欠人家的钱，我整个就是一个很大的负数。也就在这个时候，老天保佑，有个漂亮的女孩子在知情的情况下，愿意嫁给我。后来的事实证明，她可不是一般的有眼光。

现在想想，那段经历也是一种财富，至少教会了我正视风险。我算是比较幸运的，只破产一次，后来我在书上看到，太多的高手（我可不是高手）破产的经历不止一次。但是，会思考、会努力的人最后都站起来了。所以，千万不要看不起破产过的人，很多人传说某本书的作者输了个精光，因此就对其嗤之以鼻。我觉得这样做非常不妥当。有些人说，破产是职业交易者必经之路，这话我不认同，但也不否认。

我最想说的是，如果你现在的亏损很大，甚至处于破产的境地，请不要气馁。人有很多种生存方法，放弃交易这个行业也不是可耻的。但是如果你还想选择交易的话，我的忠告是，在你通过辛苦劳动再次积累交易资金的同时，要学会稳定地控制风险。如果你感觉水平够了，可以关注期货交易，因为那里的机会远多于股票市场。不过我要再次强调，这只是我的建议而已，如果你真的打算这么做，还是要自己对自己负责的。

8.代客操盘

首先，我要声明，我不接受任何人的资金。

不过我知道，的确有很多人把钱交给某些人来操作（不是公募基金也不是私募基金）。这些人会把前几年的绩效作为吸引客户的手段。如果他采用的是机械交易系统（估计他不会明白这个词），我很愿意评估一下他的交易策略。如果他采用的是主观交易方法，除非他的战绩连续很多年超过指数非常多，否则我根本不会去考虑。

在我看来，很多这样的人（我可没说是全部）都是用短线交易做幌子，赚取佣金回扣才是其真正的目的。你知道真正的短线交易应该是什么样的吗？好的短线交易系统（不管是不是机械的）不仅（一定）应该是年年获利的，甚至不应该出现亏损的月份。要求得再高一点，甚至不应该出现亏损的星期。当然，赢利的金额不一定大到哪里去。

如果你把钱交给了别人，我建议你把收益情况和基金比较一下，如果能经常超过基金的收益，那没问题，但是我估计多数情况下，可能还是基金会好一点。

第二十二章

Chapter 22

考虑期货交易

如果你确定自己不想交易期货，可以把这一章跳过去。但是我还是建议你能开放点心胸，毕竟了解一下期货交易也没什么坏处。股指期货的保证金很高，对一般散户不是非常合适（估计以后一定会推出迷你合约），但是商品期货则不然，很多品种持有1手的保证金只要几千元而已。

我一直以为，散户最适合交易的市场不是股市，而是在商品期货。因为如果你有办法控制风险的话，就可以让这个市场中的风险与股市一样大小，但是收益却可以放大很多倍，而且不用付利息，还可以T+0，当然也可以做空。美国金融市场的今天就是我国金融市场的明天，大家都应该想一想，为什么美国的投资者大多数都透过共同基金去交易股票，而自己操作商品期货。

这里必须声明，以下观点仅仅是我个人的观点，并不一定是绝对正确的。如果你真的去做了商品期货交易，那就必须自己承担风险。

1.期货市场的风险与收益

（1）期货市场可以把账户里的钱输光，这被称为爆仓，而股市里，股票的价格很难变成0的，所以不管怎么亏损，钱却不容易输光。

在股票市场中，如果你想买股票，价格如果是10元的话，少一分钱都无法成交，买1手，必须要1000元。当价格上涨到20元时，我们可以获利1倍；当价格跌到0时，我们亏光。

期货市场采用的是保证金制度，与股票不一样。在期货市场中，如果某个商品的价格是10000元，1手只有1吨（实际上1手是5吨或者10吨），再如果保证金是15%（实际上有高有低）的话，那么你只要花1500元（如果1手是5吨的话，就需7500元的保证金），就可以交易这价值10000元的商品。如果买入做多，那么商品的价格上涨15%，到了11500元的时候，我们可以赢利1倍，但是如果价格跌到8500元的时候，我们的钱就全部亏光了。

所以在期货市场中，我们必须注意风险，很多人动不动就满仓买入股票，这在期货市场中是行不通的。而控制风险最主要的方式是使得每笔交易的亏损不超过3%。股市里当然你也可以这么做，但是，这会导致买入股票的数量减少，风险虽被控制住了，但是收益明显会受到很大影响。在期货市场中却不是这样，风险我们依然可以控制在资金的3%，但是由于期货的放大效应，利润会远比股票交易大得多。

（2）期货市场中亏损和赢利的速度都很快，所以万一亏钱的话，速度也会很快。

在股票市场中，必须要有上涨100%的行情，你才可以赚到1倍；在商品期货市场中，只要上涨15%（我们假设做多），就可以赢利1倍。现在，你该明白，期货的市场的机会要远远多于股票市场了，无论你是做短线还是做长线。

虽然没有统计过，但我经常有这种感觉，期货市场中一个星期所产生的行情，相当于股市里一个月产生的行情。也就是说，按照一个月有4个星期计算，股市里过4年，期货里只要过1年就够了。

这有什么好处呢？这会使获得利润的周期缩短，时间加速（如果你同时交易几个期货品种，更会把时间加速）。而利润的周期缩短一点点，在同样的时间长度里，利润可不是增加一点点。因为无论是股票还是期货交易，其利润增长模式都是指数型的。如果你不确定什么是指数型，没关系，你一样能看懂下面的曲线。

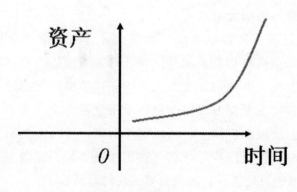

图22-1

我们把图22-1视为资金曲线图。横轴表示时间，纵轴表示资产。

曲线总的来说是上升的，但是由于其指数的性质，前期上升的速度比较慢，后期上升的速度比较快。所以，如果不考虑运气的话，再好的交易系统，制造出暴利也是需要时间的。所以前期缓慢增长的过程是必不可少的。

正是这种利润增长方式，决定了利润的获取方式。前期的利润越大，后期越会被放大到夸张的地步。TIMES股票交易系统的年复合收益率是26.18%，已经不低了，但是能再大点会更好。而且这个系统中间一些年份的收益也很少，且交易笔数不多，让人觉得很寂寞。这些都会对人的心理产生不利影响。当然这与当时的股票不能做空有关。但却不是我们放弃高额利润的理由。所以，我们会理所当然地考虑到期货市场。

事实上TIMES期货交易系统的绩效比TIMES股票交易系统还好得多。但是由于期货有换月的问题导致的巨大缺口，使得绩效统计并没有股票来得那么容易。我是用文华财经里各期货品种的指数或者主力合约来计算的，但是它并不能同前面的股票交易系统一样，完全等同于真实的交易，所以我就不把统计数据拿出来了。不过我可以告诉大家，在期货市场中，通过把风险控制得和股票一样，但是利润却可以高很多。TIMES期货交易系统的绩效，大约年复合收益在40%以上。你可以想象，经过多年的累积，这种收益率会让你的资金变成多少。

2. 需要学习的期货知识

我个人觉得，期货里要学习的东西并没有大家想象的那么多。至少我采用机械交易系统是这样。对于一般的散户，哪怕你是大户，只要没有大到用几十个亿去做期货的话，我都推荐你采用机械交易系统的交易方式。一旦你采用这种方法，就表示其他一切信息都会反映在价格上，所以都不用看。什么国外期货对国内期货的影响，什么库存，什么气候因素，等等，能离多远就离多远。你交易的只是价格，所以只要关注价格就够了。

我觉得你要学习的第一个新东西就是结算价。股票里没有这个东西。因为股票交的是100%的保证金，所以不存在保证金不够的问题。期货由于是保证金交易，所以期货公司为了确保客户的保证金够持仓的需要，所以每天收盘后都会计算一次结算价。这个价格对于商品期货来讲，就是当天所有交易的加权平均值；对于股指期货来说，就是最后1个小时交易的加权平均值。根据这个价格，如果你的资金不够了，那么期货公司会给你打电话，让你追缴保证金。如果不交的话，期货公司有权利强行平仓。所以我说这个是你第一个应该学习的，目的就是不要让期货公司给你打电话。

第二个要知道的是持仓量。期货与股票不同，股票有总股本或者流通股本。如果该股票发行了1000万股，那你全买下来也就是1000万股，没办法买得更多。期货则不同，开仓的人越多，持仓量就越大，这也表示该品种越活跃。理论上，持仓量可以无限大。所以，为了控制风险，当持仓量大到某个程度时，交易所会增加保证金，不过最高也就是把15%的保证金率提高到20%，对一般人影响不大。持仓量有持仓量的分析方法，但是我不认为这种方法是有效的，至少对于系统交易来说，它无法构造系统，最多只能当作确认指标。你如果相信我，完全可以不用太关注这个东西。我之所以提它，是因为你根据它选择交易的合约，比如豆粕，有1月、3月、5月、7月、8月、9月、11月、12月这几个月份的合约，到底该交易哪个呢？答案很简单，就交易持仓量最大的合约，因为持仓量大表示交易活跃。

第三，换月。越接近交割日期，保证金增加得越厉害。所以，千万不要持仓进入交割月。不过，按照前面的方法，你肯定不会交易到这种合约，在到期之前（的比较长的一段时间里），由于买卖双方都会平仓，所以该月份的持仓量会降下来，多空双方会转到其他月份的合约上再战。所以当你看到其他月份合约的持仓量大幅度上升，就可以关注它了，等它的持仓量变为最大时，就可以把当前的合约平仓，在持仓量最大的月份再次开仓，这被称为换月。换月增加了交易成本。

第四，知道几个词。不考虑融资融券交易的话，股票只有买入卖出。期货有四个词，买入开仓，卖出开仓，买入平仓，卖出平仓。当你没有持仓的时候，如果觉得行情要涨，那就买入开仓，价格上升了之后，你想卖掉这个合约的话，那就卖出平仓。

这样，一买一卖，原来的多单就对冲掉了。同样的道理，如果看跌，那就先卖出开仓，等跌下来之后，就买入平仓。原来的空单就对冲掉了。如果你买入开仓之后，又卖出开仓（不是卖出平仓），那么中间的亏损或者利润就被锁定了，这被称为锁仓。锁仓之后，无论价格上涨还是下跌，你的亏损或者赢利都是不变的。不过锁仓没什么意思，不要考虑它，很多亏损的人会去做，其实等于把麻烦留到以后，万一开锁的时候开错方向，亏得更惨。觉得不对，直接平仓就是了。

第五，涨跌停板制度。期货的涨跌停板一般是4%或者5%，根据品种不同而不同。期货交易中，当天的涨跌不是按照前一天的收盘价计算，而是按照前一天的结算价开始计算。有时结算价和收盘价的差异还不小。连续2个停板之后，第3个停板是会被放大的。如果再被封住，交易所就要进行协议平仓了。这个意思就是，你已经赚得够多了，再玩下去，对手会撑不住的。所以不管你愿意不愿意，交易所都会按照一定比例进行平仓。这种时候，如果我的方向正确的话，一般会祈祷不要把我的仓位平掉，趋势还没走完呢。但是客观上讲，这样可以降低风险，不会出现以前的逼仓现象。涨跌停板具体的数值，你可以在网上查查，说实话，我也记不住，因为不是特别大的行情中，停板并不多见，连续的停板就更少了，用的时候现查都可以。

第六，交易所。股票有上海证券交易所和深圳证券交易所，期货有三个，上海商品交易所、郑州商品交易所和大连商品交易所。各交易所的交易品种都不一样。你可以自己选择。

第七，交易时间。商品期货是早上9：00开盘，一直交易到11：30。中间10：15～10：30停牌休息一会。下午则1：30开盘，一直交易到15：00。有个特殊的情况是，下午上海也会休息一下，时间是14：10～14：20。郑州商品交易所和大连商品交易所下午不休息。

第八，开户。期货公司为客户开户是免费的，然后你去银行开个资金账户，就可以银期转账了。股市里的那个叫银证转账，这个叫银期转账。银行的账户可以使用与股市里一样的，这样，你可以很方便地选择把放在银行的钱转到股票市场里还是期货市场里，或者也可以把股票市场的钱转到银行，再把银行的钱转到期货账户里，反过来也可以。不过去开户的时候，一定不要忘记把手续费谈得低一点。

第九，软件。开户之后，期货公司会提供交易软件和行情软件。行情软件一般都是文华财经、彭博或者富远。文华财经上手不容易，如果你习惯了股票的交易方式，可以考虑后两种。其实即使不开户，现在很多券商的通达信软件也可以看期货行情。

我觉得知道这些就够了，完全可以做交易了。期货里都是标准化合约，所以你不必知道你所交易商品的详细信息。事实上，我也交易PTA，到现在也不知道PTA长什么样子。其实你也不必知道，只要知道是个可以买卖、可以赚钱的东西就可以了。

期货交易的缺点就是常人说的风险大。但是我不认同。但期货的优点却有很多。

（1）小账户长大比较快。由于期货是保证制度，如果你把风险锁定得和股市里一模一样，获利风险比率会比股市里大很多。尤其是小账户只要资金在5万之上，完全可以玩得比股市里更灵活。赢利能力远远好于股市。但是由于不能做投资组合，只能交易一个或者两个品种，所以，资金曲线并不会太平滑。

（2）大账户不但利润高，资金曲线也会更平滑。资金量超过100万的就可以做投资组合了，当然大于300万的效果会更好。投资组合最大的好处在于在保证收益率的前提下，资金曲线会更平滑。如果采用顺势交易，市场趋势明确，所有的仓位方向都与趋势一致，利润不会少，在顺势系统最怕的盘整事情，只要个别有品种有行情，就会抵消全部的亏损。

（3）不需要选股。选股是个很头疼的事情。一旦买的股票不动，或者晚些时候发动，都是很浪费时间的事情。选错了就更完了。期货则不同，一共就十几个交易品种，几乎都有大量的资金在其中运作，只要市场条件稍微一具备，大小都有波动。只要你不选非常不活跃的品种，就不会遇到麻烦。不过我并不是说期货没有盘整时期，而是说盘整时期相对较少。

（4）趋势比股票明确。既然盘整时期相对较少，那么有趋势的时候就相对较多。这可是个好消息。这一点我怎么说都没用，打开软件，看看各品种以前的走势，你就明白我的意思了。

我不是说一定要鼓动你去交易期货，但是我在提醒你注意这个机会。花一个晚上的时间，先仔细观察一下，然后严肃地考虑一下这个问题。但是如果决定去交易期货，同股票一样，你必须有个可靠的交易方法和策略，或者说是交易系统。千万不要只凭感觉交易，绝大多数的人的感觉在长期中并不可靠。也不要觉得模拟交易（可以试一下，但是千万别对它太认真）做得好，实际交易也会好，模拟交易和实战完完全全是两回事，最主要的，在模拟交易中，你体会不到实战中的心理压力。而心理上的问题处理不好，系统的执行就得不到保证，再好的交易系统也发挥不了作用。

第四编

—— Part 4 ——

13-50均线交易系统在四个ETF基金中的交易

第二十三章
Chapter 23

说在前面

我一直比较犹豫是不是应该写这一编。

最主要的原因是，进行模拟分析，历史数据当然越多越好。而当前的ETF基金，上市的时间都太短，历史数据不够。2007年之前上市的ETF基金只有4只。分别是：

1. 华夏基金公司的50ETF（510050），上市日期为2005年2月23日。

2. 华安基金公司的180ETF（510180），上市日期为2006年5月18日。

3. 易方达基金公司的深100ETF（159901），上市日期为2006年4月24日。

4. 华夏基金公司的中小板ETF（159902），上市日期为2006年9月25日。

这些基金到现在一般都有10笔左右的交易。如果针对这些为数不多的交易，对13-50均线交易系统下结论，就已经很牵强了。更何况这些基金上市不久，就经历了2006年到2007年的大牛市。虽然2008年比较惨淡，但是2009年又有了一波行情。在这种背景下，交易绩效比较出色是非常正常的。

我非常担心读者会把这些ETF基金的交易绩效数据延伸到未来，在未来的行情中，期望类似的交易结果。

如果不远的未来就有大行情的话，那当然最好。但是要知道，我们13-50均线交易系统是不对未来做任何预测的。所以，我们不能指望这个。如果未来有段大的跌势，那也好，该系统不会出现买入信号，我们的资金会得到保护，不会发生亏损。

但是，13-50均线交易系统最怕的是出现震荡走势。一旦出现这种行情，我们会不可避免地买在高位，卖在低位，甚至发生连续亏损。对这些ETF基金的模拟当然要使用它们的历史交易数据，而它们的历史数据中缺乏足够多类似的交易（至少我认为是这样）。也就是说，2006年到2007年的单边牛市，2008年的单边熊市，2009的上涨行情，都使得历史数据先天性的有利于我们的交易系统。在这种背景下测试，我们缺少了震荡行情的数据。所以得出的结论未必可靠，至少以后的交易中，真实的交易绩效未必会如测试结果那么优秀。

如果要客观地分析问题，我们就不得不假设未来的行情会有很多对我们系统不利的因素，甚至要高估而不是低估这些不利的情况。而依靠这些ETF基金的历史数据，我们无法做到这一点。

所以，我本来打算写到上一编，就让这本书结束了。这样，大家会以前面我们对指数的模拟来看待未来ETF基金的交易，应该不会出现高估现象（尽管实际上我认为，对ETF基金的交易绩效应该会好于对指数的模拟）。

但是我想到，任何想把13-50均线交易系统应用于ETF基金交易的读者，肯定会拿着计算器，对着电脑，逐笔观察和计算该系统在这些ETF基金上的表现。这肯定是一个很费时费力的工作，没有几天时间，很难完成。如果读者多的话，大家所花费的时间累积到一起，肯定是个很大的数字。

所以，我最后决定还是把这一编写出来。因为一来可以节省大家的时间，二来可以使得本书更完整。你如果能真正理解我的这些顾虑，就能客观地分析以下几章的模拟结果。

不过，还是请您把下面几行字至少读两遍。

由于以下ETF基金测试数据的历史背景问题，请不要期望在未来能取得同样或者类似的交易绩效。在ETF基金的交易中，你所能期望的，应该是我们对前面指数的模拟绩效。

同前面一样，我们测试的条件是：

测试系统：13-50移动平均线交易系统

测试时期：1995年1月1日到2010年5月31日。这个时间比指数的测试延长了5个月。因为我写到这里，刚好是这个时间。

初始资金：最初资金为10万。

测试标的：50ETF、180ETF、深100ETF、中小板ETF。

期初资金：10万。

交易佣金：手续费单边为1‰（因为大多数散户都是这个佣金）。

过户费：基金不收过户费，所以设为0。

印花税：交易基金，交易所不收印花税，所以也设为0。

滑价问题：0.5%。同前，无论是买入价还是卖出价，都向不利的方向移动0.5%，如果这个价格上的移动超过了当天的最高价或者最低价，则我们按照当天最高价买入，按照当天最低价卖出。

资金管理：因为交易ETF基金，所以买入时，相当于同时买入很多只股票，这其实就是一个投资组合。只不过你不是分次买入这些股票的，而是一次性的买入的。所以我认为资金管理策略上可以激进一点，这里我们仍然使用96%的资金，全仓交易。

交易规则：13日均线为短期均线，50日均线为长期均线。信号出现后，按照第二天开盘价成交。出现黄金交叉时，第二天开盘买入，出现死亡交叉之后，按照第二天开盘价卖出。由于我们考虑了滑价，所以买入的时候至少比开盘价高0.5%，卖出时比开盘价低0.5%。

需要说明的问题一、由于现在模拟的是真正的ETF基金，所以交易数量要设为100股的整数倍。这一点同前面对指数的模拟不同。

需要说明的问题二、ETF基金都有各种追踪的标的指数，而这些指数并不一定是上海或者深圳的大盘指数。所以，在某些时候，ETF基金上出现买入信号，但是大盘指数并没有对应的信号。这个时候，应该根据选定的ETF基金进行交易，不要考虑大盘是否有信号，因为我们实际交易的并不是大盘指数。

需要说明的问题三、实际交易中，具体交易哪只ETF基金，你可以自己选择。其实无论你选了哪个或者哪几个，短期中，个别的交易会有差异；不过长期来看，绩效不应该会相差太大。

需要说明的问题四、我个人建议是：最好同时交易上海的股票和深圳的股票。由于眼下还没有沪深300ETF，所以应该上海和深圳各选一只。ETF基金之间虽然走势趋同，但是还是有些差异的。分散一些，不但能取得平均利润，还可以让资金曲线更为平滑。更重要的是，这里也有我另外的考虑：不希望信号出现时，大家追逐同一只ETF基金的开盘价。

我没有公开TIMES股票的交易系统，而是推荐大家使用

13-50均线系统交易ETF基金。其实另外还有个考虑，就是股票交易系统所建议买入的股票是唯一的。而根据系统，买入和卖出的位置都是开盘价。万一使用的人很多，会出现大量资金追逐同一只股票的情况，更不幸的是，不但追逐的是同一只股票，而且追逐的还是同一只股票的同一个开盘价。如果弄出了接近涨停或者跌停的价位（在开盘阶段非常容易出现，因为很多单子来不及报进来），交易系统的使用者将非常尴尬，因为根据机械交易系统的规则，必须在这一位置买入或者卖出。

另外一点就是，如果使用该系统的人多了，在开盘时交易的资金量就会很大。有实力的机构完全可以利用这一点，买入信号出现的时候高开，卖出信号出现的时候低开，然后进行逆市操作。即便幅度不是很大，由于资金量大，其利润还是非常可观的。要知道，很多机构，包括基金做所谓的T+0交易，并不像很多人想象的那样，要赚到多大的行情。只要有价差，就可以操作，每次赚一点，累积起来，利润就多了。这其实就是抢帽子的交易方法。

所以说，一个有效的交易系统如果被太多人使用了，其交易绩效一定会受到影响的。那用13-50均线交易系统去交易ETF基金会不会受到这个因素的影响呢？答案是不会。

因为ETF基金是追踪某个指数的，如果脱离指数太多，会立即遭遇套利交易，价格一定会回到IOPV值（ETF基金的实时净值）附近。比如上证50ETF，如果该ETF基金确实要高开，那就要把这50只股票基本上都弄得开盘价很高（当然也可以选择拉权重股，但是我们仍然不怕，因为交易两只ETF的方法，让我们的资金处于分散投资状态），如果哪个机构有足够的资金和力气的话，那就让他弄好了，问题是他能否得到相应的好处。

何况如果真的遇到开盘价虚高，脱离IOPV值很远的情况，你也可以选择不进场，等待拉回再买不迟。因为虚高的开盘价会立即接受套利交易的打压。即使出现些滑价，也关系不大，要知道不出现滑价，基本上是不可能的。

需要说明的问题五、在我们的机械系统交易方法中，最标准的买入或者卖出方式应该是参与集合竞价。这里我要说明一下。大家都知道9：15～9：25分是集合竞价时间，然后根据成交量最大的原则，撮合出开盘价。但是很少人知道，9：15～9：20之间的报单是可以撤单的。所以在很多股票的交易上，有些机构会在这段时间里，报一个很高的开盘价，比如接近涨停的价位，这时很多散户看到价格如此之高，会填入高价的买单去追高，或者看到价格如此之高，会填入卖单期望高价卖出，在接近9：20的时候，机构突然撤掉了这笔高价的买单。但散户却反应不过来。这时时间已经是9：20之后了，散户想撤单也来不及了，至少要等到9：30之后。而机构就可以利用这一点，营造一个对自己有利的开盘价。由于散户很高价格的卖单被锁在上面，所以只要开盘价低一些，这些单子就成交不了，机构真正的卖单却可以成交，至于高价的买单就更倒霉了，机构填个随便什么价格就可以把自己的股票卖出去。

很阴险是吧。所以，买卖股票时，不要在9：20之前填单进场，要填也不要填得离自己心里价位太远。买卖ETF基金在这一点上要好很多，但是也没有必要那么早报单。即便在9：20之后，也不要急于进场，因为这个时候仍然有诡计。比如：某个基金（股票也是一样）显示的集合竞价价格是1.115，你会以为填1.116买入就能保证成交，其实不是这样。要知道，这不是连续竞价，而是集合竞价，真正决定价格的是9点24分59秒那一刻。机构在9：20分之后，也会让散户继续报单，等到快接近9：25，才会报出自己真正的买单，比如1.118。结果开盘价是1.118，我们先前1.116的买单则无法成交。而这张单子，在9：30之后才能撤出。你要撤单，还要重新填价格，遇到价格变化快的时候，就会吃亏。买入时还好，如果你想卖出，而出现这种情况（只是不是往上拉，而是把价格往下打），就会很慌张，有可能使自己的成交价格非常不好，甚至错过交易的机会。

这些情况还请大家自己观察。我也不知道谁这么有智慧，想得出这么馊的主意。但是，毕竟这些方法都是在规则允许的范围内的，谁也不能说什么，自己小心就是了。不过，ETF基金的集合竞价要好很多，还是那句话，因为价格太离谱，就会遭遇套利交易，你多注意一下就知道了。

　　在正常情况下，我还是建议大家能在9：25这一刻成交，但是报单的价格一定要合理。而且报单的时间要尽量晚，才会不被动。如果出现特殊的利多或者利空消息，大家可以酌情处理。毕竟，我们的模拟还是假设了0.5%的滑价，如果你连续4笔交易都没出现滑价的话，则理论上下一笔可以承担2%的滑价（股票上容易出现，ETF基金上则不容易出现）。再说，有一定程度的滑价是很正常的现象，我们不能指望实际的交易与系统模拟结果一模一样。

第二十四章

Chapter 24

上证50ETF

1.交易绩效

表24-1

	交易绩效	买入持有策略
期初资金	￥100,000.00	￥100,000.00
期末资金	￥523,999.96	￥262,896.13
净利润	￥423,999.96	￥162,896.13
净利润率(%)	424.00	162.90
年复合收益率(%)	37.01	20.17
市场暴露时间(%)	54.57	100.00
交易笔数	10	1
平均赢利百分率(%)	35.33	162.90
平均持仓天数	74.6	1,283.00
赢利交易	4	1
胜率(%)	40.00	100.00
全部利润	￥666,374.63	￥162,896.13
平均利润率(%)	101.50	162.90
平均持仓天数	155.5	1,283.00
最大连续赢利	3	
亏损交易	6	0
负率(%)	60.00	0.00
全部亏损	(￥242,374.67)	￥0.00
平均亏损率(%)	−8.79	0.00
平均持仓天数	20.67	0
最大连续亏损	3	
最大资金回撤百分率(%)	−41.10	−72.19
利润因子	2.75	
恢复因子	1.63	0.37
清算率	11.55	
夏普率	1.21	0.69

2.资金曲线

图24-1是从该基金上市开始，如果按照13-50均线交易系统交易该ETF基金，我们每天资金的变化曲线。请注意，由于该基

金交易的天数不是特别多，用EXCEL作图问题不大，所以我把
每天的资金曲线变化都画在图中了。图中的每一个点为一个交易
日。有的地方很平，那是因为当时空仓。

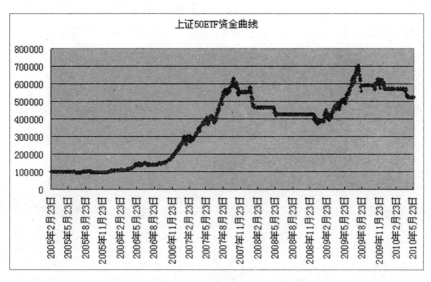

图24-1

3.资金回撤率

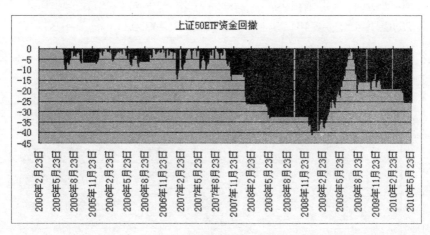

图24-2

　　图24-2这张图中，横轴是时间，纵轴是资金回撤的百分率。
可以很明显地看到，2007年之前的资金回撤率比较小。那是因
为当时的行情好做。所以我说我们的历史数据并没有多到让我们

能满意的程度。一般来说，我希望能看到很多次的大幅度资金回撤，这才能真正评估未来行情中系统的表现。这张图放在这里，大家将就看吧。有总比没有强。

另外要说明的一点是，在50ETF基金上交易，我们最大的资金回撤幅度有41.10%，大于我们前面对指数的模拟，那是因为我们这里只交易一个品种，没有分散，而对指数模拟时则不同，我们假设同时交易两个指数，所以资金曲线会更平滑一点。

4.收益情况

4.1 年收益情况

表24-2

日期	收益	收益率(%)	资金回撤	资金回撤率(%)
2005-2-23	-317.61	-0.32	-9744.4	-9.38
2006-1-4	143765.39	144.2	-12806.39	-5.26
2007-1-4	310815.41	127.7	-93146.81	-14.74
2008-1-2	-181945.6	-32.8	-211770.1	-36.26
2009-1-5	198844.19	53.41	-145912	-20.68
2010-1-4	-47161.75	-8.26	-49702	-8.66

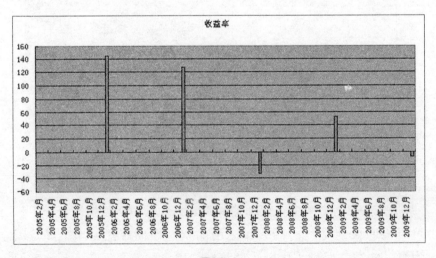

图24-3

4.2 月收益情况

表24-3

日期	收益	收益率(%)	资金回撤	资金回撤率(%)
2005-2-23	0	0	0	0
2005-3-1	0	0	0	0
2005-4-1	0	0	0	0
2005-5-9	0	0	0	0
2005-6-1	-3872.45	-3.87	-5732	-5.63
2005-7-1	191.77	0.2	-3869.1	-3.99
2005-8-1	5076.41	5.27	-3704.41	-3.57
2005-9-1	-3430.01	-3.38	-6859.99	-6.61
2005-10-10	-974.2	-0.99	0	0
2005-11-1	0	0	0	0
2005-12-1	2690.88	2.77	-556.8	-0.56
2006-1-4	7099.2	7.12	-3201.6	-3
2006-2-6	6960	6.52	-1948.8	-1.71
2006-3-1	-139.2	-0.12	-6820.79	-5.94
2006-4-3	11136.01	9.8	-3201.6	-2.57
2006-5-8	20044.81	16.07	-7099.19	-4.88
2006-6-1	3619.2	2.5	-12388.8	-8.33
2006-7-3	-5848.22	-3.94	-12806.39	-8.43
2006-8-1	0	0	0	0
2006-9-1	8714.2	6.11	-4837	-3.2
2006-10-9	10641.39	7.03	-4007.8	-2.48
2006-11-1	30404	18.78	-3869.59	-2.01
2006-12-1	51134	26.59	-8430.19	-3.46
2007-1-4	34411.81	14.14	-22803.03	-7.58
2007-2-1	5113.41	1.84	-27363.59	-9.03
2007-3-1	25843.38	9.13	-6357.22	-2.05
2007-4-2	57353.03	18.57	-17689.59	-4.83

日期	收益	收益率(%)	资金回撤	资金回撤率(%)
2007-5-8	28192.81	7.7	-33720.78	-8.26
2007-6-1	1658.38	0.42	-25981.59	-6.16
2007-7-2	65092.22	16.44	-23632.22	-5.13
2007-8-1	96463.56	20.92	-23079.38	-4.14
2007-9-3	25428.81	4.56	-27363.63	-4.69
2007-10-8	27916.44	4.79	-50028.38	-7.92
2007-11-1	-56658.44	-9.27	-66750.63	-11.02
2007-12-3	0	0	0	0
2008-1-2	-87771.53	-15.84	-117595.97	-20.13
2008-2-1	0	0	0	0
2008-3-3	0	0	0	0
2008-4-1	0	0	0	0
2008-5-5	-40086.59	-8.59	-44118.72	-9.46
2008-6-2	0	0	0	0
2008-7-1	0	0	0	0
2008-8-1	0	0	0	0
2008-9-1	0	0	0	0
2008-10-6	0	0	0	0
2008-11-3	0	0	0	0
2008-12-1	-54087.5	-12.68	-54087.5	-12.68
2009-1-5	13804.91	3.71	-9958.69	-2.51
2009-2-2	11194.31	2.9	-53192.03	-11.81
2009-3-2	62464.03	15.72	-17323.97	-3.77
2009-4-1	13664	2.97	-32207.97	-6.6
2009-5-4	25375.97	5.36	-25864	-5.04
2009-6-1	94672.03	18.98	-12688	-2.13
2009-7-1	107604	18.13	-35623.94	-5.08
2009-8-3	-107687.06	-15.36	-145912	-20.68
2009-9-1	0	0	0	0
2009-10-9	-19821.25	-3.34	-32058.06	-5.35

2009-11-2	21528	3.75	-49842.06	-7.95
2009-12-1	-23954.75	-4.03	-53585.94	-8.58
2010-1-4	0	0	0	0
2010-2-1	0	0	0	0
2010-3-1	0	0	0	0
2010-4-1	-47161.75	-8.26	-49702	-8.66
2010-5-4	0	0	0	0

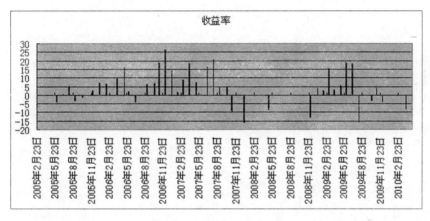

图24-4

图24-4中有些没有柱状体的地方，是因为空仓，所以该月的收益为0。

5．交易过程

表24-4

股票代码	股数	进场日期	进场价格	出场日期	出场价格	赢亏百分率(%)	净利润	持仓天数
510050	143300	2005-6-24	0.67	2005-7-19	0.64	-5	-4824.11	17
510050	137200	2005-7-25	0.67	2005-10-10	0.68	1.99	1815.63	50
510050	139200	2005-12-13	0.67	2006-7-27	1	48.93	45562.66	148
510050	138200	2006-9-12	1	2007-11-15	3.98	299.42	411709	284
510050	128400	2008-1-7	4.14	2008-1-31	3.46	-16.52	-87771.58	18

股票代码	股数	进场日期	进场价格	出场日期	出场价格	赢亏百分率(%)	净利润	持仓天数
510050	151700	2008-5-15	2.98	2008-5-30	2.72	-8.86	-40086.58	11
510050	258300	2008-12-11	1.57	2009-1-8	1.42	-9.92	-40282.6	18
510050	244000	2009-2-3	1.53	2009-8-24	2.38	55.65	207287.34	140
510050	234000	2009-10-23	2.46	2009-12-24	2.37	-3.86	-22248.02	44
510050	233300	2010-4-1	2.36	2010-4-26	2.16	-8.56	-47161.78	16

5.1 第1笔交易

表24-5

股票代码	股数	进场日期	进场价格	出场日期	出场价格	赢亏百分率(%)	净利润	持仓天数
510050	143300	2005-6-24	0.67	2005-7-19	0.64	-5	-4824.11	17

图24-5

很正常的一笔亏损。

5.2 第2笔交易

表24-6

股票代码	股数	进场日期	进场价格	出场日期	出场价格	赢亏百分率(%)	净利润	持仓天数
510050	137200	2005-7-25	0.67	2005-10-10	0.68	1.99	1815.63	50

图24-6

　　放弃的利润超过一半。持仓50天，只赚了1.99%。希望你能接受。

5.3 第3笔交易

表24-7

股票代码	股数	进场日期	进场价格	出场日期	出场价格	赢亏百分率(%)	净利润	持仓天数
510050	139200	2005-12-13	0.67	2006-7-27	1	48.93	45562.66	148

图24-7

这笔赚得有点大。请注意，我们不要预测行情，因为后面行情的大小没人知道，只要根据信号交易就可以了。

5.4 第4笔交易

表24—8

股票代码	股数	进场日期	进场价格	出场日期	出场价格	赢亏百分率(%)	净利润	持仓天数
510050	138200	2006-9-12	1	2007-11-15	3.98	299.42	411709	284

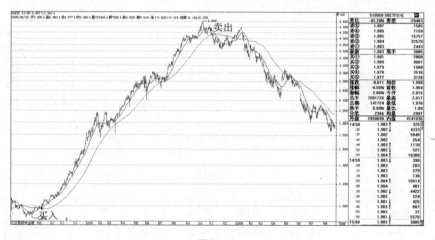

图24—8

没想到这笔赚得更多。不知道你能不能接受中间的震荡。不要忘记，这笔交易是经历5·30的，但是系统纹丝不动。

5.5 第5笔交易

表24—9

股票代码	股数	进场日期	进场价格	出场日期	出场价格	赢亏百分率(%)	净利润	持仓天数
510050	128400	2008-1-7	4.14	2008-1-31	3.46	-16.52	-87771.58	18

图24-9

这笔就亏得多了，－16.52%。出来混，总要还的。有没有想过，如果这笔交易是你决定使用该系统后进行的第1笔交易，你会怎么想，还会信任系统吗？

5.6　第6笔交易

表24-10

股票代码	股数	进场日期	进场价格	出场日期	出场价格	赢亏百分率(%)	净利润	持仓天数
510050	151700	2008-5-15	2.98	2008-5-30	2.72	-8.86	-40086.58	11

图24-10

又亏了一次。

5.7 第7笔交易

表24—11

股票代码	股数	进场日期	进场价格	出场日期	出场价格	赢亏百分率(%)	净利润	持仓天数
510050	258300	2008-12-11	1.57	2009-1-8	1.42	-9.92	-40282.6	18

图24—11

又亏了一次。这三笔亏得很惨。希望你能坚持住。亏得越惨，希望就越近了。

5.8 第8笔交易

表24—12

股票代码	股数	进场日期	进场价格	出场日期	出场价格	赢亏百分率(%)	净利润	持仓天数
510050	244000	2009-2-3	1.53	2009-8-24	2.38	55.65	207287.34	140

图24-12

　　这一笔交易，应该把前面三笔的亏损都赚回来了。我记得在这段行情中，很多股票翻了不只一倍。希望你不要理会，安心根据自己的系统信号交易就可以。

　　5.9 第9笔交易

表24-12

股票代码	股数	进场日期	进场价格	出场日期	出场价格	赢亏百分率(%)	净利润	持仓天数
510050	234000	2009-10-23	2.46	2009-12-24	2.37	-3.86	-22248.02	44

图24-13

　　小亏一次。欣然接受。

5.10 第10笔交易

表24—14

股票代码	股数	进场日期	进场价格	出场日期	出场价格	赢亏百分率(%)	净利润	持仓天数
510050	233300	2010-4-1	2.36	2010-4-26	2.16	-8.56	-47161.78	16

图24—14

　　这是2010年后的一笔交易，其实如果不考虑它，我们的测试结果会更好看，但那是骗你的。

　　虽然这只有寥寥的10笔交易，可是时间已经过去5年了。所以，不要忽视时间心理的影响。要相信系统一定会赢利，但也要给它时间。其实，在写这段的过程中，我宁愿多几个不利的交易（可惜没有），因为只有让你看到系统是怎么样渡过难关的，才能让你坚定对系统的信心。

第二十五章
Chapter 25

上证180ETF

上证180ETF比上证50ETF上市要晚一些，晚了1年左右。

1.交易绩效

表25—1

	交易绩效	买入持有策略
期初资金	￥100,000.00	￥100,000.00
期末资金	￥319,800.87	￥217,693.66
净利润	￥219,800.87	￥117,693.66
净利润率(%)	219.80	117.69
年复合收益率(%)	33.44	21.29
市场暴露时间(%)	53.51	100.00
交易笔数	8	1
平均赢利百分率(%)	26.56	118.11
平均持仓天数	66.38	984
赢利交易	3	1
胜率(%)	37.50	100.00
全部利润	￥357,773.60	￥117,693.66
平均利润率(%)	86.06	118.11
平均持仓天数	138	984
最大连续赢利	2	
亏损交易	5	0
负率(%)	62.50	0.00
全部亏损	(￥137,972.73)	￥0.00
平均亏损率	−9.14	0.00
平均持仓天数	23.4	0
最大连续亏损	3	
最大资金回撤百分率(%)	−41.87	−72.21
利润因子	2.59	
恢复因子	1.36	0.35
清算率	9.42	
夏普率	1.06	0.69

2.资金曲线

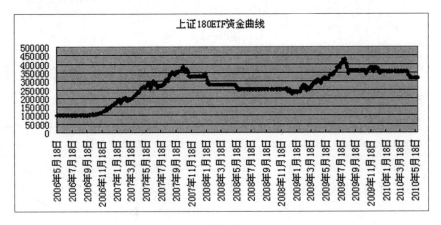

图25-1

3.资金回撤率

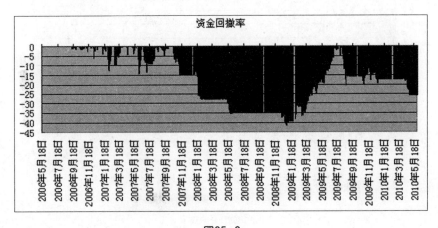

图25-2

4.收益率分析

4.1年收益

表25-2

日期	收益	收益率(%)	资金回撤	资金回撤率(%)
2006-5-18	60987.59	60.99	-8606.01	-5.35
2007-1-4	167261.22	103.9	-58486.78	-15.19
2008-1-2	-104490.22	-31.83	-118677.59	-34.66
2009-1-5	131174.69	58.62	-88482.28	-20.56
2010-1-4	-35132.44	-9.9	-38764.91	-10.81

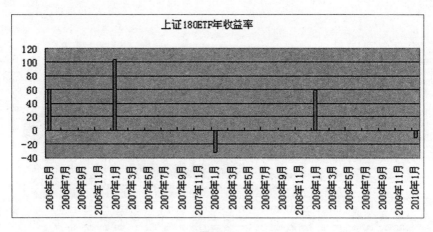

图25-3

4.2 月收益分析

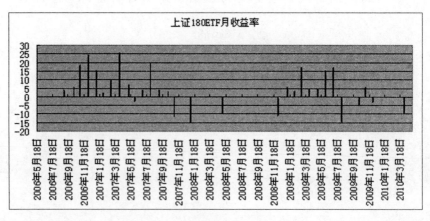

图25-4

表25-3

日期	收益	收益率(%)	资金回撤	资金回撤率(%)
2006-5-18	0	0	0	0
2006-6-1	0	0	0	0
2006-7-3	0	0	0	0
2006-8-1	0	0	0	0
2006-9-1	3724.58	3.72	-1655	-1.6
2006-10-9	5627.01	5.42	-1655	-1.51
2006-11-1	20191	18.46	-3309.99	-2.56
2006-12-1	31445.01	24.27	-8606.01	-5.35
2007-1-4	24825	15.42	-10592	-5.39
2007-2-1	4634	2.49	-19198	-9.36
2007-3-1	18535.98	9.73	-3640.98	-1.74
2007-4-2	53953.02	25.82	-10922.98	-4.15
2007-5-8	18867	7.18	-20191	-6.87
2007-6-1	-6620	-2.35	-25818	-8.58
2007-7-2	11122.66	4.04	-15888	-5.54
2007-8-1	57340	20.03	-8887.72	-2.59
2007-9-3	14335.03	4.17	-16341.91	-4.57
2007-10-8	11468	3.2	-31823.72	-8.27
2007-11-1	-41199.47	-11.15	-40711.38	-11.09
2007-12-3	0	0	0	0
2008-1-2	-50129	-15.27	-64316.38	-18.78
2008-2-1	0	0	0	0
2008-3-3	0	0	0	0
2008-4-1	0	0	0	0
2008-5-5	-26140.89	-9.4	-28604.88	-10.29
2008-6-2	-538.39	-0.21	-1154.41	-0.46
2008-7-1	0	0	0	0
2008-8-1	0	0	0	0
2008-9-1	0	0	0	0

日期	收益	收益率(%)	资金回撤	资金回撤率(%)
2008-10-6	0	0	0	0
2008-11-3	0	0	0	0
2008-12-1	-27681.94	-11.01	-34950.38	-13.51
2009-1-5	12719.22	5.68	-6836.05	-2.85
2009-2-2	8498.3	3.59	-35992.8	-12.81
2009-3-2	42491.48	17.35	-11997.61	-4.17
2009-4-1	12497.53	4.35	-22495.47	-7.25
2009-5-4	13997.19	4.67	-11497.69	-3.58
2009-6-1	48490.31	15.44	-6998.59	-1.93
2009-7-1	61987.59	17.1	-21995.63	-5.15
2009-8-3	-61609.91	-14.52	-88482.28	-20.56
2009-9-1	0	0	0	0
2009-10-9	-17051.47	-4.7	-19388.97	-5.34
2009-11-2	19167.5	5.54	-28517.5	-7.46
2009-12-1	-10013.06	-2.74	-35997.5	-9.42
2010-1-4	0	0	0	0
2010-2-1	0	0	0	0
2010-3-1	0	0	0	0
2010-4-1	-35132.44	-9.9	-38764.91	-10.81
2010-5-4	0	0	0	0

5. 交易过程

表25-4

股票代码	股数	进场日期	进场价格	出场日期	出场价格	赢亏百分率(%)	净利润	持仓天数
510180	331000	2006-9-13	0.29	2007-7-12	0.82	178.98	173257.16	198
510180	286700	2007-7-25	0.92	2007-11-13	1.11	20.88	54991.67	74
510180	263500	2008-1-7	1.2	2008-1-31	1.01	-15.88	-50129	18
510180	308000	2008-5-15	0.87	2008-6-3	0.79	-9.92	-26679.29	13
510180	546100	2008-12-8	0.45	2009-1-13	0.42	-7.38	-18134.98	24
510180	499900	2009-1-21	0.44	2009-8-24	0.7	58.33	129524.77	142

| 510180 | 467500 | 2009-10-26 | 0.75 | 2009-12-25 | 0.73 | -2.26 | -7897.03 | 44 |
| 510180 | 473200 | 2010-4-1 | 0.72 | 2010-4-28 | 0.65 | -10.26 | -35132.43 | 18 |

5.1 第1笔交易

表25-5

股票代码	股数	进场日期	进场价格	出场日期	出场价格	赢亏百分率(%)	净利润	持仓天数
510180	331000	2006-9-13	0.29	2007-7-12	0.82	178.98	173257.16	198

图25-5

如果这是你采用该系统的第1笔交易，千万别太兴奋，这只是运气好而已。正常情况下，你应该经历几次震荡。

5.2 第2笔交易

表25-6

股票代码	股数	进场日期	进场价格	出场日期	出场价格	赢亏百分率(%)	净利润	持仓天数
510180	286700	2007-7-25	0.92	2007-11-13	1.11	20.88	54991.67	74

图25-6

被震出来一次，行情继续发展，我们也没错过。

5.3 第3笔交易

表25-7

股票代码	股数	进场日期	进场价格	出场日期	出场价格	赢亏百分率(%)	净利润	持仓天数
510180	263500	2008-1-7	1.2	2008-1-31	1.01	-15.88	-50129	18

图25-7

买在高位，卖在低位，使用13-50均线交易系统时，遇到的最倒霉的一种交易。不过如果你确实决定使用该系统，这种倒霉的交易早晚会遇到。关键是你要心甘情愿地接受它。只有接受这种亏损，才能赚到系统的利润。

5.4　第4笔交易

表25-8

股票代码	股数	进场日期	进场价格	出场日期	出场价格	赢亏百分率(%)	净利润	持仓天数
510180	308000	2008-5-15	0.87	2008-6-3	0.79	-9.92	-26679.29	13

图25-8

继续亏损。

5.5　第5笔交易

表25-9

股票代码	股数	进场日期	进场价格	出场日期	出场价格	赢亏百分率(%)	净利润	持仓天数
510180	546100	2008-12-8	0.45	2009-1-13	0.42	-7.38	-18134.98	24

图25-9

再次亏损。

5.6 第6笔交易

表25-10

股票代码	股数	进场日期	进场价格	出场日期	出场价格	赢亏百分率(%)	净利润	持仓天数
510180	499900	2009-1-21	0.44	2009-8-24	0.7	58.33	129524.77	142

图25-10

前三次的亏损，一笔收回，还有得多。注意中间的震荡和头部那段必须放弃的利润。

5.7 第7笔交易

表25-11

股票代码	股数	进场日期	进场价格	出场日期	出场价格	赢亏百分率(%)	净利润	持仓天数
510180	467500	2009-10-26	0.75	2009-12-25	0.73	-2.26	-7897.03	44

图25-11

不大的亏损。

5.8 第8笔交易

表25-12

股票代码	股数	进场日期	进场价格	出场日期	出场价格	赢亏百分率(%)	净利润	持仓天数
510180	473200	2010-4-1	0.72	2010-4-28	0.65	-10.26	-35132.43	18

图25-12

又是比较严重的亏损，但是必须接受。

第二十六章
Chapter 26

深100ETF

就目前上市交易的ETF基金而言，深100ETF是我认为最好的ETF基金。以后请大家多关注。

1．交易绩效

表26—1

	交易绩效	买入持有策略
期初资金	￥100,000.00	￥100,000.00
期末资金	￥680,777.32	￥347,960.27
净利润	￥580,777.32	￥247,960.27
净利润(%)	580.78	247.96
年复合收益率(%)	59.73	35.59
市场暴露时间(%)	54.21	99.72
交易笔数	6	1
平均赢利百分率(%)	69.81	250.52
平均持仓天数	92.5	999
赢利交易	3	1
胜率(%)	50.00	100.00
全部利润	￥690,972.80	￥247,960.27
平均利润率(%)	146.69	250.52
平均持仓天数	169.67	999
最大连续赢利	2	
亏损交易	3	0
负率(%)	50.00	0.00
全部亏损	(￥110,195.49)	￥0.00
平均亏损率(%)	−7.07	0.00
平均持仓天数	15.33	0
最大连续亏损	2	
最大资金回撤百分率(%)	−21.65	−72.58
利润因子	6.27	
恢复因子	3.67	0.57
清算率	20.74	
夏普率	1.66	0.91

　　除了年复合收益率之外，请注意最大资金回撤百分率，只有
21.65%。

2.资金曲线

图26-1

3.资金回撤率

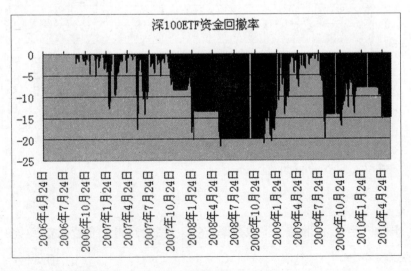

图26-2

资金曲线和资金回撤率都非常出色。不过我们还是要注意到，我们的交易笔数不够多。只有6笔交易。我们不敢保证以后这只ETF还会这么好，所以仍然不建议只交易它一只。

4.收益分析

4.1 年收益分析

表26-2

开始日期	收益	收益率(%)	资金回撤	资金回撤率(%)
2006-4-24	50446.5	50.45	-7128.91	-4.74
2007-1-4	286545.31	190.46	-60155.09	-12.61
2008-1-2	-57824.47	-13.23	-90332.81	-19.47
2009-1-5	357078.34	94.17	-158459.38	-19.81
2010-1-4	-55468.38	-7.53	-57819.13	-7.85

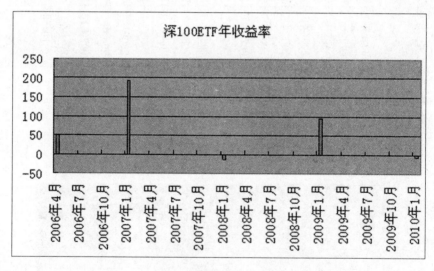

图26-3

4.2 月收益分析

表26-3

开始日期	收益	收益率(%)	资金回撤	资金回撤率(%)
2006-4-24	0	0	0	0

2006-5-8	0	0	0	0
2006-6-1	0	0	0	0
2006-7-3	0	0	0	0
2006-8-1	0	0	0	0
2006-9-1	4709.39	4.71	-2082.6	-1.99
2006-10-9	4245.3	4.05	-2643.3	-2.42
2006-11-1	21466.8	19.7	-5366.7	-4.11
2006-12-1	20025.01	15.35	-7128.91	-4.74
2007-1-4	26352.89	17.52	-17141.42	-8.84
2007-2-1	13136.41	7.43	-18903.61	-9.3
2007-3-1	15219	8.01	-3764.69	-1.8
2007-4-2	68885.98	33.58	-11133.92	-4.06
2007-5-8	43173.91	15.75	-26433	-7.82
2007-6-1	-3924.91	-1.24	-37006.19	-10.56
2007-7-2	69366.59	22.14	-21707.09	-5.67
2007-8-1	58553.09	15.3	-18342.91	-4.16
2007-9-3	26673.34	6.05	-23229	-4.96
2007-10-8	160.19	0.03	-34923.59	-7.32
2007-11-1	-31051.19	-6.63	-23681.97	-5.14
2007-12-3	0	0	0	0
2008-1-2	-46239.88	-10.58	-75308.09	-16.23
2008-2-1	22243.44	5.69	-4385.25	-1.05
2008-3-3	0	0	0	0
2008-4-1	0	0	0	0
2008-5-5	-30730.63	-7.44	-39251.97	-9.5
2008-6-2	0	0	0	0
2008-7-1	0	0	0	0
2008-8-1	0	0	0	0
2008-9-1	0	0	0	0
2008-10-6	0	0	0	0
2008-11-3	-5316.22	-1.39	-5316.22	-1.39
2008-12-1	2218.81	0.59	-55100.19	-12.69
2009-1-5	42711.91	11.26	-12018.5	-2.84

开始日期	收益	收益率(%)	资金回撤	资金回撤率(%)
2009-2-2	26810.5	6.36	-74329.78	-14.21
2009-3-2	85054	18.96	-23112.5	-4.33
2009-4-1	22003.13	4.12	-45115.63	-7.82
2009-5-4	35870.63	6.45	-20523.88	-3.39
2009-6-1	73035.5	12.35	-16456.13	-2.46
2009-7-1	118151.13	17.78	-41232.69	-5.2
2009-8-3	-95560.44	-12.21	-158459.38	-19.81
2009-9-1	0	0	0	0
2009-10-9	-17103.06	-2.49	-28814.5	-4.16
2009-11-2	62914.44	9.39	-58481.5	-7.71
2009-12-1	3190.63	0.44	-72803.5	-9.57
2010-1-4	0	0	0	0
2010-2-1	0	0	0	0
2010-3-1	0	0	0	0
2010-4-1	-55468.38	-7.53	-57819.13	-7.85
2010-5-4	0	0	0	0

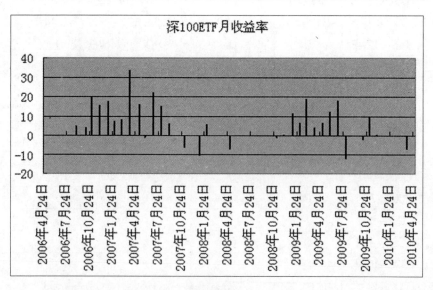

图26-4

没有柱状体的地方为空仓时间。

5. 交易过程

表26—4

股票代码	股数	进场日期	进场价格	出场日期	出场价格	赢亏百分率(%)	净利润	持仓天数
159901	80100	2006-9-12	1.21	2007-11-8	5.42	348.85	336991.84	279
159901	76300	2008-1-4	5.53	2008-2-5	5.22	-5.69	-23996.45	22
159901	95800	2008-5-19	4.14	2008-5-29	3.83	-7.75	-30730.63	8
159901	184900	2008-11-28	1.97	2009-8-25	3.62	83.86	304978.97	181
159901	170500	2009-10-23	3.9	2009-12-31	4.2	7.37	49001.99	49
159901	175600	2010-4-2	4.06	2010-4-27	3.75	-7.78	-55468.4	16

5.1　第1笔交易

表26—5

股票代码	股数	进场日期	进场价格	出场日期	出场价格	赢亏百分率(%)	净利润	持仓天数
159901	80100	2006-9-12	1.21	2007-11-8	5.42	348.85	336991.84	279

图26-5

　　非常完美的一笔交易，不过还是要提醒你接受中间的震荡。如果你逃来逃去，短期中也许会占到点便宜；但长期中，肯定做不到这么出色。

5.2 第2笔交易

表26—6

股票代码	股数	进场日期	进场价格	出场日期	出场价格	赢亏百分率(%)	净利润	持仓天数
159901	76300	2008-1-4	5.53	2008-2-5	5.22	-5.69	-23996.45	22

图26—6

亏损。

5.3 第3笔交易

表26—7

股票代码	股数	进场日期	进场价格	出场日期	出场价格	赢亏百分率(%)	净利润	持仓天数
159901	95800	2008-5-19	4.14	2008-5-29	3.83	-7.75	-30730.63	8

图26—7

又一笔亏损，不过比50ETF和180ETF要小得多。

5.4 第4笔交易

表26-8

股票代码	股数	进场日期	进场价格	出场日期	出场价格	赢亏百分率(%)	净利润	持仓天数
159901	184900	2008-11-28	1.97	2009-8-25	3.62	83.86	304978.97	181

进场时间比较早，注意接受震荡。

5.5 第5笔交易

表26-9

股票代码	股数	进场日期	进场价格	出场日期	出场价格	赢亏百分率(%)	净利润	持仓天数
159901	170500	2009-10-23	3.9	2009-12-31	4.2	7.37	49001.99	49

图26-9

　　请注意，刚买入之后，马上被套牢。但是一定要接受，不能
逃避。

　　5.6　第6笔交易

表26-10

股票代码	股数	进场日期	进场价格	出场日期	出场价格	赢亏百分率(%)	净利润	持仓天数
159901	175600	2010-4-2	4.06	2010-4-27	3.75	-7.78	-55468.4	16

图26-10

　　最近的一笔交易，亏损，但是看看之后的行情，出场的位置
已经非常不错了。

第二十七章

Chapter 27

中小板ETF

深圳股市中的中小板和创业板一直比较活跃。我们可以通过交易中小板ETF参与这种行情。虽然中小板ETF不能连着涨停，但是长期来看，其收益一点都不差，而且资金回撤率也相当小。

1．交易绩效

表27-1

	交易绩效	买入持有策略
期初资金	￥100,000.00	￥100,000.00
期末资金	￥289,823.28	￥258,081.66
净利润	￥189,823.28	￥158,081.66
净利润(%)	189.82	158.08
年复合收益率(%)	33.03	28.95
市场暴露时间(%)	65.96	100.05
交易笔数	9	1
平均赢利百分率(%)	17.59	158.08
平均持仓天数	63.67	908
赢利交易	5	1
胜率(%)	55.56	100.00
全部利润	￥249,437.52	￥158,081.66
平均利润率(%)	36.66	158.08
平均持仓天数	102	908
最大连续赢利	3	N/A
亏损交易	4	0
负率(%)	44.44	0.00
全部亏损	(￥59,614.25)	￥0.00
平均亏损率(%)	−6.26	0.00
平均持仓天数	15.75	0
最大连续亏损	3	N/A
最大资金回撤百分率(%)	−22.30	−65.66
利润因子	4.18	INF

	交易绩效	买入持有策略
恢复因子	2.69	0.77
清算率	5.86	INF
夏普率	1.27	0.82

2．资金曲线

图27-1

3．资金回撤率

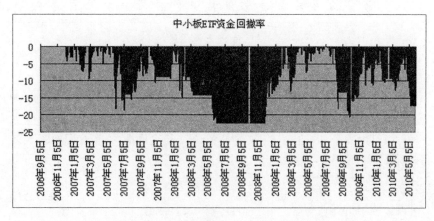

图27-2

4.收益分析
4.1年收益分析

表27-2

开始日期	收益	收益率(%)	资金回撤	资金回撤率(%)
2006-9-5	10247.69	10.25	-4329.6	-3.91
2007-1-4	117141.94	106.25	-42394	-18.45
2008-1-2	-20840.31	-9.17	-52761.97	-22.3
2009-1-5	127196.47	61.58	-70688.75	-20.42
2010-1-4	-43922.53	-13.16	-60228.31	-17.21

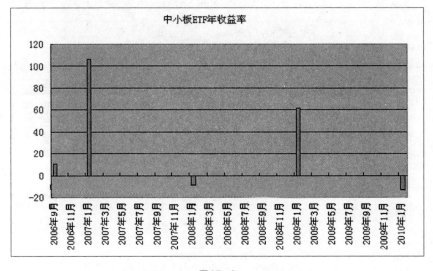

图27-3

4.2月收益分析

表27-3

开始日期	收益	收益率(%)	资金回撤	资金回撤率(%)
2006-9-5	0	0	0	0
2006-10-9	0	0	0	0
2006-11-1	0	0	0	0
2006-12-1	10247.69	10.25	-4329.6	-3.91
2007-1-4	26248.2	23.81	-9922	-6.78

2007-2-1	4870.81	3.57	-14341.81	-9.45
2007-3-1	19753.8	13.97	-4149.2	-2.55
2007-4-2	26879.59	16.68	-9290.61	-4.9
2007-5-8	17769.41	9.45	-19573.41	-8.79
2007-6-1	-12177	-5.92	-36170.2	-15.74
2007-7-2	7817.59	4.04	-10643.59	-5.28
2007-8-1	23715	11.77	-9222.48	-4.1
2007-9-3	-1782.5	-0.79	-16275.02	-7.19
2007-10-8	-14229.63	-6.37	-23482.5	-10.24
2007-11-1	0	0	0	0
2007-12-3	18276.66	8.74	-767.05	-0.34
2008-1-2	-19932.91	-8.77	-30232.8	-12.78
2008-2-1	5528.84	2.67	-7142.27	-3.24
2008-3-3	-9784	-4.59	-9784	-4.59
2008-4-1	0	0	0	0
2008-5-5	-14495.86	-7.13	-17448.45	-8.59
2008-6-2	-4815.55	-2.55	-6092.34	-3.21
2008-7-1	0	0	0	0
2008-8-1	0	0	0	0
2008-9-1	0	0	0	0
2008-10-6	0	0	0	0
2008-11-3	4955.36	2.69	0	0
2008-12-1	17703.8	9.37	-16588.59	-7.57
2009-1-5	10733.81	5.2	-5715.41	-2.61
2009-2-2	6691.19	3.08	-33456.02	-13
2009-3-2	37359.2	16.68	-9200.39	-3.52
2009-4-1	21328.23	8.16	-22025.22	-7.5
2009-5-4	10873.19	3.85	-12685.44	-4.27
2009-6-1	12824.81	4.37	-5576	-1.81
2009-7-1	26207.19	8.55	-16309.81	-4.81
2009-8-3	-33388.78	-10.04	-61893.59	-17.94
2009-9-1	-22073.56	-7.38	-24893.38	-8.32
2009-10-9	19003	6.86	-8704.59	-2.88

开始日期	收益	收益率(%)	资金回撤	资金回撤率(%)
2009−11−2	26236.38	8.86	−38741.59	−11.19
2009−12−1	11401.81	3.54	−25133	−7.53
2010−1−4	−11279.22	−3.38	−34818.41	−9.95
2010−2−1	−5037.56	−1.56	−1849.97	−0.58
2010−3−1	8996	2.83	−12571.19	−3.85
2010−4−1	−10476.03	−3.21	−28401.63	−8.25
2010−5−4	−26125.72	−8.27	−33575.34	−10.38

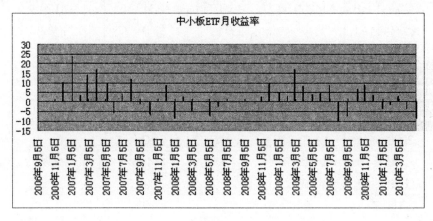

图27−4

5.交易过程

表27−4

股票代码	股数	进场日期	进场价格	出场日期	出场价格	赢亏百分率(%)	净利润	持仓天数
159902	90200	2006−12−1	1.07	2007−7−10	2.16	101.34	97742.49	144
159902	77500	2007−7−31	2.46	2007−10−31	2.61	5.97	11370.48	61
159902	74100	2007−12−19	2.74	2008−2−15	2.83	3.35	6785.69	35
159902	72700	2008−2−28	2.88	2008−2−29	2.85	−1.39	−2913.11	1
159902	68200	2008−3−4	3.02	2008−3−10	2.89	−4.74	−9784	4
159902	79800	2008−5−20	2.45	2008−6−5	2.21	−9.87	−19311.38	12
159902	139400	2008−11−28	1.25	2009−8−24	2.08	66.31	115288.01	180
159902	122600	2009−9−22	2.35	2010−2−4	2.5	6.33	18250.85	90
159902	116400	2010−3−5	2.63	2010−5−12	2.4	−9.02	−27605.76	46

5.1 第1笔交易

表27-5

股票代码	股数	进场日期	进场价格	出场日期	出场价格	赢亏百分率(%)	净利润	持仓天数
159902	90200	2006-12-1	1.07	2007-7-10	2.16	101.34	97742.49	144

图27-5

5.2 第2笔交易

表27-6

股票代码	股数	进场日期	进场价格	出场日期	出场价格	赢亏百分率(%)	净利润	持仓天数
159902	77500	2007-7-31	2.46	2007-10-31	2.61	5.97	11370.48	61

图27-6

5.3 第3笔交易

表27—7

股票代码	股数	进场日期	进场价格	出场日期	出场价格	赢亏百分率(%)	净利润	持仓天数
159902	74100	2007-12-19	2.74	2008-2-15	2.83	3.35	6785.69	35

图27—7

5.4 第4笔交易

表27—8

股票代码	股数	进场日期	进场价格	出场日期	出场价格	赢亏百分率(%)	净利润	持仓天数
159902	72700	2008-2-28	2.88	2008-2-29	2.85	-1.39	-2913.11	1

图27—8

为期1天的交易，在我们所举的所有例子中，最短的交易。

5.5 第5笔交易

表27-9

股票代码	股数	进场日期	进场价格	出场日期	出场价格	赢亏百分率(%)	净利润	持仓天数
159902	68200	2008-3-4	3.02	2008-3-10	2.89	-4.74	-9784	4

图27-9

为期4天的交易。

5.6 第6笔交易

表27-10

股票代码	股数	进场日期	进场价格	出场日期	出场价格	赢亏百分率(%)	净利润	持仓天数
159902	79800	2008-5-20	2.45	2008-6-5	2.21	-9.87	-19311.38	12

图27-10

请注意，买入的时候是在开盘价，并不是买在这个阴线的底部，而是开盘价上。

5.7 第7笔交易

表27-11

股票代码	股数	进场日期	进场价格	出场日期	出场价格	赢亏百分率(%)	净利润	持仓天数
159902	139400	2008-11-28	1.25	2009-8-24	2.08	66.31	115288.01	180

图27-11

注意期间的震荡和出场的位置。出场之前有段跌势，虽然有时会以更低的价格卖出，但是有时也会出现这种反弹的情况，使得我们刚好卖在反弹的高点上。总之，按照信号交易，没有信号就不要动。

5.8 第8笔交易

表27-12

股票代码	股数	进场日期	进场价格	出场日期	出场价格	赢亏百分率(%)	净利润	持仓天数
159902	122600	2009-9-22	2.35	2010-2-4	2.5	6.33	18250.85	90

图27-12

5.9 第9笔交易

表27-13

股票代码	股数	进场日期	进场价格	出场日期	出场价格	赢亏百分率(%)	净利润	持仓天数
159902	116400	2010-3-5	2.63	2010-5-12	2.4	-9.02	-27605.76	46

图27-13

这次卖出的位置就没有那么幸运了，卖在了很低的位置。不过，这些都是交易的一部分，每个交易者都有类似的经历。在一个具有统计优势的交易方法中，类似的交易最多减少一点利润，但它不会决定最后的输赢，所以我们必须坦然地接受。

第二十八章

ETF基金组合交易绩效

在实际交易中，应该同时交易至少两种ETF基金，这实际上形成了一个小的投资组合。我们的目的是既要交易上海的股票，也要交易深圳的股票。而且最关键的是，交易一个组合，可以平滑资金曲线。

以下的模拟条件同前，唯一不同的是，2只ETF基金，每只各使用46%的资金，接近半仓。

1.上证50ETF和深100ETF

1.1 交易绩效

表28-1

	交易绩效
期初资金	￥100,000.00
期末资金	￥521,412.31
净利润	￥421,412.31
净利润率(%)	421.41
年复合收益率(%)	36.88
市场暴露时间(%)	46.81
交易笔数	15
平均赢利百分率(%)	47.77
平均持仓天数	77.4
赢利交易	6
胜率(%)	40.00
全部利润	￥589,197.37
平均利润率(%)	131.74
平均持仓天数	165.17
最大连续赢利	4
亏损交易	9
负率(%)	60.00
全部亏损	￥-167,785.06
平均亏损率(%)	-8.21
平均持仓天数	18.89

最大连续亏损	4
最大资金回撤百分率(%)	−31.38
利润因子	3.51
恢复因子	2.4
清算率	16.04
夏普率	1.35

1.2 交易记录

表28−2

股票代码	股数	进场日期	进场价格	出场日期	出场价格	赢亏百分率(%)	净利润	持仓天数
510050	71,600	2005−6−24	0.67	2005−7−19	0.64	−5	−2,410.37	17
510050	70,300	2005−7−25	0.67	2005−10−10	0.68	1.99	930.31	50
510050	70,700	2005−12−13	0.67	2006−7−27	1	48.93	23,141.38	148
510050	59,000	2006−9−12	0.99	2007−11−15	3.98	299.42	175,765.78	284
159901	48,700	2006−9−12	1.21	2007−11−8	5.42	348.85	204,887.67	279
159901	43,800	2008−1−4	5.53	2008−2−5	5.22	−5.69	−13,775.16	22
510050	58,400	2008−1−7	4.14	2008−1−31	3.46	−16.52	−39,921.03	18
510050	72,900	2008−5−15	2.98	2008−5−30	2.73	−8.86	−19,263.76	11
159901	51,600	2008−5−19	4.14	2008−5−29	3.83	−7.75	−16,552.20	8
159901	99,800	2008−11−28	1.97	2009−8−25	3.62	83.86	164,612.77	181
510050	132,800	2008−12−11	1.57	2009−1−8	1.42	−9.92	−20,710.53	18
159901	69,100	2009−10−23	3.9	2009−12−31	4.2	7.37	19,859.46	49
510050	109,700	2009−10−23	2.46	2009−12−24	2.37	−3.86	−10,429.95	44
510050	115,600	2010−4−1	2.36	2010−4−26	2.16	−8.56	−23,368.63	16
159901	67,600	2010−4−2	4.06	2010−4−27	3.75	−7.78	−21,353.44	16

2．上证180ETF和深100ETF

2.1 交易绩效

表28-3

	交易绩效
期初资金	¥100,000.00
期末资金	¥446,998.42
净利润	¥346,998.42
净利润率(%)	347.00
年复合收益率(%)	44.14
市场暴露时间(%)	51.50
交易笔数	13
平均赢利百分率(%)	46.96
平均持仓天数	78
赢利交易	5
胜率(%)	38.46
全部利润	¥469,903.51
平均利润率(%)	135.48
平均持仓天数	170.2
最大连续赢利	2
亏损交易	8
负率(%)	61.54
全部亏损	¥-122,905.08
平均亏损率(%)	-8.36
平均持仓天数	20.38
最大连续亏损	4
最大资金回撤百分率(%)	-27.16
利润因子	3.82
恢复因子	3.02
清算率	16.2
夏普率	1.4

2.2 交易记录

表28—4

股票代码	股数	进场日期	进场价格	出场日期	出场价格	赢亏百分率(%)	净利润	持仓天数
159901	40,000	2006-9-12	1.21	2007-11-8	5.42	348.85	168,285.56	279
510180	166,000	2006-9-13	0.29	2007-7-12	0.82	178.98	86,890.29	198
159901	31,000	2008-1-4	5.53	2008-2-5	5.22	-5.69	-9,749.54	22
510180	143,100	2008-1-7	1.2	2008-1-31	1.01	-15.88	-27,223.76	18
510180	176,200	2008-5-15	0.87	2008-6-3	0.79	-9.92	-15,262.63	13
159901	36,400	2008-5-19	4.14	2008-5-29	3.83	-7.75	-11,676.36	8
159901	70,400	2008-11-28	1.97	2008-8-25	3.62	83.86	116,119.63	181
510180	331,800	2008-12-8	0.45	2009-1-13	0.42	-7.38	-11,018.47	24
510180	314,800	2009-1-21	0.44	2009-8-24	0.7	58.33	81,565.11	144
159901	59,300	2009-10-23	3.9	2009-12-31	4.2	7.37	17,042.92	49
510180	309,200	2009-10-26	0.75	2009-12-25	0.73	-2.26	-5,223.02	44
510180	326,500	2010-4-1	0.72	2010-4-28	0.65	-10.26	-24,240.78	18
159901	58,600	2010-4-2	4.06	2010-4-27	3.75	-7.78	-18,510.53	16

3.总结

（1）在上证50ETF和深100ETF这个组合中，交易记录的前三笔交易都是上证50ETF的。那是由于当时深100ETF还没有上市。所以在这段时间里，其实我们在使用半仓交易。而在上证180ETF和深100ETF这一组合中，两个ETF基金的买卖信号基本上都是同步出现的，所以这一组合其实一直是全仓交易。

（2）由于在历史数据中，深圳的ETF基金资金回撤比较小，所以，在组合交易中，我们交易账户的总资金回撤也减少了。这一点非常重要。使用13-50均线交易系统交易两个ETF基金，总有一个资金回撤会小一点，我们不能去赌哪个会小，所以两个都选择，这样组合一下就可以取得一个平均的资金回撤。

（3）在年复合收益率上，我们也取得了一个平均水平。这一点同前。我们不能赌哪个ETF基金的利润水平会高，所以两个都选择，这样组合一下，就可以取得一个平均的利润率。

（4）不要忘记，对这些ETF基金的模拟，我只是勉为其难。因为前面讲过的历史数据问题，我们在未来中，不能指望同样高的年复合收益率。如果你一定要有所期望，请期望第三编中对指数交易的模拟。

（5）请重新阅读一遍第十九章13-50均线交易系统的忠告。

　　无论交易股票还是期货，都需要不断地学习。但是学习的方向要选择正确，我认为，对大多数人而言，最正确的方向应该是机械交易系统。如果你不是天才的话，主观的交易方法很难保证你能长期稳定获利。这个结论虽不是我下的，但我却深有体会。

　　机械交易系统的方法在我国也才刚刚萌芽。据我所知，期货行业中，很多人在钻研，但是实战结果并不理想（我猜多半是测试过程和方法出了问题），以致于很多人轻视这种交易方式。要知道，国外相当多的股票基金和期货基金都是按照机械交易系统进行交易的。对冲基金就更不用说了。机械交易系统如果真的没有用，怎么能把这么多资金交付给它呢？

　　当然，如果要采用机械交易系统，你首先必须有一套能通得过各种检验的交易策略。有能力测试的话，最好构建自己的交易系统。但是说实话，机械交易系统的开发绝对不是件容易的事情。不仅需要大量的经费，还必须吸取前人的经验，但很多资料都是英文的，而且非常难以取得。在这条路上，我的花费恐怕超过100万，英语方面，我现在已经练得看英文资料和看中文资料感觉不到有什么区别了。记得有一天，我躺在床上看了一整天英文书，傍晚的时候，听到窗外有个小朋友在说话，我突然意识到，他说的语言我也懂啊。当然懂了，他说的是中文，只是我当时满脑子都是英文。

　　也许你不具备测试能力，但你完全可以使用本书中的13-50均线交易系统来交易ETF基金。尽管它和TIMES股票和期货交易系统相比，还有差距，但是从长期来看，我相信它应该可以战胜指数，不要忘记，你能战胜指数，就几乎相当于战胜了所有的共同基金。共同基金庞大的资金没有散户这样进出方便，而且他也不可以把股票卖光。散户千万不要忘记自己的优势。13-50均线交易系统很简单，我相信很多人连1分钟都不用就可以学会，但是你不知道书中那72笔交易的情况，不知道测试绩效的统计数据，不知道资金曲线的变化情况，你肯定不敢使用。这个部分建议你要多看几遍，只有这样，才能坚定你执行系统的信心，利润才会随之而来。

　　我相信不久的将来，中国一定会出现很多商业化的交易系统。购买一套交易系统，采用别人的交易方法并不是可耻的。事实上，很多国外顶尖高手并不是测试系统的专家，他们也会去购买交易系统。但是问题是务必保证所购买的交易系统是稳定有效的，我在书中已经说过，把绩效统计做得漂亮是件很容易的事情，但是这样只能交易过去的行情。在未来的行情中，你实际的交易可能会完全不同。我个人非常鄙视这种欺骗方法，希望大家也不要上当。到目前为止，我并没有把TIMES股票交易系统和TIMES期货交易系统公开出去，也无法阻止别人使用这个名字销售交易系统。所以，本来打算用笔名写这本书的我，最后不得不署真名。我想，万一有人盗用我交易系统的名字，也不至于连我的真名一起盗用吧。

　　请大家不要误会，TIMES股票交易系统15年的绩效并不是我实际的战绩。系统是从1995年开始测试的，那个时候TIMES股票交易系统还远没出生呢。而且TIMES交易系统也没有很多人想象的那么神，其资金曲线的起落与

13-50均线系统很相似。事实上，将近一年多来，我连续亏损了4笔交易，亏损金额接近总资金量的20%。但是我相信，每一分钱都亏得有道理，因为这种系统产生的连续亏损与胡乱操作产生的亏损有天壤之别。幸运的是，同时我也在交易期货。TIMES期货交易系统帮我产生的赢利足以抵补我在股票上的亏损。所以，我冒险建议大家关注期货。因为国际上很多篇知名的论文显示，在一个投资组合中，期货的资金如果能占有40%左右的话，该组合的资金曲线会得到有效的平滑，而且总利润也比单独投资股票要高。这一点我亦深有体会。

好了，差不多该说再见了。本书中的什么地方万一没写清楚或者你发现了哪里有什么错误，你可以给我写信，我的邮箱是：TIMESSTOCKS@163.COM，或者TIMESFUTURES@163.COM。我会尽量把问题解释清楚，或者与你共同探讨交易问题。但是请千万不要问我哪只股票以后会怎么走。这个问题我现在就可以回答：我不知道。这是真话，也许有人能回答这种问题，但我肯定不行。当然我乱说说，也有50%的概率蒙对，但是我实在不想骗你，而且我也不想说些高抛低吸之类等于没说的话。其实我不认为能正确回答这种问题很重要。我的意思不是说，这是你的问题，所以对我不重要。我的意思是，如果你的交易策略是稳定而有效的，即使这笔交易是亏损的又能怎样？它只是你千千万万笔交易中的一笔而已，即使这笔亏了，以后很快就会赚回来。可是如果反过来的话，如果你的交易策略是不稳定的，即使这笔赚了又能怎样，早晚还是会亏损的啊。

最后提醒大家，交易一定要有耐心，要能承受震荡，接受亏损。成功不仅要靠可靠的方法，还要靠心理，靠时间，如果不是交易ETF基金而交易股票或者期货的话，还要靠资金管理。能做到这些，你就能避开技术分析的陷阱，就会像美国大片中的主角一样，有惊无险地战胜万难，胜利一定会在某处等着你。

孙大莹

2010年6月3日　于杭州

"引领时代"金融投资系列书目

书　名	原书名	作　者	译　者	定　价
世界交易经典译丛				
我如何以交易为生	How I Trade for a Living	〔美〕加里·史密斯	张　轶	42.00元
华尔街40年投机和冒险	Wall Street Ventures & Adventures Through Forty Years	〔美〕理查德·D.威科夫	蒋少华、代玉簪	39.00元
非赌博式交易	Trading Without Gambling	〔美〕马塞尔·林克	沈阳格微翻译服务中心	45.00元
一个交易者的资金管理系统	A Trader's Money Management System	〔美〕班尼特·A.麦克道尔	张　轶	36.00元
非波纳奇交易	Fibonacci Trading	〔美〕卡罗琳·伯罗登	沈阳格微翻译服务中心	42.00元
顶级交易的三大技巧	The Three Skills of Top Trading	〔美〕汉克·普鲁登	张　轶	42.00元
以趋势交易为生	Trend Trading for a Living	〔美〕托马斯·K.卡尔	张　轶	38.00元
超越技术分析	Beyond Technical Analysis	〔美〕图莎尔·钱德	罗光海	55.00元
商品期货市场的交易时机	Timing Techniques for Commodity Futures Markets	〔美〕科林·亚历山大	郭洪钧、关慧——海通期货研究所	42.00元
技术分析解密	Technical Analysis Demystified	〔美〕康斯坦丝·布朗	沈阳格微翻译服务中心	38.00元
日内交易策略	Day Trading Grain Futures	〔英、新、澳〕戴维·班尼特	张意忠	33.00元
马伯金融市场操作艺术	Marber on Markets	〔英〕布莱恩·马伯	吴　楠	52.00元
交易风险管理	Trading Risk	〔美〕肯尼思·L.格兰特	蒋少华、代玉簪	45.00元
非同寻常的大众幻想与全民疯狂	Extraordinary Popular Delusions & the Madness of Crowds	〔英〕查尔斯·麦基	黄惠兰、邹林华	58.00元
高胜算交易策略	High Probability Trading Strategies	〔美〕罗伯特·C.迈纳	张意忠	48.00元
每日交易心理训练	The Daily Trading Coach	〔美〕布里特·N.斯蒂恩博格	沈阳格微翻译服务中心	53.00元
逻辑交易者	Logical Trader	〔美〕马克·费舍尔	朴　兮	45.00元
市场交易策略	Market Trading Tactics	〔美〕戴若·顾比	罗光海	48.00元

股票即日交易的真相	The Truth About Day Trading Stocks	〔美〕乔希·迪皮特罗	罗光海	36.00元
形态交易精要	Trade What You See	〔美〕拉里·派斯温托 莱斯莉·久弗拉斯	张意忠	38.00元
战胜金融期货市场	Beating the Financial Futures Market	〔美〕阿特·柯林斯	张 轶	53.00元
股票和期货的控制论分析	Cybernetic Analysis for Stocks and Futures	〔美〕约翰·F.埃勒斯	罗光海	45.00元
趋势的本质	The Nature of Trends	〔美〕雷·巴罗斯	张 轶	45.00元 （估）
交易大师：当今顶尖交易者的超级收益策略	Master Traders: Strategies for Superior Returns from Todays Top Traders	〔美〕法雷·汉姆瑞	张 轶	38.00元 （估）
一个外汇交易者的冒险历程	Adventures of a Currency Trader	〔美〕罗布·布克	吴 楠	32.00元 （估）
动态交易指标	Dynamic Trading Indicators	〔美〕马克·黑尔韦格 戴维·司汤达	张意忠	35.00元 （估）
股票期货赢利秘诀	New Blueprints for Gains in Stocks & Grains & One-Way Formula for Trading in Stocks & Commodities	〔美〕威廉姆·达尼根	陈立辉	68.00元 （估）
期货交易游戏	The Futures Game	〔美〕理查德·J.特维莱斯 弗兰克·J.琼斯	蒋少华、潘婷 朱荣华	78.00元 （估）
赚了就跑：短线交易圣经	Hit and Run Trading: the Short-Term Stock Traders' Bible-Updated	〔美〕杰夫·库珀	罗光海	48.00元 （估）
观盘看市：盘口解读与交易策略	Tape Reading and Market Tactics	〔美〕汉弗莱·B.尼尔	郭鉴镜	48.00元 （估）
把握市场时机	Timing the Market	〔美〕科提斯·阿诺德	陈 烨	48.00元 （估）
股票大作手回忆录	Reminiscences of a Stock Operator	〔美〕埃德温·勒菲弗	丁圣元	48.00元
市场剖面图分析	Markets in Profile	〔美〕詹姆斯·F.戴尔顿	陈 烨	35.00元 （估）
小盘股投资者	The Small-Cap Investor	〔美〕法雷·汉姆瑞	季传峰	38.00元 （估）
时间价值论（暂定）	Value in Time	〔美〕帕斯卡尔·威廉	华彦玲	45.00元 （估）
资金管理的数字手册（暂定）	The Handbook of Portfolio Mathematics	〔美〕拉尔夫·文斯	蒋少华	45.00元 （估）

价格图表形态详细解读（暂定）	Reading Price Charts Bar by Bar	〔美〕埃尔·布鲁克斯	刘 勇	38.00元（估）
安德鲁音叉线交易技术分析（暂定）	Integrated Pitchfork Analysis	〔美〕米尔卡·多洛加	张意忠	38.00元（估）
非主流战法——高胜算短线交易策略（暂定）	Street Smarts: High Probability Short-Term Trading Strategies	〔美〕劳伦斯·A.康纳斯 琳达·布拉福德·拉斯奇克	孙大莹、张轶	48.00元（估）
屡试不爽的短线交易策略（暂定）	SHORT TERM TRAOING STRATEGIES THAT WORK	〔美〕拉里·康纳斯 凯撒·阿尔瓦雷斯	张轶	38.00元（估）
动量指标权威指南（暂定）	The Definitive Guide to Momentum Indicators	〔美〕马丁·普林	罗光海	58.00元（估）
掌握艾略特波浪理论（暂定）	Mastering Elliott Wave	〔美〕格伦·尼利 埃里克·郝	廖小胜	58.00元（估）

国内原创精品系列

如何选择超级黑马	——	冷风树	——	48.00元
散户法宝	——	陈立辉	——	38.00元
庄家克星（修订第2版）	——	童牧野	——	48.00元
老鼠戏猫	——	姚茂敦	——	35.00元
一阳锁套利及投机技巧	——	一 阳	——	32.00元
短线看量技巧	——	一 阳	——	35.00元
对称理论的实战法则	——	冷风树	——	42.00元
金牌交易员操盘教程	——	冷风树	——	48.00元
黑马股走势规律与操盘技巧	——	韩永生	——	38.00元
万法归宗	——	陈立辉	——	40.00元
我把股市当战场（修订第2版）	——	童牧野	——	38.00元
金牌交易员的36堂课	——	冷风树	——	42.00元

零成本股票播种术	——	陈拥军	——	36.00元
降龙伏虎	——	周家勋、周涛	——	48.00元
金牌交易员的交易系统	——	冷风树	——	42.00元
金牌交易员多空法则	——	冷风树	——	42.00元
十年一梦（修订版）	——	青泽	——	45.00元
走出技术分析陷阱	——	孙大莹	——	58.00元
期货实战经验谈（暂定）	——	李意坚	——	36.00元（估）
致胜之道——短线操盘技术入门与提高	——	韩永生	——	38.00元（估）
鬼变脸主义及其敛财哲学（修订第2版）	——	童牧野	——	48.00元（估）

更方便的购书方式：

方法一：登录网站http://www.zhipinbook.com联系我们；

方法二：直接邮政汇款至：北京市西城区北三环中路甲六号出版创意大厦7层

收款人：吕先明　　邮编：100120

方法三：银行汇款：中国农业银行北京市朝阳路北支行

账号：622 848 0010 5184 15012　　收款人：吕先明

注：如果您采用邮购方式订购，请务必附上您的详细地址、邮编、电话、收货人及所订书目等信息，款到发书。我们将在邮局以印刷品的方式发货，免邮费，如需挂号每单另付3元，发货7-15日可到。

请咨询电话：010-58572701　（9：00-17：30，周日休息）

网站链接：http://www.zhipinbook.com

智品書業
ZHIPIN BOOKS